住宅市場の社会経済学

ピエール・ブルデュー
山田鋭夫・渡辺純子訳

les structures sociales
de l'économie

pierre bourdieu

Bourdieu Library
藤原書店

Translated from Pierre BOURDIEU,
" The Social Structures of the Economy "
first publication by Éditions du Seuil, mai 2000,
This edition is published by arrangement with Polity Press
in association with Blackwell Publishing Ltd, Oxford,
through le Bureau des Copyrights Français, Tokyo.

住宅市場の社会経済学／目　次

序説　9

I部　住宅市場

1章　行為者の性向と生産の界の構造　37

「家」の神話　38
買い手空間と選好の社会的生成　44
生産の界の特殊な論理　60
住宅メーカーの界の構造　64
広告戦略　78
危機と界効果　91
界としての企業の戦略　97
■付属資料　104

2章　国家と市場の構築　125

「住宅政策」――団地から一戸建て住宅へ　126
政策の形成過程　128
官僚界の構造　137

位置空間とスタンス空間　150
「官僚革命」の基礎　153
委員会と強力な少数派への正統性付与　159
変わらぬものと変わるもの　162
■付属資料　166

3章　地方権力の界　169

ルールとの戯れ　170
地域をベースとする界　180
■付属資料　188

4章　強制下の契約　199

売り手の戦略　201
契約にいたるメカニズム　215
■付属資料　237

結論　小市民階級の困窮の基盤　253

■付属資料　264

II部　経済人類学の諸原理

界の構造　269
闘争の界としての経済の界　277
界としての企業　284
構造と競争　287
経済のハビトゥス　289
根拠十分な幻想　298
■付属資料　301

後記——国民的な界から国際的な界へ　311

資料・図表目次　321
訳者あとがき　322
用語解説　326
事項索引　332
人名索引　334

住宅市場の社会経済学

凡例

一　書名、新聞・雑誌名は『　』で示した。
一　原文の《　》は「　」で示し、(　)および［　］は原文そのままを使用した。
一　原文のイタリックで、強調を示すものは傍点で示した。
一　原注は章ごとに番号を付し、各章末にまとめた。章冒頭の＊注も同様に章末においた。
一　訳者による注や補足は、本文中に〔　〕で示した。
一　訳文中の重要語ないし要注意語には適宜、原語を挿入し、またはルビを振った。
一　I部4章の小見出しは訳者による。
一　巻末に訳者による「用語解説」を付した。
一　事項索引については、原書のそれをベースとしつつ、適宜、訳者の判断を加えた。

ジェロームに捧ぐ

経済学が、いかように人は選択するかを論ずるものであるのに対し、社会学は、いかなるわけで人には選択の余地がないかということに関するものである。

バートランド・ラッセル

序説

スチュアート・ミルのような功利主義者を生み出すためには、何世紀にもおよぶ文化が必要である。

アンリ・ベルグソン

「経済学」と呼ばれる科学は、もともと、ある抽象の上に成り立っている。すなわち、人間のあらゆる実践〔慣習行動〕pratiques が沈み込んでいる社会秩序から、ある特定のカテゴリーないし局面を切り離すという抽象である。この沈み込み immersion の諸側面や諸効果については、カール・ポランニー以後、「埋め込み embeddedness」について語られる際によく見かけられる。そして、こうした沈み込みがあるからこそ、最も明白かつ厳密な意味において「経済学的」であるとされる実践をはじめとして、あらゆる実践は、たとえ認識の必要性からそれを別様に取り扱わざるをえない時であっても、マルセル・モース的意味で「全体的社会的事実」である、と考えなければならないのである。

何が言いたいかといえば、こうである。――私は四〇年近く前にアルジェリアで、名誉と「善意」の経済的ロジックに関する研究や、貯蓄・信用・投資といった実践の経済的・文化的決定要因に関する研究を行い、あるいは一九六〇年代半ばには、リュク・ボルタンスキ、ジャン=クロード・シャンボルドンたちと銀行およびその顧客に関する研究を行い、あるいはもっと最近では、サラ・ブヘジャ、ロジン・クリスタン、クレール・ジヴリィ、モニク・ド・サン=マルタンたちと一戸建て住宅の生産と商品化に関する研究を行った。私が行いえたこうしたいくつかの特定の研究は、以下に述べる二つの本質的な点で、最も一般的な形式の経済学とは異なっている。

第一に、私の研究はいずれの場合でも、社会秩序の異なる諸側面――順不同で例示するならば、家族・国家・学校・労働組合・団体などだけではなく、銀行・企業・市場も――に関して、利用可能な知の総体を動員しようと試みる。

第二に、私の研究は、〔次に挙げる〕諸概念の体系で理論武装している。この体系は、観察データを説明するために作り上げられたものであり、経済的行為を理解するための代替理論ともなりうる。

（一）**ハビトゥス** habitus。この概念は、前資本主義的世界のなかで獲得した文化装置や諸性向 dispositions――とくに経済的性向――を持ちながらも、植民地化によって輸入され importé 強制された imposé、奇妙な étrange 外国の étranger 経済的宇宙《コスモス》のなかに放り込まれた男女たちの実践を説明する努力から生まれたものである。

（二）**文化資本** capital culturel。これは、ゲーリー・ベッカー〔アメリカのノーベル賞経済学者。人的資本論を提唱し、教育・結婚・犯罪にも経済分析の手法を応用した〕が「人的資本」概念――迫力がなく漠然とした概念で、社会学的には容認しがたい諸前提が重く課されているが――を普及させたのとほぼ同じ頃に作り上げられ、適用されたものである。そして、この文化資本の概念は、文化的に不平等な環境にある子供たちの学業成績のうちに存在する、さらにはもっと一般的にあらゆる種類の文化的・経済的な実践のうちに存在する、別様には説明できない差異について説明するねらいを持っていた。

（三）**社会関係資本** capital social。私はこの概念をカビリアやベアルンで行った最初の民族学の仕事から作り上げた。これは、程度の差はあれ多数かつ豊富な「諸関係」のネットワークを通じて、他人を媒介として集めうる諸資源の大小ということに概ね関連する残差〔主要な説明を除いたうえで依然として残る（説明しがたい）諸個人間の差異〕を説明するためのものである。また、この概念は、こんにちではしばしばジェームズ・コールマン〔アメリカの社会学者。方法論的個人主義の立場から社会関係資本論を提起〕の名前と結びつけられており、彼は、アメリカ社会学の高度に保護された市場でこの概念の宣伝責任者となっている。これとは異なり、私の社会関係資本の概念は、「社会的ネットワーク social networks」という概念の影響を受けて、むしろそのような支配的モデルの含意《インプリケーション》を修正するために

しばしば使われている。(1)

（四）**象徴資本** capital symbolique。これは、私が名誉や「善意」の経済的ロジックを説明するために構築しなければならなかった概念であり、私はこれを象徴財とりわけ芸術作品についての経済分析のなかで明確化し、精緻化した。

（五）最後に、とりわけ**界** champ という概念が重要である。これは「新しい経済社会学 New Economic Sociology」のなかで、商標が外され、しばしば少し色を薄められたかたちではあったが、ある種の成功を得た。(2)

以上のような諸概念の導入は、もっと全体的な言語上の変更（たとえば、décision〔決定〕の代わりに disposition〔性向〕という用語を用いること、あるいは「rationnel〔合理的な〕」の代わりに「raisonnable〔理性的な、道理にかなった〕」という形容詞を用いることに示されている）の一側面でしかない。この全体的な言語上の変更は、行為に関するある見方《ヴィジョン》を説明するために不可欠なものであり、この見方は、新古典派理論を——たいていは暗黙のうちに——正当化する見方とは根本的に異なる立場に立っている。

儀礼的実践・経済行動・教育・芸術・文学のような、さまざまに異なる対象に関して編み出され、用いられてきた諸概念を私は引き合いに出しているが、それというのも私は、それぞれの社会的小宇宙に固有な特性や独自性を無視する過度の単純化志向を持った併合主義に迎合していると思われたくはないからである。こんにち経済学者たちのなかには、こうした併合主義への信奉を強めつつある者がいるが、かれらは最も純化された経済学的思考の最も一般的な諸概念で満足しうると信じ込み、従って歴史家や民族学者の仕事をまったく参照せずに、家族・世代間交換・汚職・婚姻といったきわめて複雑な社会的現実を分析しようとしているわけである。実際、私はこうした経済学者たちとはまったく対立する信条から着想を得ている。「経済的」行為一つひとつのなかには社会的世界がまるごと現れているために、実践の多次元性や多機能性を度外視するのではなく、知の道具だてによって理論武装することが必要だからである。こうした知の道具だては、経験的観察によって得られる経済的な諸行為や諸制度を厳密かつ要領よく説明しうる歴史モデルの構築を可能にする。もちろんそのことは、共通感覚〔常識〕sens communという自明の理や先概念 prénotion〔反省に先行する自然発生的・予断的概念〕への固執をいったん棚上げにすることと引きかえになされる。経済学者たちによる演繹的モデルは、共通感覚〔常識〕という直観を数学的な形式や定式へと単純に置き換えたものにすぎないが、そうした多くのモデルが証明しているように、問題として取り上げるべき事柄が――経済的実践の諸原理のように――ありふれた経験の最も平凡きわまるルーティンのなかに組み入れられている時ほど、この棚上げが困難な時はおそらくなかろう。

　費用と利益の計算、利子付きの貸出、貯蓄、信用、備蓄、投資、さらには労働といった、われわれの人生の日常的な糧である幾多の振舞いには状況次第という性格があることを、それこそ感覚的な方法で私に実感させた一連の動揺・驚愕・狼狽について触れなければ、経済的実践に関する原初的な見方と断絶するために必要な改宗《コンヴェルシオン》〔方向転換〕を分かってもらうことはできないであろう。私は、一人のカビリア人農民を長時間にわたって質問責めにしたことを思い出す。彼は私に家畜の貸与の伝統的な形態を説明しようとしたが、その話はあらゆる「経済的」道理に反するものであったため、私は家畜の貸し手が持っていた精神に思い至らなかったからである。貸し手は、いずれにせよきちんと餌が与えられる必要がある家畜の維持を確実に行ってくれるのだからという考えに基づき、自らを、借り手から恩義を受けた人であると感じているというのである。些末とも見える振舞いに関する子細な観察例や統計データもまた、あれこれと思い出される。それらの蓄積によって、私は自分が皆と同様に、労働と貨幣の等価関係を根拠とする暗黙の労働哲学を持っていたことを少しずつ理解するようになった。たとえば、フランスに長く滞在した後、〔アルジェリアの村落に〕戻ってきたある石工の、きわめて怪しからぬ《スキャンダラス》と判定された行為は、次のようなものであった。彼は、労働の終わりに供される食事の分け前に預かることを拒否する代わりに、それに相応する金額を賃金に加算するよう要求したのである。あるいは別の事例もある。他所へ移住したことがほとんどなく、その影響をそれほど受けていないアルジェリア南部の諸地域の農民たちと、〔アルジェリアの都市やフランスへの出稼ぎ・移住が長い間行われ、その影響を受けている〕カビリアの人々とは、客観的には同一の労働時間ないしは労働日であるにもかかわらず、前者はえてして忙しいと考え、他方、後者は仕事がない、自分たちは失業者だと考える傾向にある。私が観察した人々、とりわけカビリアの人々のなかには、私（および私と同類の者すべて）にとっては自明であったこの労働哲学を発見しつつある者がいた。かれらは、そうした活動を社会的仕事としてとらえる見方――私にはこう考えるのは難しいが――から、懸命に自分を引き離そうとしていたのである。[3] そして、私はまた、イギリスのロウストフトの子供たちの奇妙な逸話を知って、唖然とするような、ある意味で愉快な体験をしたことも思い出す。一九五九年一〇月二九日付の新聞で報じられたところによれば、その子供たちは、罰則に対する保険を創設した。この保険では、尻を叩かれた場合、保険契約者は四シリングを受け取ることとされ、なおかつ、保険の濫用例があったために、「この保険の団体は、故意に引き起こされた事故には責任を負わない」旨の付帯条項も設けられた。

本能的にステュアート・ミル的功利主義者たるロウストフトの生徒たちは、すでに幼年時代にこうした「性向 prédispositions」を持っていたが、私が一九六〇年代にアルジェリアで観察することができた経済的行為者たちはそれを欠いていたので、（少なくとも暗黙裡に）経済理論によって与件――すなわち人間的本質のうちに刻み込まれた普遍的な生来的素質――だと考えられているすべてのことを、かれらの経済的・文化的資源に応じて、多少なりとも首尾よく学習しなければならず、あるいはもっと正確にいえば、再創出しなければならなかった。労働という観念は、もはや伝統的な分業やサービスの交換のような単なる仕事ではなく、貨幣収入をもたらす活動ととらえなければならなくなったのである。親族間や親交のある者たちの間での、あるいは、知り合いではないがそう言ってよければ「部内者《ドメスティケ》」同士――そこには、取引に伴うリスクを緩和し回避できるように、近親者や仲介者による保証が介在する――の間での、カビリアの人々が言うところの「善意」の経済における交換はすべて、見知らぬ者同士の匿名性を持った――市況に左右される――取引の可能性そのものに取って代わられた。備蓄の実践、または直接体験される生産周期という単位に組み込まれた単なる予測に取って代わったのは、長期投資という概念である。そして、計算や利潤追求を排し、公正さに敏感に配慮する、名誉ある人々の間の名誉ある交換というものに取って代わって、利子を付けて貸し付けるという――われわれにとってあまりに馴染み深いものとなったために、際限のない倫理学上・法律学上の論争を巻き起こしたことさえ忘れてしまっている――近代的観念や、契約という考え方それ自体――これには、それまで存在していなかった厳格な支払期日や形式的手続きの条項が伴う――が次第に現れた、等々。右に述べた例はみな部分的な革新にすぎないものの、計算の可能性が開かれた、計算を適用すべき場としての未来という表象のなかに根づいているがゆえに、体系を形成する。(4)

以上のようにして、私は、前資本主義的世界によって形成された諸性向を賦与されつつも、植民地化によって輸入され強制された経済的宇宙に放り込まれることを強いられた人々の世界観の改宗には、経済的・文化的諸条件が存在することを、実験的状況下のごとく確認することができた。自民族中心主義《エスノセントリズム》のきわめて特殊な形態に過ぎないもののみが、普遍主義《ユニバーサリズム》の外観を装い、行為者たちに経済合理的行動をとる適性を普遍的に与えることができるようになる。そこでは、そうした適性（したがって規範《ノルム》として形成されている）に到達するための経済的・文化的諸条件の問題や、同時にこうした諸条件を普遍化するのに不可欠な行為の問題は、消し去られている。実際、経済的実践は社会に深く根ざしているにもかかわらず、そのことを（言語学におけるソシュール理論のように）予め度外視しているために徹底して脱歴史主義的な科学となっているのが、いわゆる純粋科学であるが、そうした純粋科学が持つ反発生論的な先入観ときっぱり縁を切らなければ、社会的現実を歴史的諸制度という真の姿に戻すことはできないであろう。経済理論は、社会的現実のうわべだけの明証性を承認し、是認しているにすぎないのである。

経済学なる科学が与件とするすべてのもの、すなわち、この科学が用いるカテゴリーや概念の脱歴史的普遍性という幻想の基礎をなす経済的行為者の性向の総体は、現実には、個々人の歴史のなかで絶え間なく再生産されつつも、それが集団の長い歴史をなしているという意味で、逆説的な産物である。それは歴史分析によってのみ完全に説明されうる。歴史分析が経済的行為者の性向の総体を、社会構造と認知構造のなかに、つまり思考・知覚・行為の実践スキームのなかに、並行的に取り込んでいるからこそ、歴史は諸制度に——経済学はこれについての脱歴史的理論を作り出そうとしているわけであるが——自然で普遍的な自明の理という様相を与えることになる。経済学がこうした脱歴史的理論を作り出そうとするのは、とりわけゲネシス〔生成〕の忘却を通じてである。そして、このゲネシスの忘却は、他の領域と同様この領域においても、「主観的」と「客観的」、性向《ディスポジシオン》と位置《ポジシオン》、予測（あるいは期待）と機会との間の直接的一致を助長する。

それゆえ、経済学の脱歴史的な見方に対して、一方では経済的行為者の経済的諸性向——とくに趣味嗜好、欲求、傾向、あるいは（計算や貯蓄や労働それ自体に対する）適性——のゲネシスを、他方では経済の界それ自体のゲネシスを再構築しなければならない。すなわち、経済の界という独特なゲームの構築に帰着する分化と自律化の過程の歴史を作り上げねばならないのである。宇宙《コスモス》としての経済の界は、それ固有の法則に従い、その結果、経済の空間を切り離された世界として構成することによって純粋理論がもたらす徹底的《ラディカル》な自律化に（限定された）有効性を与えている。商業的交換の空間が実在する他の領域から分離され、それ固有のノモス——「商売は商売、同情は禁物〔ミルボーの戯曲の題名、米語成句 business is business より〕」という同義反復《トートロジー》が述べていること——が明確に現れるようになったこと。経済的取引が家内的交換のモデルの上では考えられなくなり、家族的義務や社会的義務によって支配されないようになったこと（「商売なんだから、感情におぼれることはない」）。打算的傾向の抑圧——

それは家内経済と結びついていた――が集団的に課せられ統制されていたのに対して、個々人の利潤計算すなわち経済的利害が、排他的とは言わないまでも支配的な見方の原理として押しつけられるようになったこと、――以上のことは、きわめて漸進的にしか進まなかったのである。

「改宗」という言葉は不適切であるか、あるいは極端であるように思われるかもしれないが、新参者が入らなければならない世界が、かれらが出ていく世界と同様、信仰の世界でもあってみれば、この用語を用いることは避けられない。逆説的なことに、理性の世界は、理性の原理（あるいは、こう言いたければ経済の原理）を中心に据えてはいるものの、原理のための理性は持ち合わせていないような世界観のなかに根ざしている。文字通り経済学的な経済への新参者が、必要という名の圧力の下に行わねばならぬ強いられた改宗は、しばしば大きな犠牲を払わなければならず、また非常に苦しいものであるが、おそらくこれを観察することによって、資本主義の起源で起こったことをほぼ想起できる。資本主義の起源においては、諸性向が創出されると同時に、界――そのなかで諸性向は完成されていく――も少しずつ確立されてきたのである。計算の精神は、諸行為を計算的理性に服従させるという、おそらくは普遍的な能力とは関係しないものの、計算の抑圧どころか否定の上に成り立つ家内経済のロジックに対抗して、実践のあらゆる領域において徐々に自らを浸透させてきた。馴染みの者同士の交換において、計算を拒絶すること。それは、（努力、労力、労働、時間、金銭等々を）「節約する」ないしは「倹約する」適性や傾向という経済の原理に従うのを拒絶することであり、ついには計算への傾向や適性をある意味で減退させうるような拒絶である。かつては家族があらゆる交換のモデルを示しており、われわれが「経済交換」と見なすものもそこに含まれていたのであるが、いまや固有の原理と、計算や利潤などの固有のロジックを持った経済学が、経済学として構築され、認知されるようになった。そしてその経済学は、家族内のものも含むあらゆる実践や交換の原理となったのだと主張している。たとえば、あるカビリアの父親は、息子に賃金を要求されて目を剥いたものである。このように価値観のテーブルをひっくり返すことから、われわれがこんにち知っているような経済学は誕生したのである（大胆不敵な経済学者たちのなかには、ゲーリー・ベッカーのように、こうした動きの後追いしかしない者もいる。家族、婚姻、芸術といったものに対して、計算合理性という公準に沿って構築されたモデルが適用される時には、かれらの思考それ自体が考えもつかない代物となってしまう）。

資本主義社会は、自らが無私無欲、寛容、無償性という性質を兼ね備えているかのような夢を見ていたものの、ついには自分自身に対する一種の告白のなかで、「自らが見ていた夢の贋金を自分自身に与える」ことをやめる〔そのような性質は持っていなかったことを自ら認める〕。資本主義社会は、自らがそのような性質を兼ね備えた経済であると、ともかくも公認させつつ、生産・交換・搾取といった諸行為が元来指向していた経済的な諸目的をそれ自体として明白に認めることによって、そうした諸行為を経済として構成する。倫理革命の名において、打算的な計算や際限のない利潤獲得競争という固有の法則に支配された、分離された世界としての客観性のなかに経済が経済それ自体として形成されうるようになったのである。「純粋」な経済理論は、対象の構成原理のなかにこの倫理革命を暗黙裡に位置づけ、社会的断絶や実践に関する抽象——経済的宇宙《コスモス》はその産物である——を組み込んでおり、他方、倫理革命はこの「純粋」な経済理論のなかに自らの表現形態を見いだしている。

皮肉なことに、このプロセスはそれ自身、経済や経済学を拒絶し、否定する新たな別の形態と不可分である。この新たな別の形態が確立されたのは、文化生産に関わるあらゆる界がありうべき経済的・社会的諸条件の拒絶のうえに構築され出現することによってである。[5] 実際、さまざまな象徴生産の世界が分離され閉じられた小宇宙として明確に現れることができたのは、経済（学）という下位の世界に〔ある諸実践を〕追いやろうとする断絶と引き換えでしかない。他方、〔それとは裏腹に〕経済（学）の世界は、生産に関する諸行為や諸関係から、それらが本来的にもつ象徴的な側面を切り離すことによって作られたわけである。この象徴生産の世界では、（経済学的な経済学の観点から見れば）一貫して象徴的であり、なおかつ純粋で私心のない諸行為がなされている。自分は世界を見世物のように大所高所から鑑賞することが許されており、世界を唯一の知に向けられた総体として編成することが許されていると思いこむことができるような、そうした位置《ポジション》を——スコラ派の人々のように——提供する、これらの世界の出現は、実際、ある一つのスコラ的世界観の創出と対をなしている。そして、この世界観は、スコラ的幻想のパラダイムであるホモ・エコノミクス homo œconomicus〔経済人〕神話や合理的行為理論 rational action theory のなかに最も完璧な表現の一つを見いだしている。スコラ的幻想に依拠する学者は、自らの思考する思考を行動する行為者の頭のなかに押し込もうとし、そして、自らの自然発生的な表象ないしは念入りに作り上げた表象、あるいは最悪の場合、行為者たちの実践を説明するために構築せざるをえなかったモデルを、行為者たちの実践の原理のなかに、すなわちかれらの「意識」のなかに位置づけようとする。

　モーリス・アレ(6)のようなとりわけ炯眼の経済学者たちによって注意を喚起された多くの観察者たちは、理論モデルと現実の実践との間に一貫して乖離が存在することを認めた。そして、さまざまな実験経済学の仕事（それ自体は必ずしもスコラ的教条主義の誤りから解放されていない）によって、多くの場面において、行為者たちは経済学的モデルから予測されうる選択とは一貫して異なる選択をするということが示された。たとえば、かれらはゲーム理論の予測に従ったゲームは行わない。あるいは、かれらは「実践的」な諸戦略に頼る。あるいは、かれらは、適確さや公平さの感覚に従って行動することや、皆が同じ様に扱われることを気にかける。経験的に確認されるこうした不一致は、スコラ的思考の論理と実践の論理との間——私が飽きずに引用する、ヘーゲルに関するマルクスの表現を借りれば、「論理に帰属させられる事柄と事柄に関する論理との間」——に存在する構造論的乖離の反映にすぎない。民族学の分野で仕事をしはじめて以来、私はこの構造論的乖離を分析していたのである。実際、経済の界のように、いくつもの諸関係が絡み合っているという点において他の界とは趣を異にする界への沈み込みによって、またとりわけ桁外れの「形式合理化」[7]によって形成される諸性向や諸図式が、合理性と（少なくとも大雑把には）合致する実践を生み出す可能性のあることは、疑いの余地がない。しかし、だからといって、そうした実践がつねに原理のための理性を持ち合わせていると想定することはできない。原理の世界では、手加減のない明確な制裁が存在し（「価格の本質」はそのように語られ、容赦や妥協のない審判を示すためのものとされる）、個々人による利潤最大化の追求が恥知らずだとか機会主義的だとかと見なされることなく、そうした〔制裁という〕振る舞いが公然と目的であるかのごとくなりすましているのは事実である。見当違いなことに、あらゆる種類の利益は経済的利益に還元されがちであるが、経済的利益は、経済の界における投資がまとう特殊形態にすぎない。そこでは、投資は、それにふさわしい性向や信仰を持った行為者たちによって理解されている。なぜなら、そうした性向や信仰は、投資の規則性や必要性について、早期からの長期間にわたる経験を積むなかで――またそれによって――獲得されるものだからである。最も基本的な経済的諸性向である欲求・選好・性癖は外生的なものではなく、つまり普遍的な人間的本性に依存するものではなく、内生的なものであり、歴史に依存している。ここでいう歴史とは、経済的宇宙の歴史そのものであり、そこでは諸性向が求められたり報いられたりしている。言い換えれば、目的と手段といった型どおりの区分とは異なり、経済の界は、経済行為の「道理にかなった」諸手段に加えて、個々人の富の増大といった諸目的をも万人に課すのであるが、それは個々人の位置や経済的能力に応じてさまざまな度合いでである。

経済的実践の経済学、すなわち実践に内在するこの理性は、自らの原理を、合理的な意志や意識による「〔意志〕決定」もしくは外的諸力による無意識的な決定のなかに見いだすのではない。経済の界の規則性と長らく対峙することによる学習を通じて獲得された諸性向のなかに見いだすのである。これらの諸性向は、まさしく意識的な計算以外にも、合理的というより理性的というほうがふさわしい行為や予測をも生み出しうる。たとえ、そうした予測が計算見積もりと一致することによって計算的理性の産物と見なされたり、取り扱われたりする傾向があるにしても、である。行為の手段や目的およびそれらの相互関係がきわめて高度に説明されているこの経済的宇宙においてさえ、行為者たちは実践感覚の直観や予測に応じて自らの方向を定めていることが観察されている。実践感覚はしばしば、本質を暗黙的な状態に留め置く。また、それは、実践のなかで獲得した経験を基礎とする、暗黙的――つまりは理論によらない――かつ便宜的なという二重の意味で「実践的」な、行為の要求と緊急性に適応した諸戦略と関わっている。(8)

（利益や計算の「経済的」論理は、それが生み出された経済的宇宙の成り立ちと切り離せないため、非経済的なもののなかに沈み込んでいる諸実践は、厳密に功利主義的な計算によっては完全には説明しえない。功利主義的な計算は、とりわけ、計算の対象を可能ならしめるもの、つまり計算することが可能な事物の価値形成を説明しえないのであり、あるいは、同じ意味に帰着するが、私が幻想 illusio と呼ぶもの――賭けの価値とゲームそれ自体の価値に対する基本的信仰――の生成を説明しえない。それは宗教の界もしくは芸術の界のような場合によくあてはまる。こうした界では――限定的な意味で――非「経済的」利益の生産に関する社会的メカニズムが、経済の界の法則とは異なった法則に従っている。その社会的メカニズムは、たとえば祈祷輪〔祈祷文が入った円筒の道具。一回転させると呪文を一回唱えたことになる〕を頼りにしたり、あるいは超自然の力との交換において do ut des〔私は捧げる……汝が私に恵みを与え賜うのと引き換えに〕を唱えたりすることで、局部的には経済の原理に従うこともありえるだろう。しかし、この唯一の〔すなわち経済の〕原理に基づいて、非「経済的」利益の生産に関する社会的メカニズムの機能を理解することは、ごく部分的ではあっても期待できない。同様に、芸術市場において――科学の世界や官僚制の世界においてはなおさらであるが――人々が行うあらゆる計算について考えてみたとしても、芸術作品が経済的な計算と取引の対象となりうる価値になるメカニズムを理解するという点では、ほとんど進展はみられないであろう。そして、経済の界においても、それほど明確には目に見えないものの、事情は異なりはしない。実際、もし何らかの歴史的状況や相対的には異常な何らかの社会的諸条件を切り離して考えるならば、あらゆることが、経済的なゲームや賭けにおける投資が持つ、社会的に構築された――それゆえに恣意的で人為的な――性格を忘却させることに貢献する。ここでいう歴史的状況とは、私がアルジェリアで観察しえたようなことを指しており、また社会的諸条件とは、たとえば学校制度において逆境のなかで過ごしてきた労働界出身の青年たちのそれを指している。この青年たちは、かれらの先輩たちと比較すると、それ相応の立場に甘んじない諸性向を身につけ、単純な再生産から免れようとさまざまな手段に頼っていた。現実には、労働、キャリア、あるいは利潤追求に参加《アンガジュマン》するという最も根本的な原理は、計算と計算的理性の埒外にあり、歴史的に形成されたハビトゥスという曖昧模糊とした深層のなかにある。そのため、人々は、特別なことがない限り、昨日もそうしたから明日もそうするという具合に、労働への参加についてよくよく考えることなしに毎朝起きている)。

おそらく、私がこれまで述べてきたような「スコラ的偏見」だけが、こんにちの経済学に悪影響を及ぼしている唯一の歪んだ原理というわけではない。社会学は不可触賤民《パリア》扱いの科学であり、つねに政治的妥協が疑われている。そして、権力者たちは社会学に対して、人心操作や正当性の付与という、せいぜい下級で下女なみの知以外、何も期待していないため、社会学はほかの科学と比較して、それ自身の独立性を脅かされるような諸要求にはさらされていない。これと違って経済学は、むしろつねに国家の科学であり、そのために国家の思想がつきまとっている。経済学は、応用科学の規範を確立しなければという心配事にたえず取りつかれており、形式的な理論構成、とくに数学的な理論構成を好んで用いる衒示的な高みに立つことによって、あらゆる政治的含意から免れているかのようなふりをしつつ、政治的諸要求に対して政治的に応えることに専心しているのである。

この結果、最も純粋すなわち最も形式化された形態での経済理論――それは、経済学が信じようとしているほどには、そして信じさせようとしているほどには中立的なものではない――と、経済理論の名を利用した――あるいは経済理論を介在させることによって正当化された――諸政策との間に、何らかの行為者や諸制度が介在することとなるが、そうした行為者や諸制度には、ある特定の経済世界――これはある特定の社会史に由来する――に沈み込んでいることによって受け継いだあらゆる諸前提がにじみ込んでいる。こんにちでは、世界銀行やＩＭＦのような国際機関だとか、それらの「ガバナンス」(9) の原理を国際機関から直接・間接に押しつけられた諸政府だとかが仲介することによって、新自由主義経済学のロジックが世界中に押しつけられる傾向にある。新自由主義経済学の普遍的と称されているいくつかの特質は、この経済学がある特定の社会に沈み込み immergé、埋め込まれていること embedded によって生じている。つまりそういうものとして、特定の社会秩序の社会構造や認知構造と結びついたところの、信念や価値の体系、エートス、道徳的な世界観、要するに経済的な共通感覚に根ざしている。新古典派経済学は、その基本的前提をこうした特異な〔新自由主義〕経済学から借用しているのであり、この前提を形式化し合理化することによって、普遍的モデルの基礎としているのである。

このモデルは、二つの暗黙の公準の上に成り立っている（その擁護者たちは、証明済みの命題であるかのように見なしているが）。経済は、政府が見当違いの介入によって妨げてはならない、自然で普遍的な法則によって支配された、切り離された領域であるというのが第一の前提である。そして、市場は民主主義社会において生産と交換を効率的かつ公平な方法で組織するための最適な手段であるというのが第二の前提である。このモデルは、一つの特異なケース、つまりアメリカ合衆国のケースの普遍化である。アメリカ合衆国は、基本的に国家の脆弱性によって特徴づけられるが、アメリカ合衆国の国家はもともと最低限のレベルに抑え込まれていたうえに、超自由主義的な保守主義革命によって体系的に弱体化され、その結果としてさまざまな典型的な特性を持つようになった。その特性とは次にあげるようなものである。経済分野での国家の後退もしくは不干渉を指向する政策。「公共サービス」を民間部門に引き渡し（あるいは下請化し）、保健衛生・住宅・安全保障・教育・文化（本・映画・テレビ・ラジオ）のような公共的な財を商業的な財に転換し、利用者を顧客に転換しようとする政策。自助 self help という古い自由主義的伝統（自らを助けるものを神は助けるというカルヴァン派の信仰を受け継いでいる）や自己責任の保守主義的称揚（たとえば失業や経済的失敗を社会秩序ではなく、まず何よりも個人の責任に負わせ、社会的な支援機能を地方や市町村など下位の行政当局にまかせようとする）という大義名分の下で、機会を平等にし、（はかりしれないほど増大する傾向にある）不平等を減少させる権限を放棄すること――それは経済に対する〔政府の〕介入能力を減殺させることにもつながる。一般的利益と一致した諸選択を行うことを任務とし、集団的な意識や意志において行動することに、そして連帯の強化を促すよう貢献することに責任を負った共同機関としての国家に関するヘーゲル主義＝デュルケーム主義的解釈の衰退。

　そのうえ、アメリカ社会はおそらく、マックス・ウェーバーがベンジャミン・フランクリンにそのパラダイム的化身を見出した倫理革命の産物である「資本主義の精神」の展開と一般化を極限まで推し進め、また、資本増大に対する賞賛――「義務」にまで転化している――を極限まで推し進めた。さらに、あらゆる新自由主義的経済思想の基礎である個人や「個人主義」に対する崇拝――ドロシー・ロスによれば、アメリカ社会科学が依拠しているドクサの支柱の一つ――を極限まで推し進めた[10]。あるいは、同様にドロシー・ロスによれば、アメリカの社会秩序のダイナミズムや柔軟《フレキシビリティ》性に対する賞賛を極限まで推し進めた。ヨーロッパ社会の硬直性やリスク嫌悪とは対照的に、アメリカの社会秩序は、効率性や生産性を（高い社会保障と結びついた諸規制と対照的な）高い柔軟性と関連づけようとし、さらにはより効率的かつ生産的な経済的行為者を生み出しうる社会不保障 insécurité sociale を集団的組織の積極的な原理にまでしようとしている。[11]

これはつまり、経済秩序が「沈み込んで」いる社会のあらゆる特性のなかで、現代社会にとって最も重要なのは、国家的伝統の形態や力だということを意味している。この国家的伝統の形態や力を、いささか性急で pressé 熱心な empressé 政治家たちのように度外視するわけにはいかない。度外視すれば、当座は目に見えなくても、多少なりとも長期的には露見が避けられないひどい退歩をはらんだ諸政策を、あたかも進歩的な提案であるかのように提言する危険を冒すことになるであろう。まるで、一九七〇年代に経済・社会に関する新自由主義的見方《ヴィジョン》に鼓吹された新しい住宅支援政策を――おそらくは本気でよかれと思って――押しつけていたフランスの政治家や高級官僚のように。かれらは自分たちが、誰も好きこのんでは住まない大規模な集合住宅の住民と小市民的《プチ・ブル》一戸建て住宅の住民との間に、長期間にわたる衝突や悲喜劇の火種をまいていることを自覚していなかった。[12]

国家は、さまざまな種類の資本がゆっくりと蓄積され、集中化されたプロセスの結果であり、産物である。すなわち、警察や軍隊のような物理的諸力の資本(「暴力 - 物理的諸力 - 正当性の独占」というウェーバー的定義が想起されよう)。物理的諸力に資金面での裏づけを与えるためにとりわけ必要となる経済資本。たとえば、統計といった形態のほか、度量衡・地図・土地台帳のように管轄区域の範囲内において普遍的な有効性を付与された、知の道具の形態で蓄積された文化資本あるいは情報資本。最後に象徴資本。国家は、経済の界の機能に(そのほかの界にも、より小さな度合いではあるが同様に)決定的な影響を与えうる。これはとりわけ、経済財市場(象徴財市場――婚姻交換市場はその一つの局面である――もまたそうであるが)の統一が国家の建設や国家のもたらす各種資本の集中と同時に生じたことを理由とする。すなわち、他のどの界にもまして経済の界は、その存立や持続のみならず、それを特徴づける力関係の構造につねに寄与している国家から離れることができない。そうした国家の介入はとりわけ、情勢に応じて実施する、多少なりとも状況に対応したさまざまな「政策」（たとえば相続法・税制・家族手当・社会福祉を通じて消費――とくに住宅の購入――や生活水準に影響を及ぼす「家族政策」）を介して行われる。また、より基本的な部分では、予算関連法が与える構造論的効果、運輸・エネルギー・住宅・情報通信などの分野におけるインフラ支出、投資に対する（非）課税、決済・信用手段の統制、労働力の訓練と移民の規制、労働契約その他の経済ゲームのルールの制定と施行を介して行われる。これらのさまざまな政策的介入はすべて、官僚の界をして、経済の界の安定性や予測可能性の確保に貢献するマクロ経済の刺激装置へと仕立てあげていく。

以上に見てきたとおり、経済が社会に沈み込んでいることから、抽象が分析の必要上いかに正当化されるとしても、実践に関する真の経済学の真の対象は、結局のところ、行為者の生産・再生産条件の経済、および経済的・文化的・社会的な生産・再生産の諸制度の経済以外のなにものでもない――すなわち、最も完璧かつ広範囲な定義における社会学の対象そのもの――ということを、はっきりと銘記しなければならない。その使命は計り知れないくらい大きいので、エレガントさや〔論理学でいう〕思考節約、形式的厳格さは損なわざるをえないこと、すなわち純粋きわまる経済学と張り合う野望を持つことは諦めることを甘受しなければならない。だからといってモデルを提示することを放棄する必要はない。われわれのモデルは、演繹のみに依拠するのではなく記述的手法を基礎としたモデルであり、morbus mathematicus〔数学病〕――これについては、演繹的思考というデカルト的誘惑に関わってケンブリッジ学派の思想家がすでに語っていた[13]――によく効く解毒剤を与えることができる。なぜ金持ちは死ぬ前に全財産を使い果たさないのか、あるいはもっと単純に、なぜ若者は老人に手をさしのべるのか、あるいはそうでないか。経済学者たちを非常にまごつかせるこうした問題のいくつかは、純粋理論の希薄化した空気から離れるや否や、解決の糸口が見つかるかもしれない。それに気づくのも喜びである。

注

(1) あるパラダイムのうちに存在する欠陥ないしは不備を、そのパラダイムそれ自体について真に問題にすることなく「修正」しようと目論む戦略——ハーバート・サイモンの言う「限定された合理性」、あるいはマーク・グラノヴェッターが再導入した「社会的ネットワーク」がこれにあたる——は、コペルニクス的革命に対して、ティコ・ブラーエがプトレマイオスの天動説を固守しようとしたような、ぎこちない理論構築を想起させる。

(2) 文化資本という概念（P. Bourdieu et J.-C. Passeron, *Les Héritiers. Les étudiants et la culture*, Paris, Éditions de Minuit, 1964〔『遺産相続者たち——学生と文化』石井洋二郎監訳、藤原書店、一九九七年〕で用いられている）とゲーリー・ベッカーによって提唱された「人的資本」概念との違いに関する分析としては、P. Bourdieu, « Avenir de classe et causalité du probable », *Revue française de Sociologie*, XV janvier-mars 1974, pp. 3-42 および *La Noblesse d'État. Grandes écoles et esprit de corps*, Paris, Éditions de Minuit, 1989, pp. 391-392.〔邦訳『国家貴族』藤原書店、近刊〕を参照。社会関連資本については、« Le capital social. Notes provisoires », *Actes de la recherchée en sciences sociales*, 31 janvier 1980, pp. 2-3 を参照。象徴資本については、*La Distinction. Critique sociale du jugement*, Paris, Éditions de Minuit, 1979〔『ディスタンクシオン』I・II、石井洋二郎訳、藤原書店、一九九〇年〕および *Méditations pascaliennes*, Paris, Éditions du Seuil, 1997〔邦訳『パスカル的省察』藤原書店、近刊〕を参照。また、近年の論点については、« Scattered remarks », *European Journal of Social Theory*, 2 (3), August 1999, pp. 334-340 を参照。

(3)「労働の発見」については、P. Bourdieu (avec A. Darbel, J.-P. Rivet, C. Seibel) *Travail et travailleurs en Algérie*, deuxième partie, Paris-La Haye, Mouton, 1963 および P. Bourdieu et A. Sayad, *Le Déracinement. La crise de l'agriculture traditionnelle en Algérie*, Paris, Éditions de Minuit, 1964 がある。

(4) 経済的計算へ到達するための経済的諸条件に関しては、P. Bourdieu, *Travail et travailleurs en Algérie* (*op. cit.*) および *Algérie 60*, Paris, Éditions de Minuit, 1977〔『資本主義のハビトゥス』原山哲訳、藤原書店、一九九三年〕を参照。また、文化的諸条件に関しては、W. Reddy, *The Rise of Market Culture. The Textile Trades and French Society, 1750-1900,* Cambridge, Cambridge University Press, 1984 を参照。後者では市場文化の漸進的出現が記述されており、この自生的社会理論は社会的諸関係を、「実際にはもっと多くの分野を巻き込み続けているが、もっぱら商品と交易の分野にしぼって」叙述している。

(5) この分析を展開したものとして、P. Bourdieu, *Méditations pascaliennes*, *op. cit*, p. 29 以下および p. 64 以下を参照。

(6) M. Allais, « Le comportement de l'homme rationnel devant le risque : critique des postulats et axiomes de l'école américaine »,

Econometrica, 21, 1953, pp. 503-546 を参照。

（7）この観点に立てば、マックス・ウェーバーの次のような説に同意しうるであろう。すなわち、限界効用理論は、とりわけ貨幣交換の普遍化と相関する――形式的――合理化を目指す傾向という、現代社会の基本的側面を如実に示す「歴史文化的事実」である。

（8）理性を持ち合わせているがゆえに理性的であり、道理にかなっていると言いうる実践が、その原理において理性ないしは合理的計算を持ち合わせていないという事実は、非常に重大な現実的影響をもたらしている。それらを解消するための諸問題や諸方策は、諸実践が明示的かつ系統だった状態であるような場合とはまったく異なってくる。

（9）「ガバナンス」は、シンクタンクやその他のテクノクラート集団によって造られた多くの新語のうちの一つであり、ジャーナリストたちや事情通の「知識人」たちによって広められた。それは、言語と思考の「グローバル化」に貢献している。

（10）D. Ross, *The Origins of American Social Science*, Cambridge, Harvard University Press, 1998 を参照。また、P. Bourdieu et L. Wacquant, « Les ruses de la raison impérialiste », *Actes de la recherche en sciences sociales*, 121-122（mars 1998, pp. 109-118）も参照。

（11）実際は、デンマーク経済の例に見られるように、高い社会保障と組み合わされていても、高い柔軟性によって高い生産性が実現されうる。

（12）以下に考察する住宅政策の長期的な帰結に関するより詳細な分析については、P. Bourdieu et al., *La Misère du monde*, Paris, Éditions du Seuil, 1993〔邦訳『世界の悲惨』藤原書店、近刊〕参照。

（13）E. Cassirer, *La Philosophie des Lumières*, Brionne, Gérard Monfort, 1982, p. 109〔『啓蒙主義の哲学』中野好之訳、ちくま学芸文庫、二〇〇三年〕を参照。

Ⅰ部　住宅市場

経済学の前提に対する批判、あるいは経済学の不十分さや限界に対する問題提起をあらゆる所で表明している経済学者たちにはこと欠かない。こうしたことを念頭に置き、これまで幾度となく繰り返されてきた無意味で不毛な問題提起、無知かさもなければ不当とも思われかねない問題提起に迎合するのではなく、社会科学の武器を用いて、経済学に与えられた典型的対象ともいえる一戸建て住宅の生産と商品化の問題についてあえて取り組むことにした。これにより、多くの経済学者たちが実質的に足を踏み入れている人類学的解釈に関する諸問題もまた浮かび上がらせることができよう。

住居に関する経済的選択――購入か賃貸か、購入するとしたら中古か新築か、新築の場合、伝統的タイプの家か工業生産化された家かなど――は、一方では行為者の嗜好など（社会的に構築された）経済的性向と行為者が投入できる財力に依存し、他方では住宅の供給状態に依存する。こうした型どおりの関係における二項は新古典派経済理論によって無条件に与件として扱われているが、この二項はといえば、「住宅政策」によって作り出された経済的・社会的諸条件の総体に多少なりとも直接的に依存しているのである。実際、住居に関する嗜好を具体化させるあれこれの方法を助長しようとするあらゆる形態の規則や財政的支援、たとえばローン・控除・優遇金利融資といった住宅メーカーや個人に対する援助を通じて、国家――および国家を介して自らの考えを押しつけることのできる者たち――は、さまざまな社会階層の住居面での財政的――および情緒的――な投資を直接・間接に方向づけることによって、きわめて強力に住居の市場状態を生み出すことに貢献している。このような次第で、手頃な賃貸住宅の供給削減をねらったあらゆる措置——低家賃住宅の生産に与えられる融資を制限することによるもの——が、賃借人になる可能性のあった人々の一部を、個人援助の規模やローンの費用次第ではそれなりに魅力的でもある持ち家所有へと向かわせる。同様に、たとえば一九七七年に制定された法律に基づく政策は、それ以前であれば住居に関する欲求を満足させようとする傾向、および持ち家取得を投資の主要な一形態とする傾向が最も弱かった社会階層の「選択」を、持ち家所有へと向かわせるような諸行為全体を仕上げることになった（その政策の推進者のなかでも共同住宅や賃貸住宅を集産主義や社会主義と結びつけていた者たちにとって、持ち家所有は、既存の秩序への永続的愛着、それゆえ保守主義の一形態である）。

要するに、一戸建て住宅の市場は、（おそらく程度はさまざまであるが、他のあらゆる市場と同様）国家が決定的役割を果たしている、二重の社会的構築の産物である。すなわち一方には、個々人の性向の生産、より正確にいえば個々人の——とくに持ち家所有と賃借に関する——嗜好体系の生産を介した需要の構築、さらには、必要とされる資源の付与すなわち法律や規則（これらの法律や規則自体、その生成過程について語ることができよう）によって規定された建築や居住に対する国家的援助を介した需要の構築がある。そして他方には、建築会社への融資の面での、国家（または銀行）の政策を介した供給の構築がある。こうした政策は、利用される生産の手段の性質ともあいまって、住宅市場へのアクセスの条件を規定することに一役買っている。より正確にいえば、極度に分散した住宅メーカーの界の構造における位置、つまり生産と広告の分野でそれぞれの住宅メーカーの選択に重く課される構造的制約を規定することに一役買っている。そして、さらに分析を進めるならば、供給の個別的な状態や、とりわけ需要を満たすことを可能にするような特定の社会的・法的諸条件（建築に関する規制や建築許可など）との関連を考慮しない限り、需要は完全には確定されえず、定義されえないこともわかる。

とくに住宅のように多くの意味作用をもった製品の購入に関していえば、経済行為の「主体」は正統派理論が想定するような、過去を引きずらない純粋な意識とは無縁であることに否が応でも気づかされる。そして個人と集団の過去に深く根ざしている経済的諸戦略が、その過去を生じさせた諸性向を通じて、再生産戦略の複雑な体系のなかに、多くの場合、統合されていること。それゆえ、再生産戦略が永続させようとしているもの、すなわち家族という単位の巨大な歴史は、それ自体、本質的な部分ではやはり国家にその責任が帰される共同構築作業の帰結であるということ。さらに相関的にいえば、経済的決定は、孤立した経済的行為者の決定ではなく、界として機能する集団・団体・家族・企業の決定であるということ。こうしたことにも気づかないわけにはいかないのである。

したがって、(それ自体説明の必要がある、諸変数と諸事象の間の〔統計学的意味での〕共変動を単純に記録することで満足するのではなく)生産の界の構造とその機能を決定づけるメカニズムを描写するとともに、経済的諸性向の分布構造、なかでも住宅に関する嗜好の分布構造を描き出すことに分析が向けられなければならない。同時に、歴史分析によって、この特異な界の生産に関する社会的諸条件、さらにこの界において多少なりとも完全に自己実現の可能性を見いだす諸性向の社会的諸条件を明らかにすることも忘れてはならない。

1章　行為者の性向と生産の界の構造*

住宅生産にまつわる多くの特徴、そして住宅メーカー間に形成される多くの関係は、象徴的要素がとりわけ大きな部分を占める住宅生産の特性に由来する。（衣服のように）皆の目にさらされ、しかもそれが長期間続くような有形財としての住宅を所有することは、他の財よりも決定的に、所有者の社会的地位やいわゆる「富」のみならず、所有者の嗜好や所有者が自らの領有行為のうちに組み込んでいる分類システムをも表現し、露わにする。この分類システムは可視的な財に客体化されており、他の人々にも象徴的領有を行う余地を与えている。こうして、所有者を嗜好空間のなかに位置づけることによって、同時に社会空間のなかにも位置づけることが可能となっている。[1] そのうえ、住宅の所有はきわめて重要な経済的かつ情緒的な投資の機会でもある。[2] それは、高価であるがゆえに、家計のライフサイクルを通じて最も困難かつ重大な経済的決定の一つを行う機会となる消費財である。それはまた、非金融的貯蓄としての「投資」であり、即時的満足をもたらしつつも、人々がその価値を維持し増大させようとするような投資である。[3] このために住宅の所有は、少なくともその所有者と同じぐらいは存続し、できることなら譲渡可能な遺産として、所有者よりも長生きするよう期待される資産の中心的要素となる。

しかしながら、家 maison が永続的な社会集団としての家族成員 maisonnée およびその家族成員を永続させる共同の企てと切り離せないことを認識しなければ——家という言葉には、住居としての建物という意味と、その居住者集団という意味の二重の意味があることが想起されよう——、金銭・労働・時間・情緒など住宅の所有が対象とするあらゆる種類の投資について、完全には理解することができない。実際、ある文化的伝統、とくに農民や貴族のそれにおいては、「家」という言葉は、物質的な居住空間と、過去・現在・未来においてそこに暮らす家族との両方を不可分に指し示すことが知られている。家族とは、直系家族に譲渡可能な有形財や象徴財——とくに、他構成員とはしばしば異なる姓名——としての財産を持っているという点において、個人と対比してその超越性がまさに明確になるような社会的存在である。[4] 多くの社会において、新しい家を建てるということは、旧カビリア地方に見られるようにボランタリーな雑役（とくに梁の運搬など）に男系親族全員を動員する共同事業であり、その事業と同時に新たに家族が創られている。こんにちにおいても、「家を建てる」計画は、「家庭を築く」（あるいは家族を増やす）計画、家族成員という意味での家を築く計画、つまり居住を共にするつながりによってますます強くなるような、姻族関係・親族関係によって統合された社会集団の創設とほとんどつねに結びつけられている。[5]

したがって、家が再生産戦略の体系の道具となっていることを捨象して、家を一定の減価償却率によって特徴づけられる単なる実物資本ととらえ、家の購入を狭義の経済戦略ととらえることは、ある特定の歴史的諸条件の下で初めて効率的となる生産や経済行為から、あらゆる歴史的特性を無意識のうちに剥ぎ取ることになろう。生産や経済行為は、歴史構造に組み込まれていることから歴史的特性を有しており、その歴史的特性は科学の対象が埋められている現実のなかに組み込まれているのであるから、歴史的特性を科学のなかに取り込むことが重要である。家の創設を通じて言外に明確となるのは、安定的な社会関係によって統合された永続的集団を創る意思、耐久性がより安定的で不変の住居のように、いつまでも永続できる家系を創る意思である。これは家族という単位の未来、すなわち家族の凝集性や統合に関する、あるいは別の言い方をすれば崩壊や離散に対する家族の抵抗力に関する、共同の企てもしくは賭けである。一緒に家を選び、調度品を整え、装飾を施すこと、要するにまさにそれによって「自分の財産」であると感じるような「我が家」を作り上げることから成るこの事業は、情意的凝集性の産物であるとともに、それ自身がまた情意的凝集性を増大・増強していくものである。なぜなら、ひとは、自分が犠牲《いけにえ》のように費やした時間や労力をいつくしむからであり、また、みなで完成させた共同プロジェクトの成功の目に見える証左である家が、分かち合える満足の枯れることのない泉となるからである。

家を対象とする投資に関する人類学的分析においては、家と結びつけられ、後述するように広告のレトリックによってつねに喚起され、呼び覚まされ、再活性化されている、集団的あるいは私的に伝承されている神話（とりわけ文学的な）も考慮に入れなければならないであろう。(6)人類学的観点から見て不変なものも想起されるとはいえ——それはこんにちでも依然として支配的な表象につきまとっている——、環境や時間の変化に応じて異なってくる家の意味や機能の変化を無視してはならない。家族成員の安定的・持続的な住居としての家の社会的用役は、時間を超越した不変性や土地に根を張ることを促す農耕経済に特有な（一時的であれ恒久的であれ、あらゆる形態の遊牧生活とは対照的な）定住の伝統を前提としている。この社会的用役は、あらゆる形態の定着（民族的 völkisch なイデオロギーが、「彷徨」や祖国喪失と対置する、故郷 Heimat とか我が家のようなもの heimlich）に高い価値を与え、統合された家族のモデルをもとに考案された、理想化された農耕「共同体」（Gemeinschaft）の魅惑的な社会関係を賞揚するような保守的世界観と関連している。

以上のように、家族成員という意味での家族と関連し、家族の永続を保証しようとするねらいをもつと同時に家族の永続性を前提とする家の購入は、経済的投資――あるいは少なくとも永続性と譲渡可能性を備えた遺産の要素としての蓄財の一形態――であると同時に、未来――あるいはより正確にいえば生物的・社会的な意味での再生産計画への賭け――を内に秘めている限りにおいては、社会的投資でもある。家は、固有の生物的繁殖を確保しようとする社会単位としての家族と利害を共にしている。家は、生殖計画と社会的再生産のなかに前提条件として組み込まれている。家は、家族という単位が譲渡可能な特定の資産を蓄積し保存するための主要な手段の一つである。その結果、家族という単位の構築や解体（とくに離婚件数の増加や異世代同居の減少）に関する伝統の変容は、多少とも直接的に住居に関連する戦略、とくに賃借か持ち家取得かという選択に影響を及ぼす性格をもつことになる。

実際に家を永続的な家族成員の安定的な住居にしようとする、多かれ少なかれ無意識な性向があるために、おそらく内容物によって容器を、生産物によって生産方法を表現するような換喩的な混交《コンタミネーション》〔意味の似た二つの語や句が部分的にまざり合って、新しい語や句ができること〕効果によって、家に関しては経済的行為者の大部分が製造技術についての好みを有することになる。家以外の分野でこうした選好があるのは、特定の食品、より一般的にはあらゆる種類の奢侈財くらいである。いわゆる伝統的な生産方法――それは、技術的な質だけではなく象徴的な真正さも保証すると見なされている――に愛着を感じている経済的行為者たちは、たいていの場合、本物のあるいは擬似的な手法（工業的組織の工法によって作られる、つなぎ石の「石工の家」[7]による、「手作り」の昔ながらの家に価値を置く傾向にある。それは、個人の持ち家として所有され、本物ないしは作り物の田園環境（分譲地）に位置している。これと対照的に、工業生産された家（あるいは共同ビルの住居）には価値が置かれない傾向にある。また、後述するように、住むことに関する、社会的に構築されたこうした欲求は、とくに子孫の長子に与えられる特権によって家を永続させようとする相続上の伝統が植えつけられた消費者において、とりわけ顕著である。

商品の特性は、技術や形式といった客観的な特性と、審美的なものや倫理的なものが一体化したハビトゥスの図式《パターン》――ハビトゥスはそこにおいて知覚だとか評価といったものを構成する――との間の関係においてしか、完全には明確にできない。このようにしてこそ、生産者が考慮すべき実需が明確になる。観察される購買決定行動を導く経済的誘因ないし制約は、生産の界が与える供給状態と、買い手の性向のなかに刻印された要求の状態との関係において初めて成立する。こうして買い手は、自らが受けている制約の原因となるよう仕向けられているのである。それゆえ、まったく新しい観点に立って、供給と需要およびこの両者の関係に関する考察を行わなければならない。実際、供給は、ある時点において、（独立した供給者が集計された総体としてではなく）自らの戦略が競争相手に依存するような、競争的供給者たちの差別化され構造化された空間として現れる。供給自体が（とくに国家の介入によって）構造化されているために、供給は、部分的ではあれ供給によって創出される需要――需要も供給と同様に差別化され構造化されている――を満たすことができるのであり、また開発することができるのである。

生産が消費を生み出すと言っても過言ではないのは、供給は、王様である消費者の嗜好を尊重するような外観を装いながらも、この欲求を満たすある特定の方法を強制することに貢献しているからである。住宅需要を満たしうる他の方法のすべてもしくは一部の可能性（たとえば一戸建て住宅の〔所有ではなく〕賃貸という可能性）を無効にする傾向があるという事実、これ一つを指摘するだけで事足りる。それと同時に、大量生産での工業生産に、伝統的な職人的生産の外観を与えるやり方で事業活動を行うことのできる住宅メーカーが成功を収められるとするならば、それは、長持ちして譲渡可能な「手作り」の一戸建て住宅といういくぶん空想的な欲求の代償を、これらの住宅メーカーが消費者にかなり高く払わせることができる場合に限られる（おそらくはこのことから、住宅市場は芸術品市場に特有の論理を共有していると言える。芸術品市場では、その作品が名人の手によるもの、すなわち「名人の技」であることを証明する署名によって保証される「manifatura」〔イタリア語で手工業的工場の意〕の正統性への信仰に支配された技術もまた、選好の対象となっている)。

広告は、すでに存在する性向をもっと巧みに利用して煽る時ほど効果的な場合はない。それは、消費者の期待や欲求に仕えているような外観を装いながら、その期待や欲求に消費者を服従させているのである(性向を現実主義的《リアリスティック》に解釈し、それらを変容させる、あるいは別の対象物にそらすようなやり方とは反対に)[8]。そのため、広告は、大げさな物言いをすれば「詩的」と呼ばざるをえない効果を用いるのである。実際、詩のように、そして詩とほとんど同じ手段を用いて、広告はメッセージのコノテーション〔暗示的意味、含意〕を活用し、「人それぞれに特有で、人それぞれに多様で、また同じ人でも時によってさまざまな[9]」体験を想起させる詩的言語を保持する力を体系的に利用する。広告は、共通すると同時に個別的な、平凡であると同時に特異な――とさえ矛盾なく言えるような――家と結びついた諸経験を蘇らせることができる言葉やイメージを動員する。家にまつわる経験は、文化的伝統や継承される認知構造――たとえば、家の内部空間の構造分析や家庭内空間と公的空間の関係の構造分析によって導き出されるような認知構造――に由来する部分については、共通しているといえる。他方、家にまつわる経験は、われわれ個々人の歴史における、家庭の言葉や物との遭遇によって特徴づけられるような社会的に特定化された形態に由来する部分については、個別的であるといえる。

マルク・オジェが提起する、不動産広告の読み手の体験に関する分析が、そのことをかなり明確に浮き彫りにしている[10]。オジェは、広告を見ることによって心のなかにわき起こる主観的体験(ここでは都会に住む教養ある男性が事例となっている)を説明することによって、個人のコノテーションの世界を想起させるために広告話法(より一般的に言えば、あらゆる詩的話法も同様であるが)が依拠するメカニズムを明らかにしている。一方には、場所や日付が特定されているという点で独自でありながらも、(ある人の幼年時代は必ず他の人々の幼年時代と同じ何かを持っているという限りにおいて)場所と時間を超えた原初的な経験に関する不思議な記憶がある。そして他方には、連想をかきたてる言葉や、少なくとも表現していることと同じくらい暗示に富んだイメージの魅惑を作り出す、文学的な連想ゲームがある。広告の象徴効果は、広告の受け手に個別的体験を想起させうるような言葉やイメージを自らの文化資産のなかから引き出す作者と、連想を誘起するテクストに象徴権力を付与する——あるいはより的確には広告が受け手に与える魅力を付与する——ことに貢献する広告の受け手という、この両者の間の共同作業の産物である。広告の受け手は、日常的な世界や文学の世界におけるそれまでのあらゆる経験をもとに、照応・共鳴・類比の影響力《オーラ》をテクストやプレテクスト〔テクストに先行するもの〕に投影するが、この照応・共鳴・類比によってそのなかに自己を認識することが可能となる。広告の受け手に提示された、家族という世界 monde domestique の小さな私的神話のなかに、いわば自らの居場所を見つけるからこそ、広告の受け手はその私的神話の世界を自分の世界とすることができ、それに支配されるにまかせつつもそれを領有することができるのである。「結局のところ、広告制度は選別罠《わな》のような機能を果たしており、そのメカニズムは獲物のさまざまなカテゴリーに合わせてそれぞれの捕獲室に誘導する役割を果たしていると言えるであろう」[11]。言葉の魔術と魅力は、その言葉が想起させる事物の魔術や魅力から直接的に生じる。たとえば、「小修道院長旧居」、「旧水車小屋」、「宿駅」、あるいは「一八世紀の城館」といった言葉に表現されるような家に住むことで広告の読者が味わう喜びは、事物を呼称し、支配し、要は手なずける domestiquer ために必要な言葉の世界とつねに不可分な、事物の世界に住む喜び、「我が家」にいるかのように感じる喜びの、象徴的な先取りにすぎない。

すでに実施された、あるいはこれから実施される家の整備に関して交わされる有頂天な会話のような言葉の上での活動であれ、[12]郵便配達夫シュヴァルの例〔生涯にわたって道端の石を拾い続け、最終的に見事な家を自力で建てた〕は極端としても、まさに詩的創造の場である日曜大工のような実践的な活動であれ、家は(エルンスト・カッシーラーの言葉を借りれば)「神話形成的」と呼ばざるをえない活動全体の対象物である。こうしたデミウルゴス〔造物神〕的介入は、つねに中立的《ニュートラル》で没個性的な、そして往々にして期待はずれで不適切なたんなる技術的事物を、置き換え不可能で神聖な一種の現実へと、まさに家族の絵やアルバムや墓のように、家系がその中で一体性と永続性を確認し称揚するチュリンガ〔オーストラリア原住民の用いるトーテム動物の掘られた石や木の魔よけ〕の一つへと変化させることに寄与している。(13)

買い手空間と選好の社会的生成

しかし、家の意味に関する人類学的（あるいは現象学的）分析は、他の分野でもありえることだが、経験と期待との間にはズレが存在し、そこには社会空間に占める位置以外の何物でもない一つの原則が介在しているということを、忘れさせる危険をはらんでいる。(14)定住空間としての家に関する満足げな表象は所有欲のなかで自己完結するが、所有欲それ自体は、現象学的（あるいは民族学的）分析が暗黙裡に認める普遍性を有していない。所有欲を満たす手段が根底から変化したことは、まさに注目に値する。たとえば、家と相続——その意味で家族——との紐帯が弱まった。つまり、家という資産カテゴリーの直接相続の割合が減少する一方で（近年の住宅取得者のうち、相続または贈与により取得した者は、一九八四年時点で全体の九％を占めるに過ぎなかった）、(15)割賦《クレジット》での購入が本宅取得の最も一般的な方法となり、返済のための平均的な年賦償還金が家計に占めるウェイトは年々増大している。住宅取得者の年齢層は年々低下し、親からの住宅の相続を待たなくなっている。親のほうもまた、大方のケースでは家を売却するよりほかなくなっている。

ほぼ例外なく相続かもしくは長年蓄えてきた貯蓄により住宅を取得していたこれまでの世代に観察されたこととは異なり、最近の世代の住宅所有者は、住宅取得を、不動産資産を形成しつつ住まいを確保する手段と考えており、貯蓄は規則的に減少している（一九七〇年の一八%から一九八七年には一二%に低下している。他方、同じ期間に、家計の融資借入額は増大しているわけではなく、安定的に推移している）[16]。しかし、もっと根本的には、統計によって明確に示されているように、経済資本、文化資本、およびその総体のなかでとられる資本構造、社会的経歴、年齢、婚姻の有無、子どもの数、家族のライフサイクルにおける位置といったさまざまな要素に応じて、選好《このみ》というものは変化していくのである。

決定要因〔因子〕の体系に目くばりするならば、（低所得家計、退職者、自力での住宅建築者や「ビーバー」〔共同して自力で自己居住用の住宅を建築することを目的とする住宅組合運動〕といった）事前に構成された母集団のみを取り上げるという、個別研究に本質的に内在する限界から解放されなければならないし、統計分析がしばしば満足している部分的説明に特有な単純化から逃れなければならない。このような観点からみると、ＩＮＳＥＥ〔フランス国立統計経済研究所〕が大規模なサンプル（一九八四年は二万九二三三世帯、一九七八年は二万三六〇六世帯）を対象に定期的に実施する調査は、住宅の状況およびその変化、資金調達の制度、家計の主要な特性などについては把握しているものの、数世代にわたる社会的経歴（あるいは、少なくとも父親の職業）といった重要な説明要因を見落としている。そこで示されている分析は、文化資本や技術資本などの要因に当然与えられるべき正当なウェイトを与えていない（住宅の新規取得者層と賃貸部門等、さまざまな因子や母集団に留意する研究者の間では分業がなされているとはいえ、比較や総括が禁じられているわけではなかろう）[17]。

一九八四年にＩＮＳＥＥが実施した住宅調査から得られるデータに依拠して、われわれの要請に基づき作成された表（**表1**）全体に関する二次的分析[18]から、次のことが明らかとなった。すなわち、不動産を取得する機会は、おそらく前提条件として介在する所有資本量に依存するが、賃借より購入を選好する傾向は、とくにこの資本構造、

表１　家長の職業別カテゴリーからみた一戸建て住宅またはアパルトマンの所有率・賃借率 (1984 年)

(%)

	所有者			賃借人			その他	合計
	一戸建て	アパルトマン	小計	一戸建て	アパルトマン	小計		
農民	61.3	3.7	65	8.9	7.6	16.5	18.5	100
単能工	28.3	3.8	32.1	14.7	47.3	62	5.9	100
熟練工	39.1	6.4	45.5	10.4	38.8	49.2	5.3	100
職長	55.3	9.3	64.6	8.9	19.8	28.7	6.7	100
サービス業従事者	21.7	7.6	29.3	5.3	47.6	52.9	17.9	100
退職者(元工員)	47.4	7.9	55.3	8.7	25.2	33.9	10.8	100
職人	54.6	11.5	66.1	6.6	22.4	29	4.8	100
商人	44.4	14.1	58.5	9	25.9	34.9	6.6	100
退職者(元職人・商人)	50.2	19.5	69.7	3.1	19.3	22.4	7.9	100
警官	25.8	4.5	30.3	8.7	37.5	46.2	23.4	100
店員	21.5	6.1	27.6	5.6	57.2	62.8	9.6	100
会社事務員	23.9	13.2	37.1	5.6	50.4	56	6.8	100
公共部門事務員	28.4	8.4	36.8	5	51.6	56.6	6.6	100
退職者(元事務員)	39.1	13.1	52.2	4.8	34	33.8	9	100
企業部門中間職	36.3	15.4	51.7	6.6	35.7	42.3	6	100
公共部門中間職	36	11.2	47.2	6.9	38.5	45.4	7.4	100
一般技術者	43.4	13.7	57.1	6	32.2	38.2	4.6	100
小学校教員	39.8	13.8	53.6	5.2	30.5	35.7	10.8	100
退職者(元中間職)	52.0	18.2	70.2	3.9	20.8	24.7	5.1	100
企業主	50	26.3	76.8	1.9	16.7	18.6	4.6	100
民間部門管理職	36.1	22.4	58.5	8.8	27.7	36.5	5	100
上級技術者	41.8	18.3	60.1	9.7	25.4	35.1	4.8	100
公共部門管理職	32.5	17.4	49.9	10.1	29.6	39.7	10.5	100
中・高等教育の教員	33.9	15.8	49.7	6.5	32.7	39.2	11.1	100
自由業	42.3	23.5	65.8	6.5	24.1	30.6	3.6	100
芸術家	20.6	16.6	37.2	9.1	44.7	53.8	8.9	100
退職者(元管理職)	46.6	31.1	77.7	3.3	16.3	19.6	2.8	100
その他	27.2	9.5	36.7	5.8	38.3	44.1	19.3	100
全 体	39.7	11.1	50.8	7.8	32.9	40.7	8.6	100

資料) INSEE 調査、1984 年。筆者らの要請に基づき作表されたもの。

つまり経済資本と文化資本の相対的なウェイトに依存するということである。

一戸建て住宅を所有する者の割合は、所得が上昇しても大幅には増加しない。たとえば、最低所得者層ではその割合は三五・二%であるが、最高所得者層でも四三・一%である。これに対して、アパルトマン〔集合住宅内の一世帯用の住居〕を所有する者の割合の変動幅は、最低所得者層の八・一%から最高所得者層の二二・一%と大きい。アパルトマンの所有者・賃借人の総数ではなく、調査時に住んでいた住居への入居後三年未満の者だけを対象とした調査では、一九七八年時点での所有者の割合は、最低所得者層の八・九%から最高所得者層の三五・四%となっていることがわかる。アパルトマン所有者の割合は、所得の上昇とともに増加しているのである。[19]

住宅の所有者となる計画を立てるためには、あたかも最低の経済資本量が必要であるかのように、あるいは一定の基準値以下では住宅購入を検討することはためらわれるかのように、あらゆることが進行する。たとえば、アパルトマンや一戸建て住宅の購入を妨げるさまざまな理由について尋ねると、事務員の四五%、工員の四二%が資金調達手段の欠如をおもな理由として挙げる一方で、中間職・高級管理職・自由業に属する者たちで同じ理由を挙げているのは二四%に過ぎない。[20]また、「この先、何があるか」わからない状況で負債を抱える心配についても、事務員(一五%)がその他の職業カテゴリー(八%)よりも多く理由として挙げている。不動産投資が割に合わないからという理由を挙げる職人・商人・企業主は、高級管理職・中間職、あるいは工員よりもはるかに多い(それぞれ一八%、二%、一%)。

以上のことから、住居の購入か賃借かの選択においては、あらゆる状況から見て、資本構造が決定的な役割を果たしていると結論づけることができる。実際、退職者を別にすれば、文化資本よりも経済資本のほうが顕著に豊富で、自らの再生産のためにおもに経済資本に依存する階層において、住宅所有率がもっとも高い。たとえば一九八四年の時点では、企業主で七六・八%、職人で六六・一%、農民で六五%の所有率を示している。周知のことだが、工場主や商店主は一般的に、他のどの階層よりも多く、語のあらゆる意味において有形財の所有——家や高級車など——に投資する。職業世襲の性格がきわめて強いこの階層は、自らの再生産に関して経済遺産に依存する度合いがきわめて高いことから、住宅を相続可能な資産の一要素と見なす傾向を持つようになり、住宅を典型的な父親たるものの投資（そしてまた、特定の者にとってはまったくの投機的投資）と見なす傾向を持つようになったということが、あらゆる点から推測できる。

逆に、文化資本が顕著な階層においては、住宅所有者は明らかに少ない。他の多くの界において観察されている論理と同様に、権力の界においても同様の論理が見られ、企業主の大半が住宅所有者であるのに対し、中・高等教育の教員、芸術家、公共部門管理職の多くは賃借人であり、両者は対極にある。両者の中間的位置は、民間部門管理職と技師（公共部門管理職や中・高等教育の教員に近い）および自由業（企業主に近い）によって占められる。中産階級の内部でも類似の構造を見ることができる。一方の極は職人と商人であり、大半が住宅所有者である。他方の極は小学校教員と公共部門中間職である（官公庁や会社の事務員は、他の階層よりも住宅所有率がはるかに低い）。

文化資本より経済資本の方が豊かな階層では、住宅所有率と所得との関係はほぼ独立的であるが、経済資本より文化資本が豊かな階層では両者は密接な関係にある。後者の階層では、住宅取得の資金を調達するために他の階層よりも頻繁に融資に頼っていたことが知られている。たとえば、一九八四年において、年収一〇万フラン以下の企業主の八八％が住宅所有者であるのに対し、一〇万フランから二〇万フランの企業主のうち住宅所有者であるのは四四・五％である（これはおそらく、最低所得の企業主が、多くの場合、田舎や地方都市に住んでいる事実と関連する）[21]。同様に、職人層では、所得が五万フラン以下の者の住宅所有率は五六・五％、平均的な所得を得ている者で五四％、一〇万フラン以上の者で五四・五％である。小商店主や農民の場合、最高所得者層は、最低所得者層と比較して持ち家率がいくぶん高い（経済資本と文化資本をあわせ持つ自由業者では、所有か賃借か、一戸建てか集合住宅かということは、所得総額から独立的である）。逆に、小学校教員と公共部門中間職では、住宅所有率の変動幅が著しく大きい。最低所得者層（最若年層でもある）の小学校教員の住宅所有率が一〇％以下であるのに対し、一五万フランを超える所得を得ている者においては六〇％以上であり、これと同様の傾向が公共部門中間職にも見られる。そして、上級技術者と（公共・民間両部門の）管理職でも、住宅所有率は所得に応じて大きく増加する。

文化資本に関していえば、所得は、高い場合であれ低い場合であれ、社会階層ごとの住宅所有率に目に見える影響はほとんど与えていない。しかしながら、ＣＥＰ〔職業教育証書〕やＣＡＰ〔職業適性証〕の取得者――かれらと同じ階層であるＢＥＰＣ〔中等教育第一期課程修了証書〕やバカロレアの取得者よりも住宅所有率は高い――と比べて、免状を持たない工員、事務員、一般技術者、中間職のほうが住宅所有者になる確率が低い。このことから、下位階層ではＣＥＰやＣＡＰの保有によって特徴づけられる最低限の学歴資本が、住宅取得に接近《アクセス》するための必要条件だと思われる（おそらく、低出生率によっても同様に特徴づけられる禁欲的性向とも関連するであろう）[22]。

ＣＥＰやＣＡＰの取得者層を通して、住宅取得の事例にとくに顕著な適用対象を見いだすある特殊な文化資本、すなわち、部分的には学校でも習得する（「日曜大工」程度の）技術資本――この技術資本の程度を多少なりとも測る目安は、ＣＡＰ取得の有無である――について、その効果を把握することが可能になる（付属資料「技術資本と禁欲的性向」、一一〇ページ、参照）。たとえば、肉体労働者の頂点に立ち、職人としての技術的能力をおそらくは最高レベルで保有する職長や職工長[23]は、部分的には学校で習得した能力を身につけており、ＣＡＰやＢＥＰ〔職業教育免状〕のような免状によってその能力が証明されている。かれらは、職業生活のなかでさらに高めたその能力を、おそらくかれらの昇進の原則である禁欲的性向――こうした性向により、かれらは多くの犠牲を払うことを厭わないようになる――の下で活用することにより、多くの場合は同僚や家族の支援を得て（「ビーバー」たちとともに）手ずから部分的または全面的に建てた家に住めるようになる。

その住居の初代の所有者であり、かつ、比較的近年にそれを取得した者のなかで、カタログを見て家のモデルを選んだと答える者の割合が最も多いのは、（ＩＮＳＥＥが一九八四年に実施した調査によれば）工業・手工業の未熟練工、運搬熟練工、店員、公共部門中間職（これらの階層はそれぞれに、社会空間においては「公共」よりの「左翼」側に位置する）である（上記の各階層でそれぞれ四八％以上）。こうした家の建築方法に頼ることが最も少なかったのは、農民、職人、小商店主、企業主、自由業を営む者（自らの再生産のために経済資本に依存する階層）である（上記の各階層でそれぞれ二五％以下）。

また、社会的ヒエラルキーの下にいくほど、家の象徴的側面よりも技術的側面を重視する傾向が強くなることが知られている。フランス世論調査研究所が一九八四年に実施した九九八人の代表標本《サンプル》調査で得られたデータの分析によって、次のことが明らかにされている（**表2**）。すなわち、一方には、経済的ヒエラルキー（最高所得者層）、社会的ヒエラルキー（高級管理職および自由業者）、文化的ヒエラルキー（最高レベルの免状の取得者や高等教育を受けた者たち）の頂点に位置する者たちがおり、そして他方には、職業は工員かあるいは失職中、しかも初等教育しか受けていない最低所得者層がおり、この両者の間には、プレハブ住宅の表象《イメージ》に関して際だった対照性が見られる。[24] 前者は、プレハブ住宅について最も否定的なイメージを抱いている。人々がそのような家を建てるのは伝統的な家を建てる金がないからだ、あるいはさまざまな行政手続きの負担を軽減したいからだと考えるのは、これらの階層の者が最も多い。後者には、プレハブ住宅を選ぶのにも積極的な理由があり、それを選ぶのは近代的なものを好む人たちだと判断する者が多い。かれらは、プレハブ住宅の方が堅固であり、自分の好みに合わせやすいと考える。こうしたことから、あらゆる点から見て、他の実践の領域においてすでに観察されているように、経済的に、そしてとくに文化的に最も恵まれない者たちが、文化レベルと結びついた偏見から（やむを得ず）解放されたに、機能主義美学とでも呼べるものを受け入れている――もちろん一党派を結成するほどではないが――と断言できよ

表2　一戸建て住宅の建て方（新規の住宅取得者）*

（%）

	すべて自力で建設	自分で設計する、または専門家に設計を依頼する	カタログ掲載の家	デベロッパー〔不動産開発業者〕	合計
農民	4.2	75.8	18.3	1.7	100
単能工	8.4	31.8	48.1	1.7	100
熟練工	9.4	34.9	43.6	12.1	100
職長	12.5	36.8	35.9	14.8	100
退職者（元工員）	9.9	55.5	29.2	6.3	100
職人	25.5	49.3	19.7	5.4	100
商人	10.6	56.0	24.0	9.5	100
退職者（元職人・商人）	9.9	52.7	27.9	9.4	100
警官・軍人	3.6	35.7	38.8	21.9	100
店員	5.1	36.1	49.9	8.9	100
官公庁・会社事務員	3.2	33.2	46.1	17.6	100
公共部門事務員	4.8	36.5	38.3	20.4	100
退職者（元事務員）	3.3	60.0	34.9	1.8	100
企業部門中間職	3.2	40.7	38.6	17.4	100
公共部門中間職	1.5	27.3	48.4	22.8	100
一般技術者	6.2	41.7	34.1	18.0	100
小学校教員	4.3	52.8	26.9	16.1	100
退職者（元中間職）	4.1	48.0	43.0	5.0	100
企業主	18.1	49.5	21.6	10.8	100
民間部門管理職	0.9	47.7	33.1	18.3	100
上級技術者	5.8	39.3	32.9	21.9	100
公共部門管理職	1.3	40.0	38.8	19.9	100
中・高等教育の教員	8.0	47.8	25.9	18.3	100
自由業		75.1	19.0	5.9	100
退職者（元管理職）	2.3	72.2	22.7	2.8	100
全 体	7.6	42.0	37.1	13.2	100

*住宅の初代所有者ではない世帯は「対象外」として、計算から除外した。
資料）INSEE 調査、1984 年。筆者らの要請に基づき作表されたもの。

う。家を、便利で、安全で、頑丈で、すぐに使えて、必要があれば手入れできるものでなければならない道具と考えるこの階層の人たちは、技術重視の考えの持ち主であり、改築に活かすことのできる自らの技術的能力がその考えを補強する。また、あらゆる点からみて、給与所得者のなかでは熟練工、一般技術者、下級技師が、その技術文化のゆえに、あるいは社会的出自のゆえに、あるいはその双方があいまって、おそらくは家の支配的表象《イメージ》から最も遠いところにいるために、工業生産された家の持つメリットに最も敏感であり、さまざまな連想を誘う名前のつけられた「レジデンス」〔住居・邸宅〕の開発業者が販売促進する家にはいずれにせよ（相対的には）最も鈍感であると考えることができる。

都市の集積規模の効果はよく知られているが、重要な点は、その効果が所有資本の量と構造に応じて特定化されているということである。社会階級間の格差は、住宅を所有しているかどうかという点に関しても、また、一戸建て住宅に住んでいるかどうかという点に関しても、地方の町村から大都市圏へ移動するにつれて増大する。(25)

ニコル・タバールは、管理職または自由業者と工員との間の格差がフランス全体よりもエソンヌ県においてとくに著しいことを明らかにしている。(26) 一戸建て住宅取得の可能性という見かけ上の「民主化」は、基本的には、工員層の上層部分に属する人たちの多くが地方の町村に住んでいるということ、あるいは都市に住んでいる場合には周辺部に住んでいるということに起因する。一九八四年調査の分析により、一戸建て住宅の所有率は、各階層とも市町村の規模に反比例していることが確認されている。工員は、地方の町村以外ではまず住宅を取得することはできない。それに対して、職長は、パリ都市圏内であっても家を所有できる（所有率は三一・六％）。

一般に、住宅所有者の割合は、どの階層をとっても三五歳以下で低い数値を示すが、年齢が上昇するとともに増加する。あらゆる点から見て、社会的ヒエラルキーの下方に下がるにしたがって、住宅取得が遅くなっていることがわかる（三〇〜三四歳の年齢層ですでに住宅所有率が五〇％に達する職長を除く）。このため、単能工の場合、五〇歳以上の年齢層で初めて住宅所有者が賃借人の数を上回るようになり、住宅取得はしばしば退職の時期と重なる。実際には、年齢それ自体は、家計のライフサイクルのプロセスと照らし合わせて初めて意味を持つ。すなわち、家を買うか否かという問題は、「家庭を築こう」という関心事と関連する家計のライフサイクルの特定の諸段階、つまり結婚とその後の数年間、さらには子どもの誕生といった段階でとくに重要性を帯びて提起される。

ＩＮＥＤ〔国立人口統計学研究所〕の調査によれば、どの年齢層をとっても、既婚の夫婦が本宅の取得を「選択する」傾向が最も高く、そのために借入に依存している（住宅を取得する人たちの九割は既婚の夫婦である）。逆に、五〇歳の時点で住宅所有率が既婚夫婦のそれの二分の一である独身者が住宅所有者となるのは、おもに住宅を相続するかあるいは現金で購入する場合である。離婚者の住宅所有率もまた、離婚により賃借に戻る傾向が強いために低い。[27]

一九二六年から三五年の間に生まれたパリ市民の世代では、住宅を購入した者の大半は、住宅購入以前にすでに家庭を築いていた。工員・事務員と比較して、高級管理職のほうが家計のライフサイクルの早い段階でこの住宅取得に至っている。これは、おそらく後者のほうが子どもの教育費と住宅融資償還を同時に支えることのできる資力を有しているからであろう。[28]これより後の世代では住宅取得の年齢が早まっているため、庶民階級や中流階級の夫婦は、教育費と住宅融資償還の両方に対処しなければならなかったに違いない。

（職員・中間管理職のほか職長を含む）中流階級の給与所得者や裕福な階級のうち、住宅所有者の割合は、多くの場合、扶養する子どもの数とともに増加する。しかし、生産労働者、単能工、熟練工、店員では、この関係はもっと複雑であり、住宅を取得しようとする傾向は、出産の抑制と不可分な社会的出世の野望と深く結びついている。このため、この社会階層では、子ども二人の家庭のほうが、子どものいない家庭や一人しかいない家庭、さらには子どもが三人以上いる家庭よりも住宅を所有する割合が高い[29]。

実際、消費全体についていえることであるが、(住宅の集積規模や家族の規模といった要因の作用を制御する)資本の量と構造のみならず、この二つの特性の経時的変化をも考慮しなければ、住宅分野において確認される差異をより完全なかたちでは説明できないであろう。この二つの特性の経時的変化は、おもに社会的・地理的出自を通して把握することができ、しばしば住宅の変遷や居住形態の変化というかたちをとって現れる。インタビューで得られた情報以外には、(アンケート調査ではほとんど調査の対象とならない)社会的出自の影響に関する利用可能な統計データがほとんど皆無であるとはいえ、あらゆる点から見て、(大半が融資に支えられている)住宅取得は、とりわけ都市社会への「新参者」でもある「成り上がり者」の所為であると推測できる。パリやその他の大都市に「上京」した地方出身者が、新興住宅地や周辺地区、あるいは郊外に家を建てたのである(他方、古くからの居住者は、賃借とはいえ、中心部の旧市街地に住める機会が多かった[30])。

住宅の所有者になるか、賃借人になるかという機会は、親が本宅の所有者であるか賃借人であるかによって異なる。アルプマリティム県に居住するある世代(調査時に三九歳の者)の賃借者と所有者に関する比較研究によって、住宅所有者の娘の三人のうち二人が住宅所有者になる(しかも三九歳で)のに対し、賃借人の娘では二人に一人弱という割合になることが明らかにされた[31](住宅所有者と賃借人の息子の場合もほぼこれと同様である)。(ここでは間接的かつ概括的に把握されているにすぎない)社会的出自は、おそらく家計が住宅戦略を構築することと大いに関連しているが、居住地のタイプ(都市圏か地方の集落か)、ライフサイクルの段階、職業、配偶者の出自といったありとあらゆる媒介物がそこに介在している。

中流階級の給与所得者層――銀行融資の大顧客でもある――と工員階級上層は、近年に住宅を「取得」した者のなかで大きな割合を占めている。ＩＮＳＥＥが一九八四年に実施した調査によると、住宅所有者のうちでも小学校教員、公共部門管理職、一般技術者、公共・民間部門中間職、熟練工では、一九七五年以降に竣工した比較的新しい家に住んでいるケースが最も多い。家を買うために融資を受けることが一般化したとはいっても、同じＩＮＳＥＥの一九八四年調査によれば、そうした融資が最も頻繁に発生するのはこれらの階層（および上級技術者と職長）においてである（次ページ**表3**参照）。

中流階級の給与所得者層は、家をまだ所有していない場合には所有者になることを望み、すでにアパルトマンを所有しているものの引越を検討している場合には、家を買いたいという願望を宣言する傾向が最も強い階層の一つでもある。このため、経済資本よりも文化資本の優位によって定義される社会空間の領域、すなわち公共部門や第三セクターの給与所得者の上層（上級技術者および管理職）と中間層（一般技術者、中間管理職、会社員）のすべて（ただし芸術家と知識人層は除く）、そして工員層の上層部（職長、熟練工）、さらに単能工と生産労働者の少なからぬ部分において、住宅の取得が最も顕著に増大した。

したがって、所有者率が上昇するという全体的なプロセスが、社会空間の水平的側面、つまり資本構造という観点から見て対立する二つのセクターの均質化をもたらすこととなる。たとえば、それまでおもな投資形態として住居を購入する傾向がほとんどなく、公共賃貸住宅（一戸建てあるいは集合住宅）の創設を促進しようとする政策の当然の受益者となるべき階層が、融資と政府の支援策によって経済的資産の蓄積の論理のなかに入り込み、かれらの再生産戦略において有形財の直接相続を重視するようになった。それと同時に他方では、それまでは自らの位置《ポジション》を再生産するために経済的遺産のみに頼ってきた階層が、競争の厳しさによって強いられた方向転換を行うために、学校制度に頼らざるをえなくなった。（補完し合い、収斂するこの二つの動きは、おそらく、所有と賃借、自由主義と国家管理主義、民間と公共というように、社会の現実と表象との間を分断していたさまざまな対立を、混合さ

表３　住宅の「初代所有者」（1984 年）

（%）

	初代所有者	非初代所有者	合計
農民	31. 2	68. 8	100
単能工	49. 8	50. 2	100
熟練工	63. 9	36. 1	100
職長	67. 6	32. 4	100
サービス業従事者	50. 1	49. 9	100
退職者（元工員）	33. 8	66. 2	100
職人	59. 2	40. 8	100
商人	53. 8	46. 2	100
退職者（元職人・商人）	39. 7	60. 3	100
警官・軍人	62. 3	37. 7	100
店員	48	52	100
官公庁・会社事務員	56. 9	43. 1	100
公共部門事務員	59. 1	40. 9	100
退職者（元事務員）	38	62	100
企業部門中間職	63. 9	36. 1	100
公共部門中間職	62. 5	37. 5	100
一般技術者	68. 3	31. 7	100
小学校教員	61. 7	38. 3	100
退職者（元中間職）	44. 7	55. 3	100
企業主	63. 2	36. 8	100
民間部門管理職	56. 9	43. 1	100
上級技術者	66. 6	33. 4	100
公共部門管理職	66. 6	33. 4	100
中・高等教育の教員	46	54	100
自由業	28. 8	71. 2	100
芸術家	24. 1	75. 9	100
退職者（元管理職）	47. 1	52. 9	100
その他	30. 5	69. 5	100
全 体	50. 5	49. 5	100

資料）INSEE 調査、1984 年。筆者らの要請に基づき作表されたもの。

れた形態間の温和な対立に置き換えることによって、社会空間や政治の界における「右翼」と「左翼」との間の隔たりを縮小することに貢献した。ついでに言えば、要するにこれは、政治分野においても、あるいは教育投資や文化消費の増加などに示される経済分野においても、客観的構造とその変容を考慮に入れなければ、個々人の選択について理解できないことを意味している)。

一九五〇年から六三―六四年に起こった住宅生産の第一次急増期に、きわめて多くの高級管理職や中間管理職が住宅所有者となった。工員や事務員でも、この時期には住宅所有率がほとんど同じ伸び率を示したが（ただし、出発点の所有率は前者よりも著しく低かった）、自由業者や大小の企業主では上昇率はかなり低かった。[32] 一九六四年から六八年に、すべての社会階層、とくに工員層で落ち込んだ後、住宅所有の普及は、とりわけ高級管理職や中間管理職、さらに職長や熟練工の間で（一九五〇年代より緩慢であったとはいえ）ある程度の勢いを取り戻した（他方、事務員・単能工・生産労働者の住宅所有率は非常に低位なまま推移し、企業主・自由業者では他のどの階層よりも低い伸び率であった）。一九七四年以降、住宅所有の進展は再び減速するが、一戸建て住宅の所有率は一定の水準を維持し、一九八〇年代には緩やかな上昇さえ見せた。これは、一九七〇年代後半に、工業的手法や半工業的手法を用いる大手住宅メーカーによって提案された、新たな買い手を惹きつけるような新商品が、新たな形態の援助と融資によって創出された市場に大量に投入されたからである。こうした新規の買い手の大半は、熟練工、事務員、中間管理職のなかから拾い出された。[33]（**表4**）

住宅所有率から推測される住宅取得の見かけ上の大衆化は（一九五四年の三五％から、七三年に四五・五％、七八年に四六・七％と伸び、さらに八四年には五一・二％にまで到達した）、住宅の立地による大きな違い（地方居住者と都市居住者という対置にかわって出現した郊外居住者と市街地居住者という対置）、そして住宅の特性それ自体（快適さなど）による大きな違いを覆い隠している。住宅の特性それ自体は、組合せ次第では、住宅と結びつ

表４　一戸建て住宅またはアパルトマンの取得方法

(%)

	一戸建て住宅所有者					アパルトマン所有者				
	相続・贈与	現金購入	割賦	その他*	合計	相続・贈与	現金購入	割賦	その他*	合計
農民	37.5	22.9	38.8	0.8	100	54.1	18.3	27.6	–	100
単能工	13.2	13.1	71.9	1.8	100	16.1	15.2	65.2	3.5	100
熟練工	7.6	4.7	84.1	3.6	100	8.2	10.3	75.7	5.8	100
職長	5.5	4.7	85.8	4	100	6.9	9.3	76.1	7.8	100
サービス業従事者	19.4	19	61.7	–	100	22.2	22.3	53.1	2.4	100
退職者(元工員)	21.1	35.1	39.3	4.4	100	17.2	42.2	35.9	4.7	100
職人	10.9	11.7	75.8	1.6	100	13.7	11.2	68.6	6.5	100
商人	9.5	16.1	72.7	1.8	100	25.2	16	53.4	5.3	100
退職者(元職人・商人)	19.5	46.2	31.3	3	100	20.5	49.8	28.6	1.2	100
警官・軍人	5.3	10.1	81.4	3.2	100	8	12.4	75.2	4.4	100
店員	12.1	13.8	69.7	4.4	100	11.8	35.7	52.5	–	100
官公庁・会社事務員	9.4	9	78.3	3.3	100	7.2	11.5	78.6	2.7	100
公共部門事務員	7.4	9.8	80.8	2	100	14.2	8.3	74.9	2.6	100
退職者(元事務員)	20.8	37.3	38.9	3	100	7.5	49.1	40.6	2.8	100
企業部門中間職	5.5	5.2	86.4	2.9	100	6.5	6.8	85.3	1.4	100
公共部門中間職	5.7	7.1	85.1	2.1	100	7.4	10.3	78.5	3.8	100
一般技術者	4.2	3.9	87.9	4	100	1.8	7.4	86	4.7	100
小学校教員	2.9	7.5	89	0.6	100	11.6	11.5	76.9	–	100
退職者(元中間職)	15.8	33.1	48.9	2.2	100	7.5	40.5	48.7	3.3	100
企業主	3.1	11.3	83.1	2.5	100	14.2	29.5	56.3	–	100
民間部門管理職	2.8	8.1	88.1	0.9	100	7.1	9.7	81.4	1.8	100
上級技術者	4.4	4.7	88.9	2	100	1.5	12.8	83.3	2.3	100
公共部門管理職	5.5	5.5	88.4	0.6	100	3.2	7.9	85.5	3.4	100
中・高等教育の教員	6.8	11.4	78.3	3.5	100	4.1	10.8	83.2	1.9	100
自由業	7.7	15.8	76	0.5	100	4	9.8	84.2	2	100
芸術家	2.3	10.2	87.5	–	100	7.6	17.9	74.5	–	100
退職者(元管理職)	16.6	34.6	47.4	1.4	100	5	43.1	50.6	1.3	100
その他	28.6	37	31.2	3.2	100	21.9	34.1	42.6	1.4	100
全 体	14.1	18.7	64.4	2.8	100	10.8	23.6	62.5	3.1	100

＊終身年金での購入、中古賃貸借・買取選択権付賃貸借・割当て賃貸借での購入。
資料）INSEE 調査、1984 年。筆者らの要請に基づき作表されたもの。

き住宅によって強いられる生活様式にとてつもない格差を発生させる。まず、右に述べた違いは融資などの金銭面だけではなく、時間面での実質コストに関連する。時間面でというのは、夕方や日曜日に「日曜大工」に精を出す職長の例に示されるように、家の整備に費やす労働時間、所有者になり「心から落ち着ける」家にするまでの時間、そしてとりわけ仕事場に赴くまでの通勤時間である。

パリ地域圏では、住宅の取得はしばしば遠い郊外への移動をともなう。このため、一九二六年から三五年の間に生まれ、かつパリ地域圏に在住している世代では、住宅取得以前にはその二五%がパリ市内に住んでいるのに対し、住宅取得後にはそれが一四%に減少している。パリ市を去った者のうち、その三分の二近く（六三%）は、パリ市を離れたことを残念に思っており、できることならずっと留まりたかったとしている。[34] 一戸建て住宅の所有者が次第に嘆くようになっているのは、（勤務地までの距離よりも）市中心部からの距離である。一九七八年から八四年にかけて、市中心部から遠いことを不満に思っている一戸建て住宅所有者の割合は、新規住宅取得者で一〇%から二〇%へ、その他の所有者で一一%から二四%へと上昇し、倍以上の増加を示している。他方、アパルトマン所有者での割合は、比較的安定している（新規取得者で九%から一〇%へ、その他の所有者で七%から一〇%へと推移[35]）。

中流階級と上流階級の給与所得者層における住宅所得者の場合には交通費の支出がとくに目立つが、家を完成させるため、あるいはさまざまな作業によって家の維持を図るための作業時間のコストは、工員階層においてきわめて顕著である。[36] 庶民層が一戸建て住宅で費やすエネルギーの諸形態は、「家庭内労働と一体化している」がゆえに、アパルトマンの場合よりも安くつく。これに対して、その他の社会階層では、アパルトマンと比較した場合、一戸建て住宅に対する家庭内エネルギーの消費は倍も高く、裕福な階級ではその差がさらに開く。[37]

こうした違いはまた、使用の利益、あるいは場合によっては商品化の利益にも及ぶ。所有される家は、当然のことながら技術的・審美的品質、そしてとくに立地条件が異なるため、価値がきわめて多様である。家の広さも快適さもまちまちである。設備も多様なら、学校・文化施設・商業施設などの公共・民間施設への距離も勤務地への距離も一様ではない。したがって、農業労働者、非熟練工、非熟練職人の所有する家は最も小さく、企業主や自由業者は最も広い家を所有する。一九八四年時点で、自由業の住宅所有者の七三％および企業主の住宅所有者の七一・五％が一二〇平米以上の家に住む一方、同じ広さの家を所有する非熟練工は一四％、農業労働者は一六％、職長は一七・五％であった。各階層を分断するこうした違いは、部屋数を考慮する場合でも同様である。一九七五年時点で、快適ではない間取りの住居を所有している工員の割合は、同じ様な間取りの住居を所有している自由業者や高級管理職と比べ、八・六倍も高かった。[38]

以上のように、統計データに関するこれらの分析を通じて——データの収集方法に本質的に内在する限界にもかかわらず——説明要因〔因子〕の体系についてまず概略を描くことができるであろう。これらの説明因子は、さまざまなウェイト（それは、同じ代表標本《サンプル》に関する特別な調査を行い、適切なデータを収集し、回帰分析をすれば明確化されよう）で経済的行為者たちが行いうる諸選択を方向づけている。そして、経済的行為者たちは、一方では住宅の供給状態（これは生産の界の動きと連動している）がかれらの諸性向に与える限界のもとで、他方ではかれらが持つ経済的諸手段——これも住宅の供給状態と同様に、「住宅政策」に強く依存している——がかれらの諸性向に与える限界のもとで、この諸選択を行いうるのである。

生産の界の特殊な論理[39]

一戸建て住宅市場の論理を理解するためには、対象物に関する二つの方法論的な構成原理を措定する必要がある。この二つの原理は、同時に、研究対象となる現実の性質それ自体に関する仮説でもある。第一に、市場シェア獲得競争という状況に置かれたさまざまな住宅メーカー間に作り出される客観的関係は諸力の界を構成するが、一定時点におけるこの諸力の界の構造は、それを保持もしくは変化させようとする闘いの原理のなかにある。第二に、あらゆる界――とくにあらゆる経済的生産の界――に当てはまる機能の一般法則は、製品の特性に応じて決まってくる。

産業「部門《セクター》」や産業「分野《ブランチ》」というような概念は、一般には同一製品を生産する企業の集合体を指し、時として、その総体の均質性や構成要素間の関係は不問に付されたまま――後者のほうがより重大な欠落である――、共通した関数に従う唯一の行為者と見なされているが、そうした部門や分野といった概念でなく、界 champ の概念を導入することにより、（おそらく「分野」ごとに大幅に異なる）企業間の差異や、また企業を集結させると同時に対立させもする競合関係における客観的な補完関係を考慮に入れることが可能になる。したがって、界がその場となる競争の論理も理解できるようになり、ある差異特性をも明確にすることができるようになる。ここでいう差異特性とは、いわば特殊な切り札として機能するものであり、界と関連するその差異特性それ自体の存在と有効性において定義される。そして、それは界空間に占める各企業の位置、つまりこれらの切り札の分布構造のなかに占める各企業の位置を明確にするのである。

家というものを非常に特異な製品としている諸特性のなかでも、その生産の界の特性――とりわけ（ごく少数の国際企業が存在しているとはいえ）「国内」企業が圧倒的な優位を占めるとともに、工業生産を行う大企業と職人的な仕事に携わる小企業とが併存している状況――の説明になるのは、おそらく家に与えられた非常に強い象徴的意味合いであり、家と空間との決定的な関係であろう。家という製品が象徴的側面を持つために、家の生産は、対立する二つの生産活動形態の中間に位置づけられる。一方の形態は、芸術作品の生産である。ここでは有形物の製造に費やされる生産活動の部分は相対的に小さく、芸術家本人に委ねられているが、（評論家や営業関係者などによって）作品の象徴的な促進《プロモーション》と創造《クリエーション》に客観的に費やされる部分がこれよりはるかに大きい。他方の形態は、石油・石炭・鉄鋼のような有形財の生産である。ここでは製造機器が重要な位置を占めるのに対し、象徴への投資の部分はきわめて小さい。もちろん、実際にはこの両者の形態の連続体を対象とすることになる。つまり両者の間には、一連の中間的なものが位置している。たとえば芸術作品の生産に近い側には、半ば芸術的なオートクチュール生産などがあり、製造レベルでは分業が見られ、住宅生産の分野でとられている戦略にかなり近い販売促進戦略がとられている。そして、重工業生産に近い側には、自動車生産があり、デザイン、ブランドやモデルの確立など、商品の象徴生産の活動がもう少し重要な位置を占めている。

　家は、空間と二重に結びついているとともに、空間のある一つの場と結びついた製品でもある。すなわち、支配的定義によれば、家というのは動かない、不動産として考案されたものであり、（事前に製造された「プレハブ」ではなく）その場に建てられる――あるいは建てられるべき――住居である。他方で、家は、行政規則のほか、とりわけその地方の様式に対する買い手の嗜好によって課される建築上・技術上の規準《ノルム》を通じて、地域的伝統の論理のなかに組み込まれている。こうしたことがすべてあいまって、少なくとも家の持つ伝統的表象にまだ強い愛着を持っている田舎では――しかし、おそらくはそうした田舎の範囲をはるかに超えて――、市場全体から部分的に奪取した地域ベースのミクロ市場が存続可能となるのである。その理由としては、とくに現地の職人がより好まれているということがあげられる。先に述べたように、工業生産された家を購入するということは、資金欠乏の結果としてか理解不可能な奇行としてしか、目に映らないのである。

　住宅という商品の特殊な特性によって、そしてその商品はこうあるべきだという支配的定義に影響され、その実態《リアリティ》のなかで住宅という商品を作り上げることに寄与する性向の特殊な特性によって、地理的に分割された住宅市場では、工業生産・半工業生産の家をカタログ販売する小数の大企業、大手開発業者《デベロッパー》数社、多数の中規模企業、そして無数の中小企業が肩を並べる結果となっている。大企業といえども、一九八一年時点で一戸建て住宅市場の一〇%のシェアを占めるに過ぎなかった。大手開発業者は、（事務所・商業センター・集合住宅に加えて）「分譲団地《ヴィラージュ》」の供給を行っている。中規模企業は、一地域あるいは場合によっては複数の地域にまたがって、年間二〇戸から数百戸の一戸建て住宅を建築している。（一つの小郡《カントン》〔フランスの行政区分の一つ〕につき平均一社程度存在する）中小企業は、年間数戸の家を建て、時には小規模の分譲住宅も手がける。(40)

別の資料として、UCB（銀行会社建築融資連合）が一九八三年に実施した住宅メーカーに関する調査によれば、一九八二時点で年間二〇戸以上の住宅を生産する企業が住宅総戸数の三八%を建築しており、（民間部門・公共部門の）不動産開発会社は他の建築物（事務所・商業センターなど）を手がけるのと並行して、住宅総戸数の二六%を（団地という形態で）建築している。残りの三六%は、年に数軒ほどの家を建築する小規模の建築会社や地方の職人、建築家や設計事務所に建築を依頼する個人、独力（単独もしくは前述のビーバーのように共同で）あるいは職人の助け（闇労働であるなしを問わず）を借りて建てる個人によって建てられている（個人で建てる家は、建築総戸数の一〇%近くを占める）。(41)

建築会社、設計事務所、住宅専門メーカーなど、しばしばカタログ住宅メーカーという用語で呼称される一戸建て住宅メーカーもまた、市場《マーケット》の地理的な範囲によってきわめて明瞭に区別できる。それらの一戸建て住宅メーカーのうち、六九%は一～二県に活動の範囲を限定しており、二八%は一〇県程度（INSEEの地域区分でいえば二～三地方）、四%が四～九地方で事業を展開し、全国的に事業を展開しているのは一%だけである。一戸建て住宅メーカーの四五%は、建築業以外の他の事業部門（改装・改修工事、ビル開発、分譲地開発）を持っている。したがって、銀行グループとつながりを持つパリの大手開発業者、技術者を毎日派遣して現地の職人の補佐をさせるフランチャイザー、資金調達計画は本社の販売チームが作成するが、実際の建築は下請に出す大手住宅メーカー、躯体〔建物の骨格部分をなす柱・壁・土台など建造物の骨組み部分〕を大量生産する大手建築グループの子会社、自社が生産する家についてはあらゆる側面のことを請け負う地方ベースの家族企業、他の事業を兼業しつつ数軒の家を建てる地域の零細企業、――こうした諸企業の間に共通点を見い出すことは容易ではない。

以上のように、企業間の違いがここまで著しい経済的生産「部門」は、おそらく数少ないに違いない。まず、規模の違いが顕著である。市場に年間数千戸もの住宅を供給する大生産単位（一九八四年時点で大手四社の平均は四千戸以上であった）があるかと思えば、その対極には年間の生産戸数が数える程度の零細な職人がいる（一九八〇年代前半において、九三％の企業が従業員数が一〇名以下であり、千名を超える従業員規模を持つのは一〇〇社に満たなかった）。さらには、資金調達方法の違いが顕著である。ほぼ完全に銀行の支配下にある大手住宅メーカーから自社のオーナーとなっている職人にいたるまで、資金調達方法はさまざまである。あるいは、生産方法や商品化戦略など、企業間の違いが著しい点はほかにもある。しかしながら、外見上はまったく比較不可能なこれらの住宅メーカーが同一の界に身を投じ、想像されるほど不平等ではない競争に参加しているのである（これは、おもにローカルな市場が機能するよう促進する地理的距離の効果と需要の差別化とによって、市場の境界が画定されているからである）。

住宅メーカーの界の構造

住宅メーカー全体に関する必要なデータをもれなく入手することはできなかったため、われわれは、とりあえず売上高が最も高い一戸建て住宅メーカーと開発業者に対象を限定した。[42] この売上高の順位は、建築・生活環境関連企業のうち大手四〇〇社（このうち建築会社と開発業者は四〇社ほどにすぎない）を売上高に応じて分類した一九八五年一〇月一八日付『公共土木・建築モニター』誌に掲載されたランキング表、UNCMI(全国一戸建て住宅建築会社連合)の年報、およびFNPC(全国開発建設連盟)の年報をもとにしている。また、比較のために、より小規模の五企業を対照例として分析に含めた。

取り上げたのは以下の通りである。フェニックス、メゾン・ブイグ、ブリュノプティ、メゾン・ファミリアル・グループ(GMF)の四大グループ。それらの子会社、すなわち、フェニックスの子会社であるメゾン・エヴォリュティヴ、アルスカノール、バティヴォリューム、メゾン・ブイグの子会社であるフランス・コンストリュクシオン、STIMSA、バティール、ブリュノプティの子会社であるパヴィヨン・モデルヌ・ド・ソローニュ、SIF社。それ以外で取り上げたのは、次の通りである。コジェディム、セーリ、サンヴィム社、プロモジムSA、フェリネル、ムニエプロモシオン、カウフマン&ブロード、サシ、ラガリグ・ル・クレール・ロジ、バティセルヴィス・プロモシオン、ルムー・ベルナール、アスト・コンストリュクシオン、ソンカド、エタブリスマン・エミール・ウーオ、キテコ、メゾン・モンディアル・プラティック、EPIB-SA、プリスム、アントルプリーズ・ヴェルセレット、イエナ・アンデュストリー、バティ・コンセイユ、ソカレル、GTM-MI、GTM社、プルゲ。対照例として取り上げた小規模メーカーは、ノール・フランス・アビタシオン、セルジェコ、メゾン・オクシタンヌ、AMI、OMIフランスの五社である(インタビューは、フェニックス、メゾン・ブイグ、ノール・フランス・アビタシオン、セルジェコ、カウフマン&ブロード、ブリュノプティの各社の責任者と販売員を対象に行った)。

われわれは、上記企業に関する最大限の客観的情報を、各企業の情報はもとより、各企業が加盟する二つの団体(UNCMIとFNPC)や専門誌(とくに『公共土木・建築モニター』誌の〈実績《パフォーマンス》と戦略《ストラテジー》〉チームが実施した調査など)を通じて収集しようとした。リブーレル社は、同社に関する情報があまりに不備であるために、分析で取り上げることができなかった。また、有効要素として分析に組み込まれた住宅メーカー・開発業者二六社以外の、利用可能な情報があまりにも欠如していた一八社に関しては、補助要素として取り上げざるをえなかった。

上記四四社のそれぞれについて、採用した情報は以下の通りである。営業年数（創業年）、法的形態（株式会社、有限会社、フランチャイズ会社の別）と企業組織（地区開発・団地開発か個別住宅建築かといった主要事業部門、子会社の有無、保有ブランド数——ここでいうブランドは幾多の住宅モデルとは別物なので、混同してはいけない。大半のケースが一企業一ブランドであるが、複数ブランドを保有するケースもある）、本社所在地（パリ、パリ地域圏、地方の別）と営業所網・販売網の範囲（フランス全土、一地方あるいは複数地方などの別）、従業員総数、経済活動の規模と質（資本金、売上高、一九八四年度の純損益、着工戸数——引き渡し戸数の方がより信頼度が高いが、そのデータは得られない——、売上高に占める輸出の割合）、会社の経営支配方式（家族による支配、銀行による支配、大建築会社による支配の別）と経営支配の多様化[43]など。これらの情報は、すべて基準年次である一九八四年について集められた。また、他方ではさまざまな企業の相対的なダイナミズムを測定できるようなデータの収集にも努めた。たとえば、各企業の着工戸数の変化と一九八三年から八四年にかけての売上高の変化——補助要素として、七九年から八四年にかけての売上高の変化と八三年から八四年にかけての着工戸数の変化——、子会社数、売上高に占める輸出の割合（輸出は一般的に大きな割合を占めていない）などである。ただし、これらの情報が欠落している企業も少なからずあった。

職員構成、経営陣や取締役会のメンバーの選任、製品の種類や生産方法、営業部門と生産部門に投資される研究開発費の割合など、界のモデルの構築に絶対的に必要不可欠な情報のいくつかについては、入手することができなかった。

われわれはここで、企業研究の専門家たちの間ではよく知られている種々の問題、すなわち企業の定義と範囲および子会社の扱いに関する問題に直面した。たとえば、事業多角化を図るなかで生まれた子会社、つまり、ブリュノプティにとってのフランステール（ブリュノプティはフランステールに取締役社長を派遣している）やＧＭＦにとってのフランスロのような企業は、われわれの分析の対象に含めるべきであろうか。住宅メーカーが家と併せて土地を売ることは法律上禁止されているが、（これらの子会社は持ち株会社である親会社と法的関係は持たないので）住宅メーカーはこれらの子会社を利用することによって、法の網をかいくぐることが可能となっている。また、たとえば、いくつかの地方小企業に技術的な支援を行うとともに、この地方小企業に依拠してブランド経営を行うフランチャイザー（サンプルのなかにはルムー・ベルナール、ソンカド、キテコの三社が含まれている）はどのように扱うべきであろうか。このように、収集した諸指標の一つひとつが、企業の同一性《アイデンティティ》を定義することの困難から生じる諸問題を投げかけている。たとえば、創業年一つをとってみても、合併や吸収をどう扱うかという問題が生じる（合併や吸収によって、一方から他方へブランドが移行するため）。さらに一般的に言えば、われわれは、データの比較可能性という問題にぶつかった。一例を挙げると、販売戸数を答えるメーカーもあれば、引き渡し戸数や建築戸数を答えるメーカーもある。別の言い方をすれば、企業団体の年報、決算書、新聞・雑誌等が作成するランキング表を大変な労力をかけて詳細に調査し、さらに補完的な作業として、企業・ジャーナリスト・行政機関などに直接インタビューをした末に収集したデータでも、きわめて不十分であり、分析によって得られた結果と費やした労力との間には著しい不均衡がある。[44]

企業規模――売上高・資本金・着工戸数・従業員数など、企業規模と大雑把な相関関係のある種々の諸指標によって測定される――によって異なる主要な対照《コントラスト》は、事業圏域（全国・地方・地区の別）や立地（パリ・地方の別）によって異なる対照とほぼ対応する。しかしこの主要な対照は、それと交わるある副次的な対照を覆い隠していた。この副次的な対照を明らかにするのは、ＩＮＳＥＥが一九八七年に実施した各建築会社の職員構成に関する調査から得られるデータを基礎にして行った第二次分析の全体である。雇用構造、とくに工員／職人、一般技術者／上級技術者、職員／管理職のそれぞれの割合は、その企業の指向や商品の生産と販売のどちらに重点を置くかという点に関する、かなり確実な指標となる。

われわれは、（第一次分析のように）多かれ少なかれちぐはぐな指標を積み重ねるよりも、むしろ（上述の）住宅メーカーを同じサンプルとする分析をやり直すことにした。ただし、この分析では、従業員総数に関する情報、および分業・地理的空間における位置を示す従業員の分布に関する情報に限定した。これらの情報は、社会問題・雇用省調査統計部が毎年実施し、ＩＮＳＥＥによって管理されている、雇用構造に関する調査で収集されたものである。これらのデータは、統計上の秘密で覆われているため、請求書類を作成して統計機密委員会に出頭し、対象企業ごとに作成されているカードの請求番号を発見または復元（それを探すのは極めて困難である場合が多い）することによって、初めて入手できた。社名は一切公表しないという誓約に基づき、以下の図では、企業名を統計表の整理番号に置き換えて表示した。ただし、分析の際に考慮した基本的な諸因子によって与えられる企業のその他の特性については、注の欄に記しておいた。（**図1**）

おもな対照は、次の両極の間に例外なく成立している。一方の極は、銀行グループとつながりをもつ全国規模の大手開発業者や一戸建て住宅メーカー、もしくはコンセプト設計や流通面を重視するフランチャイザーであり、他方の極は、地方・地区規模で事業を展開し、工業生産された家や木組み・金属骨組みの家を建て、あらゆる雑多な業種を営む家族資本（したがって金融市場とはほぼ無縁）の中小企業である。そして、一方（図の右側）には――工員・職人がほぼ皆無で、上級・一般技術者も非常に少ないが、管理職・事務職員の数が多いという雇用構造にも示されるように――金融部門のほか、非常に大規模な研究開発部門と宣伝部門を持つ企業が存在する。基本的には、これらの企業は住宅生産を下請に出している商事・金融会社である。空間の右側に位置している住宅メーカーは、資本構造の面でも法的地位の面（大手金融グループ、建築・公共土木グループの子会社、大手の家族企業の別）でも、さらには着工戸数の面でも――ジェスティオン・イモビリエールの三〇戸から、ＧＭＦとメゾン・ブイグの四千戸以上まで大きな差がある――一見きわめて不均質に思われるが、（工員・職人ではなく）事務職員、（中

図1　一戸建て住宅メーカーの界

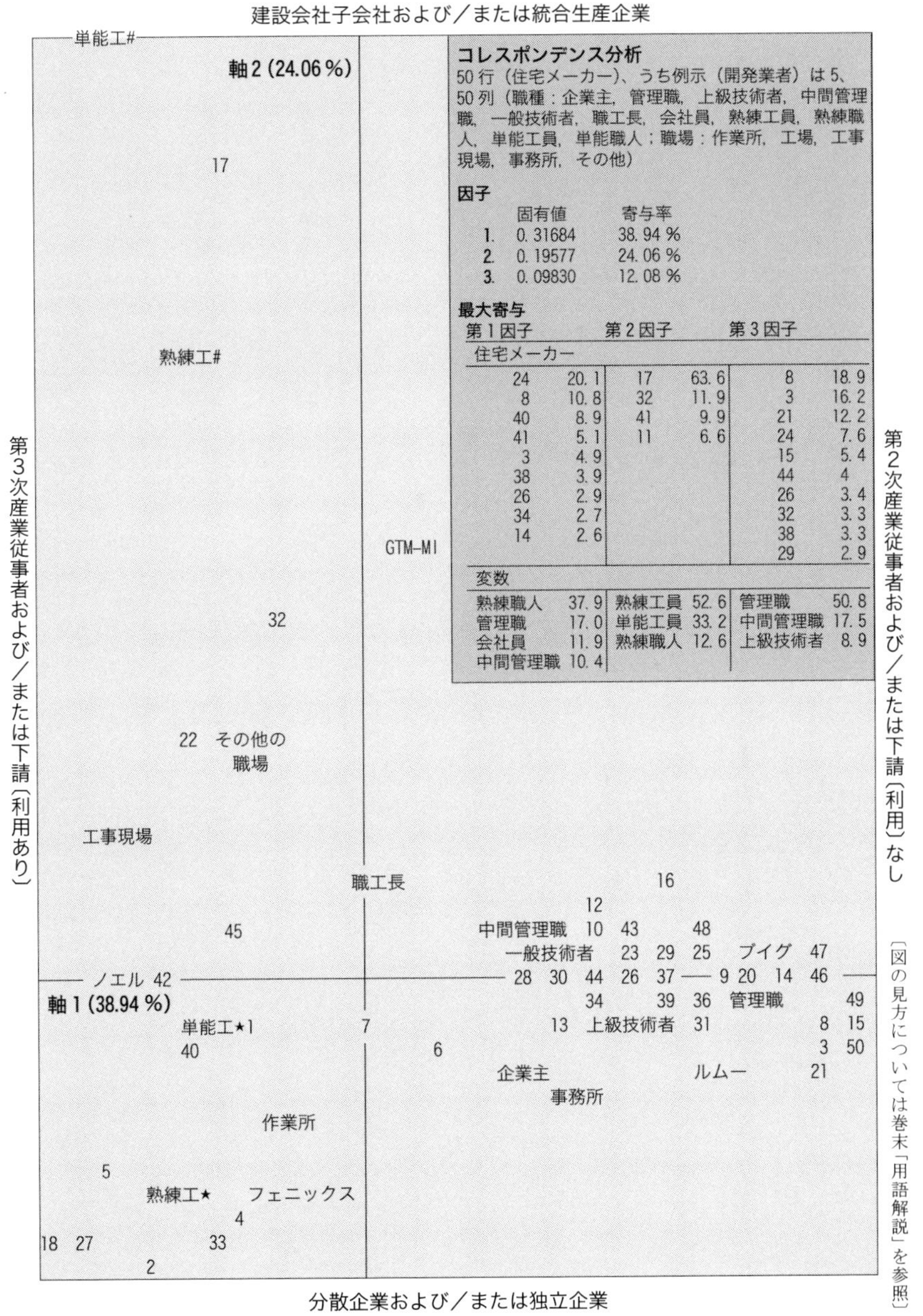
建設会社子会社および／または統合生産企業
単能工#
軸2（24.06％）
コレスポンデンス分析
50行（住宅メーカー）、うち例示（開発業者）は5、
50列（職種：企業主，管理職，上級技術者，中間管理職，一般技術者，職工長，会社員，熟練工員，熟練職人，単能工員，単能職人；職場：作業所，工場，工事現場，事務所，その他）
因子
固有値　寄与率
1.　0.31684　38.94％
2.　0.19577　24.06％
3.　0.09830　12.08％
最大寄与
第1因子　第2因子　第3因子
住宅メーカー
24 20.1　17 63.6　8 18.9
8 10.8　32 11.9　3 16.2
40 8.9　41 9.9　21 12.2
41 5.1　11 6.6　24 7.6
3 4.9　15 5.4
38 3.9　44 4
26 2.9　26 3.4
34 2.7　32 3.3
14 2.6　38 3.3
29 2.9
変数
熟練職人 37.9　熟練工員 52.6　管理職 50.8
管理職 17.0　単能工員 33.2　中間管理職 17.5
会社員 11.9　熟練職人 12.6　上級技術者 8.9
中間管理職 10.4
17
熟練工#
GTM-MI
32
22　その他の職場
工事現場
職工長
16
12
中間管理職　10　43　48
一般技術者　23　29　25　ブイグ　47
45
ノエル　42
28　30　44　26　37　9　20　14　46
軸1（38.94％）
34　39　36　管理職　49
単能工★1
7
13　上級技術者　31　8　15
40
6
3　50
企業主
ルムー
21
事務所
作業所
5
熟練工★
フェニックス
4
18　27
33
2
分散企業および／または独立企業
第3次産業従事者および／または下請〔利用あり〕
第2次産業従事者および／または下請〔利用〕なし

〔図の見方については巻末「用語解説」を参照〕

間・高級）管理職、上級技術者が重視されているという点で共通の雇用構造を有している。こうした雇用構造は下請に多く依存することを意味するが、下請多用の理由としては、非常に発達したマーケティング機能と結びついた、いわゆる伝統的住宅建築方式への回帰ということもある。さらに、共通点としては、パリ地域圏に本社があること（ルーベー市に本社のあるフェリネルは例外だが、同社もパリ地域圏に子会社一社を有している）、一九六五年から七五年の間に創業したこと（創業年が一九五一年のＳＡＣＩを除く）、銀行グループ・保険会社・大手建設会社（カウフマン＆ブロードのケースでは米国企業）と資本関係を持っていること（資本金はサンプル企業全体の平均値あたりに位置する）もあげられる。

最もわかりやすいのは、ブリュノプティ・コンストリュイールの例である。この調査の少し前に、同社は、有孔コンクリート製プレハブパネルの使用を基本とする工業的手法の住宅建築方式をやめ、つなぎ石造りの家の建築に回帰していた（それと並んで、伝統的な建築方式を採用する際に必要となる高度な熟練を持った従業員の一部を、子会社であるメゾン・ブリュノプティという宅地開発会社に残したが、これが効を奏し、躯体の一連の作業間の着手時間を削減することができた）。同時に、ブリュノプティは営業部門の開発を推し進め、多数の地方子会社を作った。より一般的にいえば、一九八〇年代前半の住宅市場の縮小と零細職人の競争の激化は、住宅メーカーに（技術革新のための研究開発を犠牲にして）販売力を強化し、顧客層に地理的に接近しようとする道をとらせたのである。

従業員数が非常に少なく（われわれの分析におけるサンプル企業三社の数値では一〇名から一五名の間）、しかもその全員が管理職か技師であるフランチャイザーにも、以上に述べた諸特徴と酷似したものが見られる。こうした商事会社は、生産量の割には極端に少ない資本金しか持たず（しかも多くの場合オーナーによって保有されている）、「まず資金を供給」し、扱う商品はきわめて伝統的なものである。

これと反対側（図の左側）に位置する企業はすべて、圏域に多少の差はあるものの、地方を活動圏としており、多くの場合、本社も地方にある（アストの場合はメス市、ヴェルセレットの場合はマメルス市、ラガリグの場合はアランソン市、ウーオの場合はジェラルメ市）。こうした会社は、独立した中小企業であり、長い歴史を持つ企業である場合が多く（ヴェルセレットは一九〇三年、ウーオは一九二七年、ラガリグとアンドレ・ボーは一九五七年の創業）、金融グループや大手建設会社とは一切無縁である。家族資本を基盤とするこれらの企業はしばしば、代表取締役社長の姓をその屋号としている。また、躯体を下請に出すことを一切拒否し、工業的な建築工法（プレハブパネル、コンクリートの床、木組みや金属骨組みなど）を採用していることを共通点とする。なかにはこうした工法を発明した企業もある。これらの工法は安定的な実働人員に「専門作業」を要求する（このため、下請を利用したり、所要労働力を適宜採用するといったことができない）。これらの企業が建築部材供給メーカーにかなり依存している事実も考慮すると、フェニックスを典型とする、柔軟性に乏しい組織のこれらの企業は、「カスタマイズ」商品を供給する準備がほとんど整っていないこと、ましてや市場の変動に対応できる態勢にはないことがわかる。しかしながら、技術革新、さらにはデザイン革新が起こるのは、こうした企業の側である。

たとえば、一九二七年設立の家族資本の株式会社ウーオは、長い歴史を持つ、統合の進んだ木工場的な工業企業であり、五七年に特殊建築工法による木組みの家の建築に進出した。また、一九〇三年設立の家族資本の株式会社ヴェルセレットは、左官工事の分野で長い歴史を持つ企業であり、型枠に流し込む鉄筋コンクリートの使用を基礎とし、躯体の組み立て作業では高度な熟練労働力の雇用を必要とする工法を用いて、ウエスト・コンストリュクシオンというブランド名で営業展開している。一九六七年設立の株式会社ソカレルは、コンクリートブロックを用いた組積工法システムを採用し、従業員中に占める専属工員の割合が高い。一九四五年設立の株式会社フェニックスは、一戸建て住宅のみを建築する専門企業としては最も歴史が古いと同時に、(その子会社とともに) 最も工業生産的であり、金属骨組みとコンクリートの床を用いた工業化されたシステムを採用している。このコンクリートの床は、「専属工員」でなければ現場で組み立てることができず、そのため下請を利用する道は閉ざされている。

第二因子によって、第一因子で混在していた二つの企業カテゴリーが区別される。一方は、(図の上方に位置する) もっぱら限られた地域内で営業展開する大グループの子会社、つまり一戸建て住宅の建築に特化した、(たとえばメゾン・ブイグのケースに見られるような〔グループ〕外部の下請企業とは対置される) 統合された下請企業である。他方は、(図の下方に位置する) 家族経営型で、生産がより多様な、地方の統合小企業である。前者の企業では躯体の生産・構築に従事する (工法ごとの) 工員や職人の占める割合が高く、営業機能は親会社によって担われているために事務系職員の割合が低い。これに対し、後者の企業は、躯体からアフターサービスにいたるすべての生産段階を自ら行う統合中小企業である。

このように企業の雇用構造――それは最も基本的な経済的諸選択を真に露わにする――を分析することによって、住宅生産企業を以下で述べる三つのカテゴリーに大別することができる。これらの諸企業は、かなり不ぞろいな切り札を与えられているために、置かれている競争のなかでさまざまに異なる未来に運命づけられている。第一のカテゴリーは、一連の組織改革を経て、一戸建て住宅市場を支配している企業群である (図右下)。このカテゴリーの企業は、本物の石工 (山から石材を切り出し、刻んで細工する職人) を使わずに「石工の家」を生産するという離れ業を成し遂げることによって、伝統的な概観の商品を工業的に生産することに成功した。また、これらの企業は、営業部門とくに宣伝部門に巨額の投資を行うことによって、大量生産された工業製品を、あたかも職人の手による伝統的な製品であるかのように見せかける術を知っている。また、伝統的工法の実質的な特性を本来の意味から離れた形で利用することで、定住空間としての家の神話を活用する術も知っている（伝統的生産を近代的枠組みで行うことを基礎とするこのシステムは、小農民の食品企業——とくに牛乳やチーズなど——の枠組みを基礎とする生産方式を想起させる。ここでは、小農民は、「工業の」規律に支配され、事実上の下請に転化しているのである。

このカテゴリーの典型企業であるメゾン・ブイグは、一九七九年二月五日に創立された。同社は一〇年後には一戸建て住宅市場の最大手となっており、きわめて急速な発展を遂げた。一九七九年時点では引き渡し戸数三戸、売上高三一〇〇万フランであったが、八七年にはそれぞれ三五〇〇戸、一二億フランである。広告代理店シネルジーによって考案された、比較的単純だがかなり一貫性のある広告戦略が、上述の期間を通じてメゾン・ブイグの異例の商業的成功を支えた。創業当初、メゾン・ブイグは評判とブランドイメージを高めることに力を注いだ。このため、一九七九年二月に制作された広告第一号では、ロゴが前面に出され、鮮やかな赤色が用いられ、「石工の家」というキャッチフレーズが用いられた。この広告のなかにはすでに、ロゴの左側に人の姿が（白黒の線画で）描かれている。積み重ねられた二個のつなぎ石の上に片足を乗せている、見慣れたポーズの石工の立ち姿である（七四ページ、**写真1**）。また、この広告では——フェニックスなど主要な競合他社の「工業生産」住宅と対比させて——「伝統」商品の特徴が強調され、市場のなかでは「中・下級レベル」の住宅メーカーであるという自社の「ランク」もはっきりと打ち出している。一九八〇年から八一年にかけて、石工の役割《キャラクター》が重要性を増した。もはやイラストではなく生身の「左官屋さん」に変わり、カラーで、ロゴと同じ高さにまでなったのである。このキャラクターは、感じがよく、信頼の置けそうな雰囲気がある。「石工の家」というキャッチフレーズは、目立つように示され、他の広告メッセージをすべて包み込んでいる（七四ページ、**写真2**）。赤いロゴ、キャッチフレーズ、石工、ロイヤルブルーの地に白抜きの広告文という、その後長くブランドとして認知させる様式となった決定版の表現様式がここに見いだされよう。一九八〇年に七番目の子会社を設立したのを機に、メゾン・ブイグは、いくつかの雑誌（『テレ・セット・ジュール』『マッチ』『パラン』『メゾン・アンディヴィデュエル』）に広告を掲載した。以後、企

確立するブランド

写真１

ノール・ピカルディー地方　1979 年 2 月
メゾン・ブイグは石工が建てた家を賃貸価格で提供します

写真２

石工の家を建てる　見積もりは無料
メゾン・ブイグ　石工の家

写真3

石工の家　あなたにも買えます

写真5

休み明け特集
テレビCM：キックオフ　9月10日！

写真4

"イマジナシオン"　新しい家を見つけてください
100％いいことづくしの石工の家

業の成長の節目節目に、それに適合した「メディア戦略」がとられた。たとえば、九番目の子会社が設立された一九八一年には（これにより、メゾン・ブイグはフランス全土の七五％をカバーするようになる）、ラジオキャンペーンが実施された。そして、売上高一〇億フランが達成され、一三番目の子会社が設立された八二年には、全国的なポスターキャンペーンが展開された。八三年には、「若夫婦」という新テーマが、重要な顧客層である若夫婦の家庭に向けて発せられた（七五ページ、**写真3**）。石工は（同じポーズをとる）若い夫にとって代わられ、キャッチフレーズは残ったが、強調点はむしろ住宅取得の道が開かれていることに置かれるようになった。八四年、すでにブランドは浸透し、メゾン・ブイグは一戸建て住宅市場で第二位の地位を占めるようになった。このように、評判とブランドイメージの確立に五年間を費やした後、メゾン・ブイグは新たな商品群として「グランヴォリューム」（天井の高い家ないし大容量《グラン・ヴォリューム》の家）を市場に投入する。広告戦略も変わっている。「大聖堂《カテドラル》風リビング」と中二階で、消費者に夢を見させようとした。「グランヴォリューム」の発売を受けて、八五年は「イマジナシオン」（想像）（顧客に提案されたモデルの一つの名称）の年となった。この広告キャンペーンでは、室内《インテリア》の写真を活用することを基本としていたが、全国版のポスターには相変わらず石工が登場した。今度はクローズアップで、しかもさらに大きくなり、右手に左官用のコテを持ち、左手を挙げ、親指でＯＫサインを出している（七五ページ、**写真4**）。

一戸建て住宅部門にテレビが解禁され、ブイグがＴＦ１局を買収したこともあり、マーケティング部門の活動はテレビを中心とするようになった。テレビ・ラジオ関連の広告分野では、フェニックスの半分しか投資を行っていなかったにもかかわらず、メゾン・ブイグは、一九八六年にドラマ「家族の友人」で視聴者をさらった。このテレビドラマは、（家の中を子細に見せるなど）住宅という商品への指向がきわめて高く、しかもメゾン・ブイグのブランドを想像させる要素にあふれている（「左官屋さん」が家族の友人の役で、いかにも友人らしい態度でその家族に囲まれて座っている。それ以外にもロゴや音楽がある）（七五ページ、**写真5**）。ＴＦ１の買収によって、当然、メゾン・ブイグの広告がこの局から大量に流され、ＴＦ１と『テレスター』誌が共催するコンクールが創設された。一九八六年以降、ベルナール・タピーが所有するマルセイユのサッカーチームＯＭのスポンサーになったことで、こうしたテレビへの急速な進出はさらに増える。ＯＭの試合は特別番組とテレビニュースで放映されたが、マルセイユの選手のユニホームを飾るオレンジ色のロゴは、遠くからでもそれとわかり、クローズアップされると文字まではっきりと読めた。フランス国内において一戸建て住宅部門のトップ企業となったメゾン・ブイグは、一九八七年に、広告代理店ＲＳＣＧ（ルー・セゲラ・ケザック・エ・グーダール）に広告をまかせることにした。

次に、前述の三つのカテゴリーのうちの第二のカテゴリーに関していえば、工業的な生産手法の活用を中心として組織された統合企業がここに属する。このカテゴリーの中では最も古く、最も力を持った企業であるフェニックスのように、第二のカテゴリーの企業は、企業規模の面でも事業規模の面でも第一のカテゴリーの企業とさほど遜色のないものもあれば、生産戸数・資本量・従業員数で劣るものもあるが、いずれにせよ統合生産が有する極度に硬直的な技術的制約に支配されているのが特徴である。この技術的制約は、高度な熟練をもった専属工員を恒常的に保有し続けなければならないことから、社会的制約というかたちで再現される。これらの企業は、一時は技術面でのリードを可能にした組織的条件にとらわれており、その意味である種の囚人となっている。そのために、定住空間としての家に対するごく平凡な需要にさえ長らく対応できなかった。業界の危機と市場縮小とによって生じた新局面に対応する準備が最も遅れており、困難な状況に陥っている企業も多い。このなかの大企業は、その規模のおかげでスケールメリットやリスク分散につながる切り札を保持できているが、最小規模の企業を中心として、大手グループの子会社になってしまった企業も多い。

最後に、第三のカテゴリーには、伝統的工法で家を生産する、家族経営の統合中小企業群が属する。このカテゴリーの企業は、伝統的に最も「本物」のイメージが強い、石工や建具屋などの職人による「手造り」の商品を提供する。永続性と安定性を象徴する材料（石、木、つなぎ石、セメントなど）を用いたその家は、にわか建築家のように振舞う顧客から押し付けられたものではあれ、たいていは無意識的なモデルとして再現される「設計図」と、信頼できる生産技術とに基づいて建てられる。そして、このカテゴリーの企業は、最も伝統的な需要の伝統的な論理によって貫かれている。しかし、次のような問いを投げかける余地は残されているであろう。すなわち、他の分野と同様に、外観を生産する技術がきわめて重要な役割を果たす分野においてもまた、実際にはいくぶんか不純物が混じっている伝統的な家（第三のカテゴリーの企業が用いる部材の相当部分は工業生産品である）を生産するこれらの零細企業は、伝統的な家の外観を工業的に生産しようとする大企業によって打ち負かされてしまうのではなかろうか。また、「伝統的」商品に期待されるイメージを工業的手法で作り出すことのできる巨大企業のなかで、これらの零細企業は、下請やフランチャイズという形で統合されることを受け入れない限り、生き延びることができないのではなかろうか。とはいえ、こうした手工業的な零細企業は、システム全体が機能する上である意味では欠かせない存在であり、システム全体に象徴的な正当性を付与している。このカテゴリーの企業は、多少なりとも本物に近づけた歴史的建造物の復元の産物――〔中世の〕小領主の館、〔プロヴァンス地方の伝統的様式の〕農家、大きな屋敷など――であるその地方の様式で、「ブルジョワ風の家」を建てることによって、伝統的な家の支配的モデルに命を吹き込み続けている――しかも具体的な姿形で――場合が多い。購入できる顧客層の範囲から遠く外れているにもかかわらず、多くの買い手は無意識のうちに、その支配的モデルを一種の理想として持っているのである。

広告戦略

企業がどの程度営業機能を重視するかということは、おそらく住宅メーカーの界における各企業の位置を最も強力かつ明確に示す指標の一つとなろう。実際、住宅メーカーは次のような二者択一を迫られているのである。一つの選択肢は、とくに工業的な住宅に対する先入観を取り除き、家といえば古いものや伝統的なものをイメージするありふれた連想を打ち破ること、そして家を近代性《モダニティ》、前衛性、技術開発、快適さなどと結びつける新しくて型破りな連想に置き換えることによって、社会的に構築された認識や評価の型《パターン》（嗜好）を変えるよう力を注ぐことである。潜在的購買者は、認識や評価の型を、住宅メーカーによって提供される商品や認識の対象となるそれらの商品の物理的な現実《リアリティ》に適用するのみならず、商品を構成する材料や商品の微妙な形状――心配で気がかりな顧客の目にはそのように映る――が明らかにする、あるいは露呈する工法にも適用する。もう一つの選択肢は、これとは逆に、住宅という商品が本来的にもたらすイメージと商品が作り出す外観との乖離を埋めるよう努めることである。従来、工業的生産を行う大企業は、本格的に価値破壊を行うことやモダニティの体現者となる道を真の意味で選択したことはなかった。しかし、提供され認識される商品と期待されている商品との間に存在するギャップを埋めるために、そして提案される商品は顧客のために作られ、その商品にはその顧客がぴったりであるということを説得するために、これらの大企業は、営業活動――とくに広告活動――や販売員の表情の変化という象徴行為を行うのであり、そうした余裕があるという点で卓越しているといえる。

企業規模が大きくなるにつれて、官僚制化が進展し、営業職員の割合が増大する。工事現場で働く従業員は多数派から少数派となり、事務職員の割合がわずかに増えるとともに、営業職員の割合は大幅に増加する（建築戸数が二〇～五〇戸、五〇～一〇〇戸、一〇〇～二五〇戸、二五〇～千戸、そして最大手となる千戸以上の企業カテゴリー別で見ると、営業職員の割合はそれぞれ一〇・五％、一二・五％、一八％、二一・五％、二三・二％である）。このように、企業が大きくなればなるほど、大規模な販売員網の構築が必要となるように思われる。口コミではもはや十分ではなくなり、マーケットリサーチと広告にいっそう多くの比重をかけなければならなくなっている。しかしながら、企業規模が大きくなるにつれて、販売員当たりの販売戸数は減少し、その一方で注文のキャンセル数が増えている（一九八四年時点のデータによると、最大手企業の販売員を通じた注文の四〇％近くが、その後、顧客によって解約されたのに対し、最小規模企業のそれは一〇％弱であった）。そのうえ、販売員が非常に頻繁に移動することもあり（『公共土木・建築モニター』誌によれば、一つの住宅メーカーでの平均在職期間は六～八ヵ月である）、大規模な住宅メーカーにとって、販売員の採用と育成は優先課題となっていることがわかる。いくつかの住宅メーカー（ブリュノプティ、フェニックス）は、社内に販売学校を創設した。このほかにも、従業員の採用方法の改善を探る企業がある。

企業規模が大きくなるにつれて営業部門の比重が高まったのと同様に、マーケットリサーチや広告のためのさまざまな手段に依存する度合いも大きくなる。たとえば、一九八三年のＵＣＢ〔銀行会社建築融資連合〕調査によれば、新聞に頻繁に広告を掲載すると答えた住宅メーカーの割合は、最小規模企業（建築戸数二〇～四九戸）で四八％なのに対し、建築戸数五〇～九九戸の企業で六九％、一〇〇～二四九戸の企業で七二％、二五〇戸以上の企業では七四％にのぼる。見本市や展示会にブースを設ける企業の割合は、同様に二六％、四四％、五九％、七四％である。さらに大手週刊誌やテレビ・ラジオに広告を出す住宅メーカーの割合を考慮に入れることができるならば、この格差はもっと広がるであろう。最大規模の企業は、大規模な「広告キャンペーン」を展開し、きわめて多様な顧客開拓手段に頼っている。たとえば、郵便受けに投げ入れるパンフレット、チラシ、宣伝カタログ、小冊子、地方紙・全国紙・週刊誌・各種雑誌への広告掲載、ポスター、サロン・見本市での展示ブース開設、各種センターや「団地」あるいはその他の戦略拠点（デパートや駅など）に展示するモデルハウス、ラジオでの宣伝メッセージ、そして最近（一九八五年以降）ではテレビ広告もある（広告・ラジオ・新聞を通じて住宅メーカーを知ったと答える割合がもっとも多いのは、大手住宅メーカーの顧客である）。その対極にある小企業は、とくに知人関係のネットワークと地方紙への広告に頼っている。

あらゆる象徴行為がそうであるように、広告は、既存の性向を煽り、かき立て、あるいは目覚めさせて、それらの諸性向を表現し、性向に自己認識を促し、開花する機会を与える時ほど成功を収めることはない。あらゆる企業がおしなべて、家や家族に関する最も伝統的な表象を引き出す目的で、その宝の山のなかから最も適合的な言葉やテーマをつかみ出していることが理解できよう。たとえば、賃借よりも購入のほうが優位にあると言い（「借りるより買う方が安い」）、自然の魅力について言及する。おそらく、こうしたことは魅力的な連想網のなかに家を組み入れることを目的としたものであるが、何よりも、背に腹は変えられないというような気持ちにさせ、遠い郊外への流刑をまるで自らの選択で田舎に回帰するかのように思わせることによって、提案される住居が都心や勤務地から遠いということを忘れさせるのを目的とするものであろう（九〇ページ、**写真8**）。

用いられる手法は、ほとんどいつも同じである。最もよく使われる手法の一つは、対極にある二つの状況――住宅を取得した者と取得しなかった者の状況――を比較することである。そのほか、潜在的顧客と商品の提案をする業界プロとの間で交わされる架空の会話を示して、両者の間に直接的かつ個人的な関係があるかのごとく幻想を与える手法もある。あるいは、商品の望ましくない特性を隠蔽するためにしばしば利用される別の手法としては、品質や利便性などに関する実際の――あるいは実際にあると思われる――利点に注意を喚起し、不都合な点や不快な点はおおい隠すために手品師技が用いられる。不動産広告は、怪しげな融資話や疑わしい技術論議を前にしても、家の周辺環境や家そのものに関する粗雑な歪曲《デフォルメ》を前にしても、尻込みするとは限らない。この点で、大手住宅メーカー数社は、一九七三年一二月二七日の法律――その第四四条第一項で「一つ以上の要素に及ぶ、不正な、または過誤を導く性質の引用、表示、主張を含む広告」は禁じられている――に抵触した。たとえばメゾン・ブイグは、実際には「決まったタイプ」にしか対応しない家を供給していたにもかかわらず、「オーダーメイドの家」を謳い、「使用材料は事前に工業的手法で製造された既製品であり、骨組みは古くからの技法に則って組み立てられたものでないにもかかわらず」、「職人による本格的な骨組み」であることを謳ったカタログを配付した罪状で、一九八三年に破毀院刑事部により有罪判決を下された。

各企業は、その商品や生産方式が実際に古くからあり、安全なものであるならば、それを謳う広告やレトリックに依存する必要はなくなるはずである。企業規模が大きくなるにつれ広告戦略が強化されることは実際に見受けられることであるが、とりわけ顕著なのは、(プレハブパネルを模造の漆喰仕上げにするなど) 外観にはある程度の譲歩をしても自社商品の技術的品質の高さに基盤を置く企業から、メゾン・ブイグのように「伝統的」な商品や生産方式の外観を生み出す戦略を基本とする企業へと移るに従って、広告戦略の形態が変化することである。実際、界における位置に応じて、用いられるテーマや修辞法はさまざまである。販売する商品にメーカーの「品質」を付与する戦略は、おそらく、最大手で最古参の企業の広告においてより頻繁に用いられている。堅固な会社のみが堅固な家を建てることができる、あるいは堅固な会社は堅固な家しか建てられないという前提に立って、したがって古くから存続している会社が建てた家は必然的に堅固であるという前提に立って、呪術的融即の論理と同じ論理に則り、商品生産者と商品とは渾然一体とさせられる。このため、創立して間もない企業であるメゾン・ブイグは、同社の名前で販売する家の保証としてブイグ・グループの歴史の古さを引き合いに出す。買い手は、その微妙なすり替えには容易には気づかないだろうと思われているのである。「メゾン・ブイグには、ブイグ・グループの三〇年にも及ぶ経験とその強力な部材購入能力が後ろ盾にあります。ですから、メゾン・ブイグは、石工の家のコスト削減に成功したのです[45]」。

大手住宅メーカーは、何よりもまず、ほとんど何も持ち合わせていない顧客の抵抗や不安を和らげようとする(「大容量《グラン・ヴォリューム》の家の持ち主になるのは、考えている以上に簡単です」といった具合である)。また、各種サービス、資金調達、法的手続き、行政手続きなどの面でいろいろ支援しますということを大いに宣伝し、大手住宅メーカーが請け負う保証について強調することによって、信頼を醸成しようとする。「融資〔新ローンのＰＡＰ〔持ち家獲得のための助成貸付〕とＡＰＬ〔住宅個別扶助〕〕、土地（土地に関する相談）、行政上およびその他の手続きなど、どんな問題であっても、当社の専門家が正確な情報を提供します。ですから、ご希望の地区で、一戸建て住宅を買えるかどうかを知ることができるのです」（メゾン・アルスカノール、一九七九年）。家の購入の場面を少しばかりドラマティックに演出しがちではあるが（「あなたの人生の中で最も重大な買い物です――ＧＭＦ」、「家を建てると決めるのは、少しばかり自分の人生をつぎ込むこと――ブリュノプティ」）、こうした言葉は、あらゆることを請け負うことができるという自社の能力をアピールし、会社の評判からすれば顧客は自社に委せて当然、と呼びかけるためのものである。「石工の家が抜群であることは、誰もが感じています。それに、メゾン・ブイグなら、大メーカーの利点がすべてそろっていますから、価格・保証・品質に関する心配は一切無用です」（メゾン・ブイグ、一九八四年）。そして、「フェニックス憲章」、「ブリュノプティ法」、あるいはＧＭＦやメゾン・ブイグによって提案される各種保証といったものは、「何が起こっても大丈夫」なように顧客を守るとされている。

広告戦略は競争によって規定される部分が大きいが、それゆえに、逆説的ではあるが各社の広告戦略は近似したものになる傾向がある。それぞれのメーカーが、ほぼ同時に、似たり寄ったりのキャッチフレーズ（「カスタマイズされた家」、「家を買うチャンス」など）を掲げたキャンペーンを始めるのは、このためである。フェニックスから業界首位の座を奪おうと奮闘しているメゾン・ブイグが伝統的住宅を量産する方針を固めたこと、そしてその逆に、フェニックスが商品面においても広告プロモーション面においても、伝統的な需要に譲歩はしつつも、多少なりとも「近代的」な技法・資金調達方法のほうが妥当であることを引き合いに出し続けていることに注意を向けなければ、たとえばメゾン・ブイグが引き合いに出す多くの論法を理解することはできない。「メゾン・ブイグの誠実さと能力がこんにち実を結び、お客様一人ひとりに一戸建て住宅を提案できるようになりました。たとえ予算に余裕がない方にでも。あなたが手に入れるブイグの家は、プレハブではありません（言外の意味――フェニックスの家はプレハブです）。あなたの地方の最も腕のよい工員が建てた、石工の家が手に入るのです」[46]。

たとえ最も近代的な諸企業が、部分的にプレハブ工法という工業的手法を採用し、仕切り壁や窓枠などに工業生産された部材を利用するなどしたとしても、それがもたらすメリットは、顧客が伝統的工法を熱望するために相殺・制限されてしまう。伝統的工法は――実際には、次第に工業生産された部材を使用するようにはなってきているものの――堅固で安心というイメージを与えているのである。石工の家が持つイメージのプレグナンツ〔ゲシュタルト心理学の用語で、知覚された像などが最も単純で安定した形にまとまろうとする傾向を指す〕があまりにも強いため、工業生産の住宅メーカーは例外なく、工業生産の部材を隠すためのカムフラージュ戦略を用いざるをえない。実際上においても（たんに装飾的機能しか持たないのだが、正面壁を石やブロックで覆ったり、伝統的住宅を思わせる梁やその他の特徴を強調したりする）、そして言説上においても「その地方の」「伝統的な」「地域様式の」といったレトリックを用いて、長所を際だたせようとするのである。

技術的切り札の企業間分布――それは工業生産の度合いと関連している――が、象徴的切り札の企業間分布――それは手工業的な商品モデルや生産工法への合致の度合いと関連している――に反比例して変化する限りにおいては、状況はある意味で比較的明白であった。家族経営の手工業的な小企業が生き延びることが許されるというある種の均衡が決定的に崩れたのは、住宅メーカー業界の組織革新が契機であった。この組織革新は、とくに組織上の特性――下請制とフランチャイズ制の大規模な利用――を象徴的集団へと転化させることによって、擬似的な伝統住宅を工業的に生産することを可能にする住宅メーカー、つまり量産技術の持つ技術的利点《メリット》と手工業的工法の持つ象徴的利点という相対立するものを両立させることのできる住宅メーカーを設立することからなる[47]。

工業的生産方法と顧客の期待との間に存在する矛盾から生じる困難は、工業的手法に基づく商品を供給し、地方

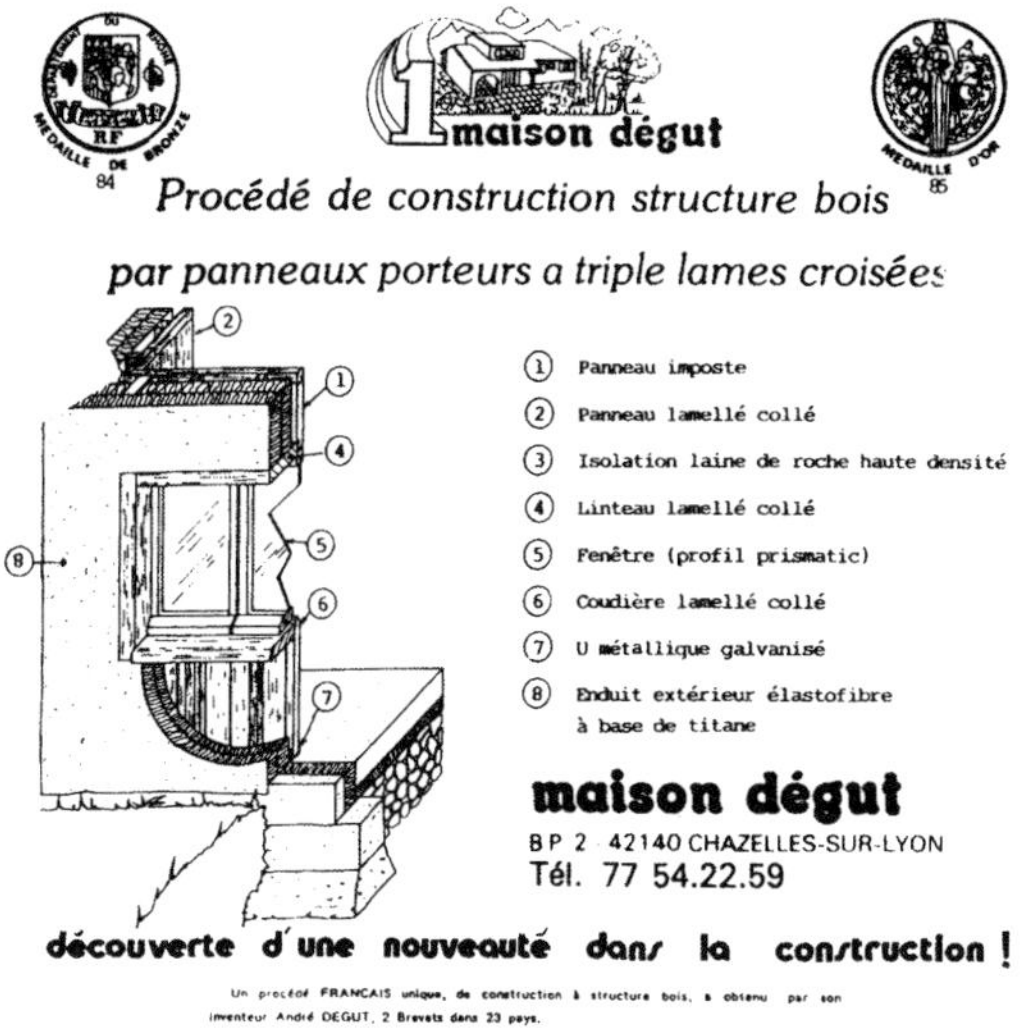

メゾン・デギュ
3層の薄板パネルによる
木組み工法

①欄間パネル
②集成材パネル
③高密度ロックウール断熱
④集成材まぐさ
⑤窓（角柱形）
⑥集成材突出部
⑦亜鉛めっき金属U
⑧チタンを主原料とする
　弾性繊維の外壁塗料

住宅建築に新機軸発見！
発明家アンドレ・デギュは、
木組み住宅のためのユニーク
なフランス工法の2つの特許
を23カ国で取得しています

図2　メゾン・デギュ、広告リーフレット（1986年）

を基盤とする中規模企業の広告文や広告画像の中にくっきり浮かび上がっている。たとえばメゾン・デギュの広告では、基本的に、「三層の薄板パネルの耐久性（高さ二メートル五〇センチ、幅一メートルのパネルの座屈変形前の耐性はＭＩ一七トン）といったような技術的論拠に依拠して、パネルの断面図が表示されるとともに、その製法が詳細に説明されたり、遮音性・換気性の高さや心理的・生物学的な快適性が説明されたりする（「Ａ・デギュの木材で骨組みされた家は、人の生物学的バランスに必要な大気中の放射線の連続場を破壊しないので、健康的です」）。しかし、その一方で、金賞と銅賞を受賞し、特許を取得した工法を正当化するために、「Ａ・デギュの工法は、五〇〇年前から有効性が証明されている、昔ながらの伝統（城館の木組み）に着想を得ています」と説明し、格調の高さや伝統が持つ威光をすぐに引き合いに出す。そして、「チタンを主原料とする弾性繊維塗装のおかげで、外観は民家風です」と太鼓判を押す。意味論的な衝突は明白であり、こうした引き立て役を使う企ては、今日の技術的先進性が「明日の伝統」と化す遠い将来に自らを投影するよりほか、頼みの綱を持たない（**図2**）。

メゾン・エミール・ウーオの広告でも、同様の矛盾が、婉曲化やデフォルメもされずに――こう言ってよければ――むき出しの状態で示されている（図3）。一九五七年に設立されたウーオは、ジェラルメに本社を置く家族経営の小企業で、ロレーヌ地方とアルプ地方北部で分譲団地や一戸建て住宅を建てている会社である。この広告ページの挿絵では、言葉を用いずに（ウーオは固有の広告キャッチフレーズを持っていない）工法の実際のあり様を表現している。工業的技法（ウーオ工法）によって工場で製造された家は、「工場直送」される。その家は、完全に出来上がった状態で、スーパーマンの漫画のように、飛ぶ速さを表現するためによく使われる線を描いて、空から飛んでくる。そして、小市民風「応接間」の典型的なインテリアに囲まれて――奇妙なことに、空中で生活しているように見えるが――、犬と一緒に家の到着を待ちながら団欒する家族の輪から大きく喝采を浴びる（「ブラボー、メゾン・ウーオ！」）。別世界からやってきた工業製品――それは、〔広告を見る者に〕喚起されなければならないと同

図3　メゾン・ウーオ、広告リーフレット（1986年）

ファンタスティック
メゾン・ウーオ　工場直送

新しいウーオの家が到着します。骨組みはすべて木組み、居室に改装できる屋根裏が完備し、快適性がさらに向上しました。製造に3ヵ月、引き渡しに1週間です
ブラボー、メゾン・ウーオ！

展示ハウスは土日を含む毎日14:30～18:00オープン

この驚異の家についての詳細な情報をご希望の方は、このクーポンを下記の住所にご送付ください

時に、〔工業製品であるということを〕忘れさせなければならない――と「家族」の側のコントラストが、これほど明白に露呈されているものはないであろう。そして、挿絵の前方にはっきり現れている家族は、社会通念そのものの姿である。結婚している夫婦、新聞を手に持ち、肘掛け椅子にゆったりと座った父親、フォト小説でよく見かけるように肘掛けに腰をかけ、腕を（おそらく）夫の肩にまわしている母親。二人の子ども（モダニティの予告者のように、飛行物体の方に向かって腕を上げて立っている男の子と、座っている女の子）は、低いテーブルと花束――花束は、再スタートする人生の春を伝統的に象徴するものの一つである――の向こう側にいる親夫婦の姿とそっくりである。こうした図像構成《イコノグラフィ》は、奇跡を表現するために用いられるものである。そして、この低級な漫画アートに関して、次のような引用をするのは場違いと思う向きもあろうが、あえて衒学趣味《ペダンティック》になるのを恐れずに言えば、ロジエ・ヴァン・デル・ヴァイデンの『東方の三博士』に関するアーウィン・パノフスキーの分析を援用することができよう。パノフスキーの分析を援用して言えば、エミール・ウーオの家は、金色の光輪に囲まれた幼子とほぼ同じ位置を占めており、空間を遠近法的に知覚できるように、幼子が幻のように宙に浮いているのだということにすぐ気づく。(48)

奇跡のレトリックに象徴的解決を見出す、こうした矛盾――広告メッセージの目的にはむしろ適っているが――は、しばしば表現意図の混同をもたらす。たとえば、メゾン・ド・ラヴニールの広告がそうである（図4）。レンヌ市所在で一九六七年に設立された同社は、その地域で営業展開し、重工業生産に依拠する小企業である。メゾン・ド・ラヴニールの広告では、木々に囲まれ、子どもたちがいる、完成した家のよくあるイメージのなかに建設途中の写真――伝統的な職人仕事よりはむしろ工業を想起させる写真――を混在させる。伝統的なものと同じ価値があると主張する工業的工法は、「スーパーつなぎ石」というその名が示すとおり、奇妙な構成のものであり、折りたたまれたパンフレットを開かなければ目に入らないようになっている。

Maisons de l'Avenir
des maisons en «Superparpaings»
Votre Maison de l'Avenir,
assise sur des fondations (1)
traditionnelles de maçonnerie,
est construite en "Superparpaings", (2)
spécialement fabriqués dans notre
bétonnerie.
Son enduit extérieur, (3) d'aspect taloché,
bénéficie d'une préparation en sous-face
éliminant les risques de fissures.
Sa charpente en bois massif (4), chevillée à
l'ancienne est réalisée par nos charpentiers
compagnons du Tour de France. Traitée
fongicide et insecticide, elle reçoit,
selon les régions, une toiture en
ardoise (5) ou en tuile.
Toutes ses menuiseries sont soigneusement
fabriquées et assemblées dans nos ateliers
par des compagnons menuisiers :
Portes (6) et fenêtres (7) à double vitrage
sont en bois exotique.
Volets (8) à assemblage par languettes
incorporées avec barre et écharpes sont
en Sapin du Nord de finition "Lasure"
Escalier (9) à quartier tournant avec marches
et contremarches, limon et crémaillères
réalisé selon l'épure traditionnelle
en bois exotique sélectionné.
Cloisons intérieures autoportantes (10),
isolation (11) (laine minérale et polystyrène),
chauffage électrique, électricité, sanitaires,
revêtements de sols, ravalement, sont
réalisés par nos propres équipes et des artisans
sélectionnés et contrôlés par nos soins.

Le superparpaing
est fabriqué en béton armé
dosé à 370 kg de ciment au m3.
"Superparpaing"
est une marque déposée.

図4　メゾン・ド・ラヴニール、広告パンフレット（1986 年）

メゾン・ド・ラヴニール
「スーパーつなぎ石」の家

伝統的な組積の基礎 (1) の上に建てられるあなたのメゾン・ド・ラヴニールは、当社のコンクリート工場で特別に作られた「スーパーつなぎ石」(2) でできています
コテ仕上げの外観の外壁塗装 (3) の下には、亀裂の危険を除去する加工が施されています
伝統的手法で釘打ちされる頑丈な木組み (4) は、ツール・ド・フランスに帯同する当社の大工が組み上げます。殺菌・殺虫処理された木組みの上には、地方の様式に応じてスレート屋根 (5) や瓦屋根が乗せられます
建具類はすべて、当社の作業所で建具職人によって丹念に作られたうえで組み立てられます
ドア (6) と二重窓 (7) には外材が使用されています
棒材と筋交いの組み込まれた鎧戸 (8) は、「ラジュール」仕上げの北仏産モミ材でできています
折れ階段 (9) の踏み板・蹴込み・簓桁は、厳選された外材を使い伝統的な原寸図に従って製作されます
補強材などの支えを必要としない仕切り壁 (10)、断熱材 (11)（ロックウール・ポリスチレン製）、電気暖房、配電、衛生機器、地面被覆、けれんは、当社の専門チームと、当社が厳選し統括する職人が施工します

スーパーつなぎ石は 1 m³につき 370kg のセメントを配合した鉄筋コンクリートです
"スーパーつなぎ石" は登録商標です

広告の言説《ディスクール》に見られるこうした矛盾や意味論的衝突は、伝統的工法を用いる企業――下請を基礎とする量産システムをとるにしろ、伝統的職人仕事の多少なりとも近代化した形態をとるにしろ――の場合にはすべてなくなる。たとえば、一九六二年にパリで創業したセルジェコのような会社は、中空レンガ、(水道コック類用の)銅などの伝統的材料を用い、最も伝統的な方法に基づいて「中級」といわれる一戸建て住宅をオーダーメイドで建てている会社であるが、こうした会社は、定住空間としての家に関する象徴的武器のすべてを問題なく動員できる。「当社の家は長持ちします」というキャッチフレーズから、子ども向け絵本のような形で描かれた家が出てくる表紙に至るまで――この表紙では、「愛すべき家」というおそらく故意に曖昧なタイトルがつけられ、家はキャベツの中から生まれ出てくる赤ん坊のように花の中に生えている(**写真6**)。レンガ壁を積み上げている二人の石工という、建築に関するイメージ喚起と、完成した家のイメージ喚起(両者ともここには掲載していない)の間の調和は完璧であり、前者は、後者の「長寿」――つまり、とくに「家族の安らぎ」や家族が行った賢明な投資による長期的利益など――の保証として与えられている。

一九六六年にマルセイユで設立された、地域小企業メゾン・スプリントの広告に関していえば、スピードを想起させる社名を除いては、家に関する最も伝統的イメージの魅力が喚起されるのを妨げるものは何もない。すなわち、一方では、「大企業」のイメージと結びついた安心感がある。これには、「経験」そして「工事現場の管理、企業間の調整、購買の最適化を行うための情報ツール」を用いた合理的な経営のみならず、科学性を想起させる「コンクリート技師、熱エネルギー研究者、地質学者、測量技師」といった名称の専門家を結集させた「多分野」事業が寄与しているし、さらにはＵＮＩＣＭＩ〔全国一戸建て住宅建築会社連合〕の会員証とＳＯＣＯＴＥＣ〔建造物技術検査会社〕の検査、大手銀行の支援と大手保険グループの庇護も寄与している。そして、他方には、タイル張りの調整に余念のないように見える「職人」の「本物の腕前」から、「洗練され、調和された仕上げ」に至るまでの伝統

写真6　セルジェコ、折りたたみ広告（1986 年）

愛すべき家　セルジェコ
イル・ド・フランス地方のあなたの家

写真7　メゾン・スプリント、折りたたみ広告（1986 年、p. 12）

本物の腕前
建築規則、黄金比率、職人技、塗料の配合表を知っている必要はありません。スプリントの家を見学する時、家全体が醸し出すバランス、色彩の輝き、陽の光を、ただ観察し、評価し、その魅力のとりこになるだけでいいのです

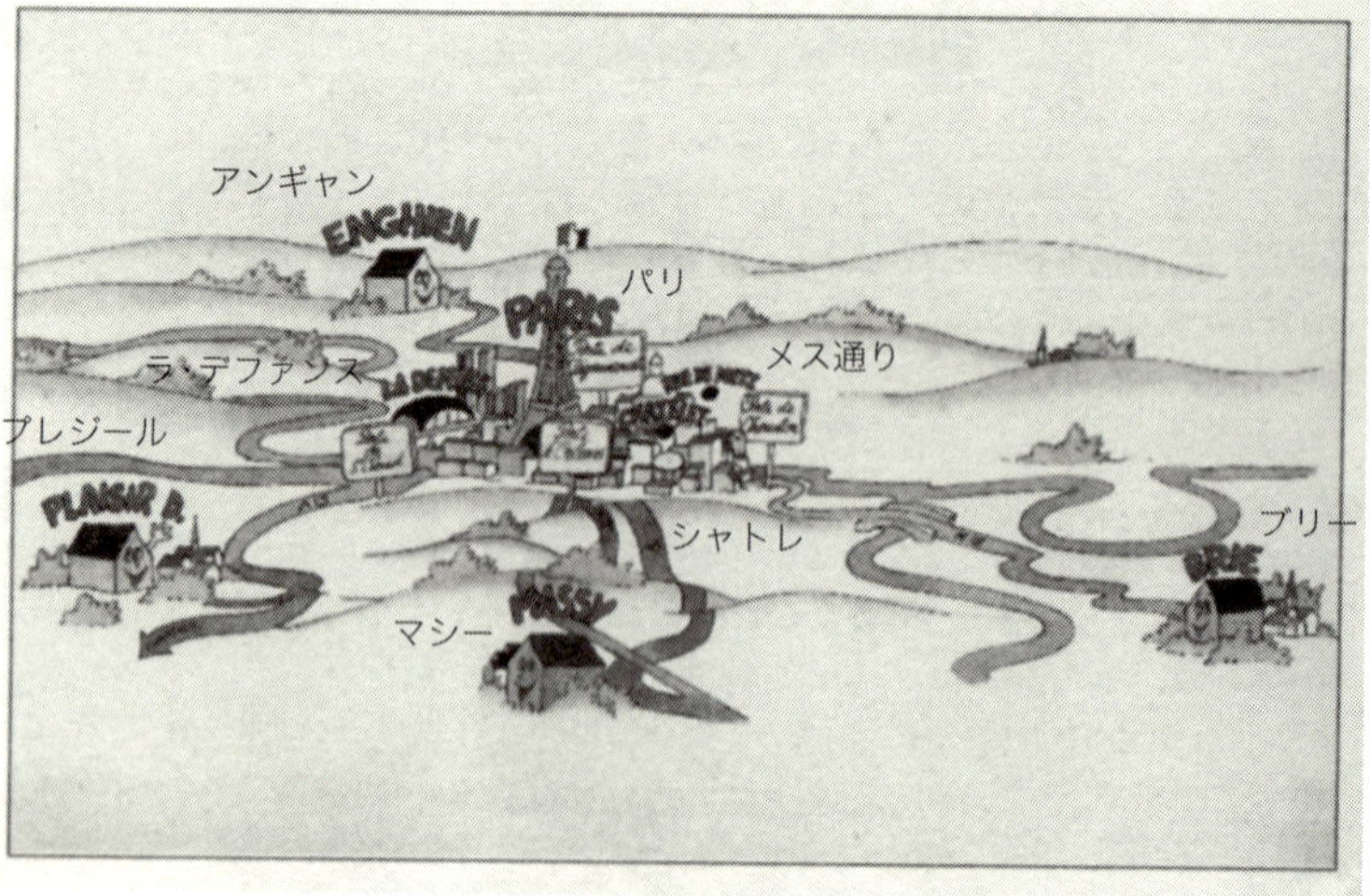

写真8　セルジェコ、カタログ（1983-1984 年、p. 5）

的建築手法と結びついたさまざまな保証がある（**写真7**）。イラストは、タイル張り職人・左官・屋根ふき職人・石工といった職人たちや、その職人たちが使う、いわゆる「高級」な材料に大きな役割を与えることができる。そのイラストに添えられる言説《ディスクール》は、提供される商品の希少性（「毎年、限られた数の家しか建てていません」）や顧客の嗜好に完璧に合わせた調整（オーダーメイドの生活術）を引き合いに出すことができる。また、イラストに添えられる言説は、「匠の手で建てられた家」を称揚するために――家に関する文学気取りの言説をなす――擬似詩のような常套句の宝庫のなかから、何の気がねもなく、神秘、魅惑、自然、均斉、伝統、地域、郷土、定住、空間、量感、中庭、中二階、つる棚、バーベキュー、暖炉コーナー、木の梁、テラコッタ、丸瓦、暖炉端、物語、魂といった言葉を取り出す。

危機と界効果

企業間の力関係は、経済情勢全般に依存するものの、結局のところはその固有の論理に応じて変動しているといえる。一九八〇年頃に住宅市場を襲った危機の時ほど、この界効果が明らかとなったことはない。それは、次のような事実にも示されている。すなわち、大手工業生産企業は、製品の規格化という代償を払って生産規模を拡大し、コスト削減をはかっているが、その生産・販売戦略においては、「伝統的」で「個別的な要求に合わせた」建築という需要を考慮に入れなければならない。そうした需要は、普通は手工業的小住宅メーカーによって満たされると見なされている。このため、大手工業生産企業は、量産効果を抑制したり、あるいは覆い隠すために、（モデルの多様化のような）技術戦略、（職人仕事の外観を装った大規模生産組織といったような）組織戦略、あるいは（伝統的、独創的、ユニークというレトリックに頼るような）象徴戦略を多用せざるをえない。このため、統合的で工業化された生産ポリシーを放棄して、手工業的あるいは半手工業的な小企業の戦略であった生産戦略を採用し、下請に依拠した伝統的工法に立ち返った全国規模の企業は少なくない。

フェニックスを筆頭とする全国規模の最大手住宅メーカーは、このような影響を最初に受けた企業であり、ほとんどのメーカーは事業縮小を経験した（フェニックスの場合、とくに転落が激しく、一九七〇年代後半に一万六千戸以上の住宅建築を行っていたのに対し、八四年には八千戸、八五年には七二〇〇戸、八六年には六二〇〇戸の生産にとどまった）。おそらく、きわめて早い企業の入れ替え（参入と退出）が、この界の主要な特性の一つである。一九八二年に二〇戸以上の住宅を着工したメーカーの八〇％を対象に、ＵＣＢが八三年春に実施した調査によると、それらのメーカーの五九％が創立一〇年未満（つまり一九七六年以降設立）の新規参入者か、あるいはよりまれなケースではあるが、七六年時点で住宅建築戸数二〇戸未満の企業であった。最大手企業が最古参企業でもあることからもわかるように（たとえば、フェニックスは一九四五年設立、ＧＭＦは一九四九年設立）、こうした新規参入者のほとんどは、中小規模の地方企業である。しかし、目覚しいスピードで成長を遂げたケースもいくつか観察される。たとえば、一九七九年創立のメゾン・ブイグは、八二年にはすでにカタログ販売による一戸建て住宅市場において第二位の地位につけている。同様に、八一年設立のアルシテクト・バティスールは、八四年には、それまでは小企業に組織されていた約四〇〇人の建築家を擁することに成功した。しかし、企業設立がとりわけ七〇年代に多数にのぼり、八〇年代にも同様の傾向が続いたのは事実であるものの、ＵＣＢの調査で住宅メーカー数が七六年一一〇〇社から八二年八〇〇社へと減少していることからも推測されるように、休業や破産申請の数はもっと多い。顕著な拡張期――一九六二年に一〇万七千戸だった着工件数は七九年には二八万一千戸に増加するという推移を示した――の後、一九八〇年以降は、一戸建て住宅の建築は明らかに衰退局面に入ることとなり、八五年時点では着工件数は一九万二千戸に過ぎなかった。ただし、共同住宅の場合と比較すれば、こうした減少傾向はより遅くに出現し、その度合いもより小さなものにとどまった。

この危機は、力関係を小企業に有利に変えた。「中小メーカーは、この機に乗じて、自分たちの領分に降りてきた大手メーカーより優位に立った。顧客との距離が近く、その期待や好みを知っている中小企業は、近年販売力を増強し、住宅業界危機の真っただ中にあるにもかかわらず、その大半が立派な成績を上げた。たとえば、マメルスのヴェルセレットは一九八四年に三五〇戸を着工しており（前年の八三年には二五〇戸であったのに対して）、同様にリヨンのクレヴェルトは二二六戸（一五八戸）、ブリニョルのメゾン・シャペルは一〇七戸（六〇戸）、ツールのメゾン・アルシャンボーは五〇戸（二二戸）を着工している。もっとも、この猶予期間も長くは続かなかったようである。というのも、八五年には中小メーカーも全般的に足踏み状態となったからである。多くの企業が事業の著しい縮小を示した。そのうえ、戦いから教訓を得た大手企業が同年初頭から豹変し、それ以後、自らの戦略を中小企業のそれに適合させるようになった。[49] 中小メーカーとの競争を支えるために、大手企業は組織再編を行い、地域子会社の設立やあるいは独自の下請制度を構築することによって、中小企業の組織構造と似通った構造を備えつつ、消費者と消費者の期待に接近することを試みた。こうしてブリュノプティは、ブリュノプティとシャレ・イデアルというブランドをより独立性の強い中小企業に二分するとともに、この二社の新経営陣に資本金の一部を譲渡した。同様に、メゾン・フェニックス社は、さまざまな地域において以前より小規模の組織構造を整えた。大手企業内部でのこうした多様化は、集中との強い相関傾向を伴っている。実際、一九八二年時点のデータによると、年間二五〇戸以上の住宅を建築するメーカー（全体の五％に相当する数）の市場占有率は、住宅メーカー全体が建築する住宅戸数の五〇％を占めており、このうち住宅メーカー総数の一％に過ぎない全国規模のメーカーだけを取り出すと、市場占有率は三三％である。

最大手企業のなかには、多少なりとも規格化された部材を個性的に組み合わせられるようにしたり、バラエティに富んだ建築工法（最も威力を発揮したイノベーションは、下請を利用して伝統的住宅建築を量産組織で行う「石工の家」である）やあらゆる形態での販売（即入居可能な状態で引き渡しを行う家、仕上げを残すだけの家、組み立て方式の家、増築可能な家など）を提案することをねらいとした技術戦略・営業戦略によって、生産の規格化と商品のカスタマイズ化とを両立させようと試みる企業もあった。こうしたことを背景に、当時全国一戸建て住宅建築会社連合組合（ＵＮＣＭＩ）の会長であったクロード・ピュは、一九八四年時点で三四メーカーによる九八五モデルが数えられている、ある調査を引用し、このモデル数は増加し続けるだろうと述べた。住宅メーカーのなかには、個別注文の住宅のみに特化し、カタログ販売を廃止した企業もある。一九八六年五月二日付『公共土木・建築モニター』誌には、次のような記事が掲載されている。「一戸建て住宅は、カスタマイズされたものとなっている。全国規模の住宅メーカーは、『パーソナル・プロジェクト』なる新たなお家芸を見い出した。地域化を伴った、中小メーカーに対抗する巻き返しである」。また、フェニックスの広告予算責任者は、（八七年時点の）インタビューで、新たな営業戦略に関して次のように表明している。「数年前までは、どの住宅メーカーもカタログで家を販売していました。しかし、販売ツールは一新されました。これまでのような販売方法ではだめだと思います。いま、人々はカスタマイズされた家を求めているのです。それをもしカタログのなかに閉じ込めてしまったら、お客様は提案された家のなかから選ぶという印象を持ってしまいます。私たちはそれと闘っているのです。本当の意味での自分の家を建て、すべて自分の希望に沿ったものを選ぶ、お客様にはそんな感覚を持っていただきたいと思っています。第一の変革は、フェニックスの家にはもはや名前がついていないという点です。これが始まったのは一年前です。販売員たちは、かつて自分が担当して建てた家やあるいはこれから建築することのできる家のビジュアル（写真）を持っており、それをお客様にお見せすることができます。カタログはもうなくなるでしょう。その代わりに、建築計画書が用意されているのです。お客様には名前のない家、たとえば改装可能な屋根裏部屋付きの家――たぶん、これに変更可能な平面図のプランも添えるでしょう――のビジュアルを付けたカードのようなものを提示します。そして、お客様一件一件につき、建築計画書が作成されます。どのお客様に対しても、最初は何も押しつけるようなことはしません。その意味で、建築家の仕事に非常に近いのです。選択することを欲しているお客様のモチベーションに応えなければなりません。どの住宅メーカーも、カスタマイズ住宅に全力をあげて取り組んでおり、需要が様変わりしたことを意識しています」。こうして、銀行業界ではかなり以前から融資に関して適用されるようになっていた「カスタマイズ」という言葉が、危機の影響の下で、商品それ自体にも適用されるようになった。このことは、諸企業が利用する商業装置の一貫性や象徴効果を大いに強めることにも一役買った。

こうした多様化は、企業内における商品の明らかな規格化、そして界のなかで近接する地位にある企業群の商品の画一化を排除するものではない。カウフマン&ブロードの販売員の言葉もそれを見事に言い当てている。「ライバル会社との関係でいえば、まったく同じことですよ。[…]同じ会社と取引があって、同じ材料を使って、それでプラスアルファを提供しようとしてるんです……」。前者の商品の規格化という効果は、直接的にはコスト削減という技術的必要性の結果として生じるものだとしても、後者の商品の画一化は、少なくとも部分的には、競争の効果を示しているように思われる。つまり、最大手企業は、最も直接的に競合するライバル会社のもとで最大の成功を収めている商品と対抗できる商品を、自社の顧客に提供しようとしているわけである(そうした情報を流通させるにあたって大きな役割を演じているのは、おそらく顧客自身である。顧客は、ある住宅メーカーのところで仕入れた情報を利用して、他の住宅メーカーを試しているのであり、ライバル会社が示したセールスポイントを、他社の販売員たちに漏らしているのである)。競合する企業同士が絶えず探り合い、果てはスパイ合戦を繰り広げ、剽窃し合うという事実[50]、あるいは管理職や販売員の引き抜き(身体化された技術資本の移転の機会となる)を行っている事実は、近接する地位にある企業の間――衰退機運のフェニックスと上昇機運のブイグの間など[51]――でよく似たモデルがほぼ同時期に出現することとまったく無関係ではなかろう。たとえば、大成功を収めた、メゾン・ブイグの住宅「グランヴォリューム」は、一九八四年の発売開始時においてフェニックスの住宅「スパシオ」にわずかに先んじた程度である。ほぼ同時期に発売されたこの「スパシオ」の方は、みじめな失敗に終わった。

とはいえ、実際、競合者たちは、アイデアや手法や社員などを奪い合う短期の競争においては、闘いに投入できる切り札は投入している。この切り札は、構造関係のあらゆる履歴がその構造関係の各時点に存在することと関係している。とくにフェニックスとブイグの競合のケースにおいては、企業内の雇用構造やそこから生じるあらゆる形態の惰性《イナーシャ》と履歴効果《ヒステリシス》を通じて、それが現れている。大まかな傾向のみについて言えば、危機を境に、技術面・審美面においては最も伝統的な需要の勝利が確実になったといえる。すなわち、壁はつなぎ石、骨組みは工業的な小屋組み、外側の建具は木材（そして、きわめて高価なうえにもろい、「イル・ド・フランス」様式の小さな窓枠でできた窓）といった具合である。市場の縮小は、顧客の社会的分散の縮小をも意味していた。ところで、最大手工業生産企業、とくに市場を支配していたフェニックスが、商品の規格化と販売量の増大によってコスト削減を目指す量産政策を実施していたことは知られている。これは、経済的に最も恵まれない社会階層の制覇を目的として打ち立てられた政策であった（一戸建て住宅の生産において大きなシェアを占める全国規模の大手メーカーがおもに四〜六室で居住面積五〇〜一二〇平米の、地下室のない平屋建ての比較的こぢんまりした家を建てるのに対して、地方メーカーは五〜八室、居住面積一一〇〜一二〇平米とより広く、一平米当たりの単価がより高い家を建てていた）。この結果として、支払能力の最も低い階層の需要の減少がまず最大手企業に打撃を与え、より裕福な顧客層をつねに対象としていた地方メーカーに再び有利な位置を与えた[52]。「大衆向け」に特化していた住宅メーカー（メゾン・フェニックス、メゾン・モンディアル・プラティック）は、より裕福な顧客を獲得しようと試みつつ対応をはかった。ひるがえって、おもに富裕層を対象に住宅建築を行っていた主要メーカーは、事業を多角化することによってどうにか地位を維持していた。たとえば、カウフマン&ブロードのケースがこれに該当する。管理職や上級技術者のための団地の建設を専門としていた同社は、マンション、事務所、退職者用住宅の建築に乗り出さなければならなかった。あるいは、ラガリグ現代建築社のケースもこれに該当する。同社は、一九八二年時点では比較的富裕な顧客を対象として住宅を建築していたが、危機の波及と事業の縮小を食い止めようとして、所得のより低い顧客を対象としてより安価な住宅のプラン（たとえば居住面積七三平米で、八六年時点での売り出し価格二二万一千フランとした「ルコール」シリーズ）を提示するようになっている。

界としての企業の戦略

しかしながら、企業間の力関係とその経時的変化——すなわち、とくに危機によって決定される切り札の再配分に直面して、力関係を変化させたり維持したりするために企業がとる戦略——をより完全に、より正確に把握するためには、尺度を変え、総体としての企業群を界としてとらえる見方から、個々の企業を界としてとらえる見方へと変える必要がある。少なくとも大手企業の場合は、企業は界のように機能する相対的に自律的な単位なのである。実際、企業というものは、唯一の統一された客観的機能に方向づけられた合理的主体、「企業家」あるいは「マネジメント」と同一視できるような一つの均質的な実体でないことは明らかである。企業は、その諸「選択」を生産の界の構造における位置によって決定づけられる（あるいは方向づけられる）だけではなく、それまでのあらゆる歴史によって生み出され、現在をも方向づける界の内部構造によっても決定づけられている（あるいは方向づけられている）。企業は、基本的には生産・研究・マーケティング・財務などを担当する諸組織に分割されるとともに、さまざまな行為者《エージェント》たちによって構成される。行為者たちの固有の利害はこれらの組織や機能とそれぞれ結びついており、かれらはさまざまな理由をめぐって――とくに企業の方向性を決定する権限をめぐって――利害対立を引き起こすこともあり得る。企業の諸戦略は、平常時・非常時の大小無数の決定を通じて定められるものであるが、いずれの場合においても、利益・性向――それは企業内部の力関係における位置と結びついている――とそのような利益と性向を前面に打ち出す能力との間の諸関係の産物である。そして、この利益と性向それ自体もまた、構造内におけるさまざまな当事者の比重、したがってそうした行為者の資本の量と構造に依存する。つまり、このことは、しばしば「企業ポリシー」と呼ばれるものの「主体」が、企業の界以外の何物でもなく、より正確にいえば、行為者間の力関係の構造――行為者はその構造の構成要素となる――、あるいは少なくとも行為者の中でも最大の比重を占め、企業の意志決定において個々の比重に比例した役割を果たす者たちの間の力関係の構造以外の何物でもないことを意味している。意志決定の形成過程に関するケーススタディも、それらの研究が権限行使の現象的な表出、すなわち言説や相互作用の分析のみで満足し、決定の権限をめぐって闘争状態にある諸制度間や行為者間(しばしば集団として構成されている)の力関係の構造――言い換えれば、さまざまな指導者たちの性向と利益、そしてその性向と利益を支配的なものとするために指導者たちが持っている切り札――を度外視している限り、ほとんど意味がない。

企業権力の界の内部における競争に身を投じている指導者たちの諸戦略、そして指導者たちが課そうとする将来展望・予測・企て・計画は、とりわけ指導者たちの資本――主として(株式などの)経済資本や学歴資本であり、とくにこのレベルにおいては、かれらが保有する学歴資本の種類および企業内における位置(財務部長・営業部長・人事部長・生産技師といったもので、これ自体、学歴資本の特性と関係している)――の量と構造に依存する。最も大規模かつ官僚制的になった企業においては、財務・営業・技術など企業の主要な諸機能のうちいずれに進むかは、保有する学歴資本の種類と密接に関連していること、また同時に、特定の諸性向（と集団への帰属に関連する社会関係資本）を生じさせる社会的経路および学校教育の経路と密接に関連していることを認識するならば、平常時・非常時の意志決定を行う際――とりわけ企業の存続の危機に直面した時――に指導者層内部で展開される争いは、さまざまな指導者たちやかれらの属するさまざまな集団（鉱山・土木技師、財務監督官、ＨＥＣ〔高等商業専門学校〕卒業生など）の関心事に由来するものであることが理解できよう。その関心事とは、自らが利害を共にする事業を推進することであり、さらにはそのような事業の推進を通じて、自らの利害と結びついた諸機能間の均衡を永続ないし変化させ、自らの地位を維持ないし改善することである。

以上のことから、企業の社会史の総体、とりわけ各企業の内部における指導者各層間の力関係の進展を考慮に入れない限り、一戸建て住宅市場の支配をめぐる争いに足を踏み入れているさまざまな企業――とくにメゾン・ブイグやメゾン・フェニックスなどの最大手企業――の戦略を理解することは不可能といえる。指導者たちは、権力を握っている時には、企業内における自らの利益を満足させるために企業の「利益」を犠牲にすることもできるのである。たとえば、メゾン・フェニックスが、危機によって打撃を受けたにもかかわらず、創業者によって与えられた方向に、惰力で進む船のごとくあまりにも長い間、固執し続けた理由や原因を把握するためには、指導者のなかで針路を維持するために闘おうとした者たちと、逆に別の進行方向に振り向けたいと望んだ者たちとの間の諸関係の構造がどのように進展したかについて、その歴史をたどってみる必要があるであろう。

当初は技師集団の小企業で、おもにフランス電力公社の下で仕事をしていたメゾン・フェニックスは、急成長を遂げ、一九六〇年代末には工業的施工法による一戸建て住宅の市場をほぼ独占する地位を占めるようになった。その衰退は八〇年以降に初めて明白になったが、それに遡ること数年前の七〇年代半ば頃には、同社は企業継承の危機に直面しており、すでにその兆候があったといえる。創業者として威信を集め、権力を振るっていたアンドレ・ピュが退いてからは（「彼に『これまでと同じように家を作り続けろ。何も変えるな』と言われても、誰も何も言えなかった」し、『金を稼いでからものを言え』と言われても、彼にはそれだけの裏づけがあった」）、金融グループはすぐに資本を支配した。新社長となったロジェ・パジュジは、鉱山技師で、大手グループのポンタムソンの代表者でもある。他方、クロード・ピュは創業者の息子で、一九六五年以降、会社の営業部門の立ち上げを率いた人物であるが、名門の学校の卒業資格を持っているわけでもなく、父親の後ろ盾もなかったようである。クロード・ピュは、新社長に対抗するために、地域子会社の助けを借りようとした。しかし、子会社の独立性は当初は促進されていたものの（子会社の資本の四九％が子会社社長に売却され、親会社が四九％、クロード・ピュが二％を保有した）、その後、制限されるようになった（地域子会社の社長が更迭され、一九八二年にグループが資本を買い戻した）。この企業継承の危機は、競合他社が発展し、多大な広告投資を行い、市場シェアを拡大しつつある時に発生しただけに、なおさら甚大な影響を与えた。

　創業者の引退、企業継承の危機、本社と地域子会社の間での紛争、競争の激化、一九八〇年以降の住宅部門における事業の全般的な衰退、――こうしたことは、企業に対する信頼の喪失、その商品価値に対する信頼の喪失を招く要因となる。技術面でも財務面でもきわめて似通っているにもかかわらず、ブイグのモデル「グランヴォリューム」が大成功を収めたのに対して、これと同時期に売り出したフェニックスのモデル「スパシオ」が敗北を喫したという事実は、企業内の諸関係という世界を抜きにして考えることはできない（一九八〇年代半ばにはいくつかの組合も登場した）。フェニックスでは、「家族主義的精神」がすっかり減退し、「士気《モラル》を失くした」販売員たちがもはや自社商品に対する信頼を持たなくなっているかのように見えるのに対し、ブイグでは、販売員たちはきわめて厳格に管理されており（「ブイグでの方が、後をつけ回されているような気持ちになる」と、フェニックスからの寝返り組の一人は言う）、企業忠誠心《ロイヤルティ》が高く、より「積極的《アグレッシヴ》」で、より有能であった。営業戦略（フェニックスの恥ずべき近代風建築に対して、ブイグでは「石工の家」で伝統性を選択した）とその戦略の実行を担当する者（とくに販売員たち）の性向を通じて、営業部門と広告・研究開発部門との間の関係を含む企業のあらゆる社会的ポリシーが何らかのかたちで実践に移されるのであり、その諸結果はよく知られている通りである。その証拠に、いかなる時においても、それぞれの戦略のなかに存在しているのは企業の構造と歴史を含む企業の総体であり、また企業を介した界の構造と歴史の総体である。それは、合理的計算を行う者の瞬間的な意思には還元されないものである。

企業継承の危機の後にもいくつかの危機が続き、フェニックスは組織の再編につぐ再編を繰り返し、困難に遭遇し続けることになる。一九七九年に、サン・ゴバン＝ポンタムーソンは、フェニックスへの出資分のうちの四五％を数人の投資家に譲渡するが、それらの投資家のうち最大の出資者となったのはコンパニー・ジェネラル・デ・ゾーである。その結果、経営陣の交代となる。一九八四年から八五年にかけては、また別の組織再編が行われた。メゾン・フェニックスは数多くの失敗を経験したが、とりわけ顕著であったのは、国外でのさまざまな事業展開と企業買収の試みである（もっとも、この試みも後に断念せざるをえなくなる）。技術資本（かつては会社に成功をもたらしたわりに経済的な建築工法は、今では競合他社によって評判を傷つけられている）のみならず象徴資本（創業者の権威と威信、たくましく培われた企業精神、さらに商品に対する信頼性といったものによって、社内的にも社外的にも表象される）など、かつては界において支配的な位置を占めるのに貢献した固有の切り札のすべてが、生産方式の転換をもたらしえたであろう新たな切り札を、誰も発明する術を知らないまま――あるいはむしろそれらを採用させる術を知らないまま――、少しずつその効力を失っている。おそらく、その理由は、技術面や営業面での改革どれ一つとっても、企業のさまざまな機能や部門（とくに技術部門や営業部門）のヒエラルキーを覆すこと、したがってさまざまな位置《ポジション》と結ばれた諸利害の体系を革命的に再定義することを前提としていたからであろう。

以上のような次第で、差別化され構造化された供給の空間は、同様に差別化され構造化された需要の空間と対応関係にある。すなわち、前者は、構造内における自らの位置を維持もしくは改善するために、自らが保有する切り札によって確保される位置に依存しつつ、生産戦略――つまりは商品や家に関する戦略――と営業戦略――とくに広告戦略――を展開せざるをえない住宅メーカーの企業群（もしくは企業のなかに存在する経営者から販売員にいたるまでの行為者たち）の空間であり、後者は住宅取得者の空間である。需給の調整は、自らの利益に最も適合した選択を行う能力を持った合理的計算者によって行われる、無数の奇跡という神わざ的な集計結果なのではない。経済的に最も恵まれていない買い手が、とくに審美的な面で最も洗練されていない商品を供給する企業のもとに追いやられる一方、そうでない買い手が、社会空間に占める自らの位置と対応する位置に存在する企業、言い換えれば快適さ・伝統・独創性といった自分たちの嗜好――要するにかれらの卓越化《ディスタンクシオン》の感覚――を満足させるのに最もふさわしいメーカーや商品に「自然発生的に」流れるという事実は、かりに表面上はそう見えたとしても、まったく当然のことでもなければ自明なことでもない。このような調整が起こるとしても、それは、買い手の社会的特性と企業の社会的特性との対応が、概して意図的ではなく、半ば無意識的な一連の戦略効果の根源にあるからである。企業の社会的特性とは、その商品、従業員、とくに販売員（工員や事務員など経済的に最も恵まれない顧客層に、いわゆる低級住宅を提案する企業は、学歴が最も低く、しばしば工員出身の販売員を擁している）、広告（顧客の社会的特質と密接に関連するとともに、それ自体、しばしば界における企業の位置と関連している）などである。それゆえ、いまやわれわれは、自由主義神話の根幹をなす「見えざる手」という神話を、（商品、販売員、買い手などの間に）張りめぐらされた対応のネットワークを基盤とする、諸実践の自然発生的な調和《オルケストラシオン》（交響組織化）の論理に置き換えなければならない。指揮者のいないこの種の調和は、たとえば販売員が自らの利益と顧客の利益とを同一視することからなる戦略、あるいは、販売員自らを取引の保証人に仕立て上げる戦略（「私も同じ家に住んでいるんです」）のように――そして、買い手のハビトゥスと売り手のハビトゥスとの間の位置の対応によって保証される親近性を基礎としないかぎりは着想不可能で、ましてや象徴的効果をもたない戦略のように――、入念に意図され計算されたものというより、むしろ無意識的なものであるがゆえに、主体不在といえる無数の戦略の根源にあるのである。

■付属資料

I　インタビュー

1　二人の「新たな住宅所有者」

パリ地域圏に位置するペレー・アン・イヴリーヌの一三四戸からなる分譲住宅地で、フェニックス社から購入した家に一九七七年から住んでいるP夫妻は、経済資本はごくわずかであるものの、それと比較すればいくぶん大きな文化資本・学歴資本を有しており、数種類の融資を利用して土地と家を取得した住宅の「新規取得者」である。P氏は、住宅の塗装工を務めた後に倉庫係・配送員に転じた父の下にタルブで生まれたが、故郷では仕事が見つからず、パリ地域圏に出てきた。P夫人は、ブルターニュ地方で生まれ、両親はビル管理人であった。この夫妻は、結婚後の三年間、アパルトマンを借りて暮らしていたが、「家、それも一戸建ての家を買うという目標をいつも」持っていた。インタビュー時（一九八五年）に三五歳であったP氏は、電気関係のCAP〔職業適性証〕とディーゼル機関技術者のCAPを取得しており、シトロエン、ついでUNIT、IVECO、最後にルノー自動車工業と、自動車業界でさまざまな職務についてきたが、最後のルノーでは自動車電気技術者を務めた。三二歳のP夫人は、中等教育を受けたがバカロレアは取得しておらず、一一年間、不動産会社で秘書を務めた。二歳（インタビュー時）の長女の出生を機に退職したが、子どもが学校に行くようになったらまた仕事に就きたいと思っている。

家を購入する際、二人の資金では選択の幅は狭く、結局、コワニエールのフェニックス社に「辿り着いた」。その分譲住宅地の他の住民の大半は、社会的に二人に近く、もし経済情勢や市場状態が異なっていたら住宅を持つことが困難であったと思われる人たちで、「いくぶん余裕のある」工員、事務員、郵便局員、銀行員、保険会社社員などであるが、なかには中間管理職や技術者も混じっており、教員も一人いた。P氏の同僚も二人、その分譲住宅地に住んでいる。一九七七年、これらの分譲住宅は、二週間であっという間に完売した。販売員は、客を「せかす必要」もなかった。

P夫妻は、家探しに奔走し、「あらゆるところを見て回り」、展示ハウスを見学し、パリ見本市も見た。専門雑誌にも目を通し、クーポンを送っては資料を入手していた。「資料といっても、設計カタログ同然で、現地、家が建つ場所については書いていなかった」。個人的に工面できる金額がきわめて少なかったため（一九七六年の時点で四万フラン）、土地も家も高すぎないのを見つける必要があった。最初に土地を買って、それから数年後に家を買うというのでは、「二度にわたって融資を受けることになるから、きつい思い」をしていたであろう。「私らは言ってたんだ。『もし土地を買うために金を借りたら、家を買う金がなくなるだろう』ってね。土地を手に入れてから三年か四年後には家を建てなければいけないんだから、無理な話だった。だったら、一度に土地も家も片付けられるのを見つけようってことになってね」。

二人には、ガラルドンにある土地が提案された。「いやだったよ。まったく辺鄙なところだったんだから。朝に列車が一本通って、夕方にもう一本。いまでは、家が少し建っているけど。そんなわけで、コワニエールのフェニックス社に辿り着いたのさ。そこではこう言われた。『この一角には土地も何もありません。でも、もしお望みなら、一年後にはペレー・アン・イヴリーヌにフェニックスの住宅団地を作ります』。私たちにはいい話だった。『二人が住みたかったトラップより』一五キロ南にはなるが、そんなことはたいしたことじゃない」。六〜七ヵ月後、夫妻は「コワニエールのフェニックスへのご招待状」なるものを受け取った。モデルハウス見学への招待である。そこで、二人はフェニックス社に出向いたが、初日には買わなかった。P氏の話によるとこうである。「高速道路のバイパスの脇に、四室の家が提案されたんだ。私らは前に行っていて、全部見ていたんだ、土地を。そして、言ってやった。『高速道路近くのあそこはいやだ』。バイパスはまだできていなくて、盛り土しかなかった。［…］図面には書かれてなかった。まぁ、ちょっとした線は引かれていたけれど、なかったも同然だ、図面の上では。で、それが結構な交通量のある国道一〇号線のバイパスだとは、誰も教えてくれなかった。提案されたたった一ヵ所の土地、それがバイパス近くのその土地だったんだ。『ほかにはないんですか』って、聞いてやったさ。ほかにもあったんだが、土地の形が少しばかり歪んでいたので、それも気に入らなかった。[…]それで、その日は収穫なしというわけさ。それで、後でもう一度来たら、五室の家が提案された。でも、私らは最初、四室の家を探していた。いろいろ断ったので、五室の家を提案されたってわけさ……」。そして、P氏はつけ加える。「結局のところ、その家の状況はよかった。完璧だった。一室余分だったけど。でも、まぁね。最初はちょっと高くついた」。土地付きのその家は、一九七七年時点で二七万フランした。「最初の支払いは、ちっとも高くなかったわ」と、奥さんが指摘する。すると、P氏も同意して、「ほかと比べれば高いほうではなかった」。ところが、夫妻が実際に払うことになる価格は、はるかに高いものとなる。「そうはいっても、二倍も返済しなくちゃいけないんだよ!」。

しかし、何から何まで、この家は「安い」という印象を夫妻に与えるようにできていた。一九七六年に予約を入れた時は、二五〇〇フランを支払うだけでよかった。「キャンセルすることもできて、その場合でも書類作成料の五〇〇フランを払うだけで済んだ。だから、リスクはなかったってわけさ」と、P氏は説明する。二人の個人資金は四万フランであったため、融資を申し込む必要があった。不動産銀行が「一二万六千フランほど」の貸付を承諾した。二人にはまた、住宅積立預金に五万フランあった。「そして、それでもまだ足りなかったから」、夫人が働いていた会社にも借金を申し込んだ。これが五万フラン。フェニックスの家を購入したP氏の元同僚の一人は「満足している」と言っていた。それゆえ、P氏には悪い先入観はなかった。二人は、よく「他人《ひと》」からフェニックスの家は「音が響くし、コンクリートで覆われた家だから頑丈じゃない。早い話、プレハブ住宅だから」と言われていた。「そんなことをいろいろと聞かされて、ちょっとばかり悲しかったわ」と、夫人は語るが、その少し後ではこうもつけ加える。「でも、私たちにとって、最初は高くなかったんだし、場所も気に入っていたんだから」。そこで、P氏がことわりを入れる。「ほんとは、できれば違うのが欲しかった。でも、払えなかった」。背に腹はかえられないというわけで、二人は「ほかのよりも悪いというわけではないんだから」と自分たちに言い聞かせた。テラス、断熱材設置、二重窓化、野菜庭園、当初は荒地だった土地の芝張りなど、家を整備するために、二人とも大いに力を注いだ。もちろん、「ここでは家と家とが近すぎる」。二人は、隔壁の遮音性の低さ、車庫の狭さ、地下室や日曜大工仕事をするスペースがないこと、ボイラーの騒音などを嘆く。駅も遠い。分譲住宅地の向かいに新駅ができると販売員が保証してくれていたにもかかわらず、実際は前からの駅が建て替えられただけであった。家の周囲の土地は、質が悪い。メーカーが家を建てた時、「土を持ち去って売り払い、代わりにアスファルトくずだの何だのとガラクタを持ち込み」、表面に腐植土をほんの一〇センチメートルの厚さで敷いただけである。二人にとっては、家の気に入っている点を挙げる方が格段にむずかしい。だが、少なくとも一つ、二人が満足している点がある。カタログ販売の家ではないという点である。この家は、フェニックスのカタログには載っていない住宅で、この分譲計画のために建築家が特別に設計した住宅なのである。

二人は、おそらくずっとこの家に住み続けることになるだろうとわかってはいるが、それでも五、六年後ぐらいには引越して、「別のもっといい家」に住みたいものだと希望している。「私たちの目標はずっと、自分たちの家、二人だけの家を持つことなんです」という夫人の言葉を受けて、P氏が言う。「一〇〇平米もあれば十分だ」。P氏は、地下室を熱望している。「私にとって、それが自由ということなんだ」。もうフェニックスの家は欲しくない。工業生産された家もいやだ。「理想を言えば、職人さんに家を建ててもらうことだね。『こんな風な家が欲しい』と指定してね」。だが、仮にどうしても住宅メーカーに頼まなければならないのなら、前回よりももっといろいろ「要求」しようと思う。

ランブイエ近郊の、森からさほど遠くないエサール・ル・ロワで、四〇戸からなる分譲住宅地にバティ・セルヴィスの家を一九八〇年に購入したB夫妻もまた、住宅の「新規取得者」であり、社会空間の左側に位置しているとはいえ、P夫妻よりも経済資本、そしてとくに文化資本と学歴資本を多く所有している。インタビュー時（一九八五年）に三〇歳であったB氏は、アルジェリアに生まれ、父親は職業軍人（「上級職工長みたいなもんです」）であった。B氏は、一九六二年にフランスに移住し、中等教育と国立統計経済行政学校（ＥＮＳＡＥ）での高等教育を修了した後、パリのＥＤＦ（フランス電力公社）に技師として就職した。両親（母親の職業は秘書）は、子どもたちの「教育にすべてを尽くした」。おかげで弟は医者に、妹は看護婦になった。零細企業の経営者の娘としてチュニジアに生まれたB夫人は、夫と同い年で、IAE〔企業経営学院〕で勉強した後、大学の情報工学の修士課程を修了し、大手民間企業の技師として勤めている。結婚して四年になる夫妻には二人の娘がおり、「今後二年以内」に三人目の子どもが欲しいと思っている。

当初は郊外のアパルトマンを賃借していた二人は、「貯蓄が少し」（約一二万フラン）できるとすぐに、「何か買おうか」と話し合った。パリのアパルトマンの狭い空間では満足できず、ビルのような建物に住む気にもなれず（「ビルって、我家って感じがしないんです、他人と共有しないといけないから。エレベーターみたいな共有部分、あれ、あんまり好きじゃありません」とB氏は説明する）、そして「電車通勤をする決心」をしたこともあって、二人はサン・カンタン・アン・イヴリーヌとその近郊で「四〇万フランから四五万フランぐらいのもの」を探し始めた。二人は、リカルド・ボフィル設計の建築プラン付住宅をもう少しで買うところだったが、すんでのところで思いとどまった。部屋の形や地下倉庫がないことなど、気に入らない点がいくつかあったからである。「ある日、住んでいる地区のアパルトマンの案内の一つにエサール・ル・ロワの名前を見つけたんです。その町のことは知ってましたし、好きな町でした。それで、二人で話したんです。『それにしても困ったもんだよね。パリに出るのに、モールパより少し遠い』って。それから、現地を見に行ったんです。[…] まったく何にもなかった。真っ平らで。バティ・セルヴィスの大きな看板が立っていて、小さなトレーラーハウスみたいなのがありましたが、中にいた小さなご婦人は、死にそうなほど退屈な様子でした。でも、素敵な家の模型を持っていたんです」。自分たちの家と同じ家のすぐ近くまで寄って自分の目で確かめた後、それほど日がたたないうちに、二人は心を決めた。「価格の点から言うと、考えていたのより少しばかり高かった（五二万フラン）けれど、節約すればどうにかなるかなという感じはしていました」。必要な融資を簡単にとりつけ、一九八〇年に契約に署名し、八一年には引越した。「その界隈」は気に入っていて、「友だち」もいる。とくに「まったく自分たちだけになれたから、本当に嬉しかったですね。[…] それに、囲いの柵も設置できましたし。で、分譲住宅地だということも、共同所有からくる問題があるということも承知していましたから、あまり幻想は抱きませんでした。でも、アパルトマン生活と比べれば、雲泥の差です」。

おそらく、二人の社会的経歴、度重なる引越、そして職業が、住宅に関する傾向——機能中心で、いくぶんさめた見方をする——をもたらしたのだろう。二人が求めたもの、そして購入したバティ・セルヴィスの家で気に入った点は、「機能的なこと。物を収納したり居室にもできる部屋があるというような機能性です。〔…〕私たちは、明るくて、シンプルなものが欲しかったのですから、バティ・セルヴィスの家を見にいった時も正直な話、『これはすばらしい』とは言わなかったけれど、こんなふうに話したんですよ。『いいね、地味で、標準的で』って」。とはいうものの、二人は、フェニックスの家に住む気にはならなかった。「あれじゃ仮設住宅ですからね。大雑把な感じ、どちらかというとメカノ住宅というイメージで、年々古びていくような気がするんです」。

B夫妻は、家の建築過程を注意深く観察したが、そのおかげで家の納入時にいくつかの失望を味わわずにすんだ。たとえば、台所の窓が忘れられ、その代わり車庫に設置されたのに気づいた。間違えているように思うが、と現場長に指摘すると、現場長は怒り出したが、その二日後、すべてはあるべきところに収まっていた。同じ分譲住宅地の他の大半の住宅所有者と比べると、夫妻の場合、工事の不手際による問題が著しく少なかった。たとえば、隣家では、下水管が詰まっており、ピックハンマーで台所を壊す羽目になっていた。とはいえ、小さなアクシデントは多かった。最初の二ヵ月間、全住宅で給電が制限され、嵐の日には車庫が浸水し、駐車場が狭くて設計が悪いためにもめ事が絶えず、壁全体が崩れ落ちたりしたが、犬の問題もまた忘れてはならない。「吠える犬もいれば、おしっこをする（笑）犬もいて、犬だらけですよ」。入居に際して問題が発生したり、施工会社ともめごとがあったりしたため、一種の連帯や相互扶助が助長されたが、住民間の関係もしだいに悪くなっていき、緊張が高まった。B夫妻は、「みんなと表面的には仲良く」しながらも「町内のもめごと」やつきあいから距離を置くよう努めてきた。他の住宅所有者は全般的に、二人よりもいくぶん年齢が高く、三五〜四〇歳の夫婦で、その多くには二人の子どもがいる。「住民の大半は公務員か公共部門で働く人たちで、ルノーで働いている人が多く、EDFが何人か、郵便局の人もいれば、税務署や警察などの官公庁で働く人〔…〕、中間管理職と職工長もいて、多くは共働きです」。

B夫妻は、この分譲住宅地で一生を終えないだろうことをよく知っている。およそ四年後には、引越すことを考えていて、分譲住宅地以外に住みたいと希望している。「塀で囲まれた、独立した一軒家が欲しいですね。単純な話、そういうことです。できれば、まったくの個別住宅がいいですが」とB氏が宣言する一方で、妻のほうは、その家があまり孤立しておらず、学校や市街地からあまり遠くないことを望む。二人は、美的な観点からこの「界隈」に住み続けたいと思っており、「きれいな石造りの古い家」が好みだが、近代的な家の方が「機能的です。予測外のことが起きないので、信頼もできますし。理想的には、自分で設計できれば、いい経験になると思うんですが。そんなもんですから、よくわかりません。ちょっと躊躇してるんです……」。

2　技術資本と禁欲的性向

R夫妻とその三人の息子は、R氏の父親と祖父がエクス・アン・プロヴァンス地方にある炭鉱町の丘陵地帯に買ってあった土地に、R氏が自分で設計図を描いて建てた家に住んでいる。炭鉱夫の家系に生まれ、やはり炭鉱で働いていた祖父母（祖母は選炭と洗炭にあたっていた）に育てられたR氏は、三五歳であり、炭鉱の班長である。「おれは、地底だ、採炭さ。石炭を切り出しているんだ。今じゃ近代化された方法を使っているけど、結局のところ、炭鉱はいつの時代になっても炭鉱さ」。父親も五年間、炭鉱で働いたことがあるが、抑留を終えて帰還した際に近隣の大都市に居を構え、最初は徴税事務所の事務職につき、後に薬品雑貨店を開いた。

R氏は、何年間もかけて、さまざまな技術資本を蓄積した。一六歳から三〇歳までの間、鉱山集中教育センターに通って勉強し、五種類ものCAPを取得したのである。「順を追って言うと、まず（車両修理場で）板金工をしていたんだ。その後で塗装のCAPをとって、次に工業デザイナーのCAP、そして鉱夫のCAP、発破工のCAPととって、それから電気機械工のCAPをとった。この最後の資格のおかげで、電気や配管や暖房ができるようになったんだ。そのうえ、屋根に上って石工の真似事をするほど日曜大工好きときている」。「すごいよね。まったく、こんなにCAPを持ってたら、億万長者だったって不思議じゃないのにね（笑）、私なんか、何にも持ってないんだから。ほんとに、全然、ＣＡＰの一つも持っていないのよ」と、アルジェリアから帰国した、比較的つつましい家庭出身のＲ夫人は、驚嘆する。夫人は、一度も職についたことがなく、一四歳、六歳、五歳の三人の息子を育てている。

結婚後の六年間、近隣都市のＺＡＣ〔商業活動地区〕にあるＨＬＭ〔低家賃集合住宅〕に住み、ついで家賃を払わなくともよい鉱山の社宅に住んだ後で、Ｒ氏は自分たちの家を建て始めた。Ｒ氏は、多大な技術資本を足がかりに、妻ともども禁欲的な性向であることを活かして（「この人も私も、遊び方を知らない蟻なの」とＲ夫人は言う）、スタート時点の経済資本が四万フランときわめて少なかったにもかかわらず、融資にも頼らずにそのプロジェクトを完成させた。「四万フランもあれば、結構なものができるんだよ。つなぎ石は当時、一個あたり一・七五フランだったから、五千個から六千個は買えることになるが、それだったらこれぐらいの家が二つもできる。そこで、おれたちは、家を建て始めるのに必要最低限のものを買ったんだ。［…］まあ、最初の四〇〇万（旧）フランで、床下の空きと下地塗膜を完成させ、一階の壁を積み上げて、二階の壁も積み上げ始めた。まあ、大体のところ、その元手で、建具類だとかそういう細かいことは別としても、つなぎ石の壁と躯体は全部完成できた」。五、六年の間、二人は最大限の節約に努め、家の建築に必要な材料を買った。「働いた分だけ、お金は入ってきたけど、節約して買い物にあてたわ」とＲ夫人は説明する。「家のためにすべてを尽くす」ことに決めた二人は、必要不可欠でないものは何も買わなくなった。「皿一枚だって買わなかったわ。まったく何も。つまりね、買うのは、食べ物と年に二本のジーンズに二着のセーターぐらい。まあ、五年間というもの、家に全部かけたみたいなものよね。といっても、室内よ。外側は、主人が今やっている最中だから。以前と比べたら、倹約の度合いはずいぶん低くなってるわ」。Ｒ氏は、室内をほとんど自分一人で仕上げたが、例外は天井のプラスター工事と階段と集中暖房機器の設置で、これには「理由《わけ》」があった。これを自力ですれば四〜五ヵ月かかってしまい、その分入居が遅れていたことであろう。

総額で二二万フランかかった家の建設には、爪に灯をともすような倹約が必要だったが、同時に、おそらくはそうした倹約以上に、多くの時間の投資が必要とされた。「ここで家を建てていた時は、一日一八時間労働、一九時間労働だったよ。時には、朝三時に起きて、夜の九時半まで働きづめだったこともある。一二時から二時までの昼休みにサンドイッチをほおばるだけでね。三年間、そんな風だった。挫折なんて無縁だった。土曜日も日曜日も働き、クリスマスも正月もなかった」。この点では、R氏は「例外じゃない。違う。炭鉱で働いている者はどっちみち、基本的には働き者なんだ。働くのは問題じゃない。そうでなきゃ、炭鉱なんかにはいないよ」。家の工事をするために多大な時間を投資しなければならなかったが、それと同時に自分ではしない工事をするために呼ぶ職人を選んだり、できるだけ安価に品質のよい材料を手に入れるためにも、実に多くの時間を割かなければならなかった。「誰か人を呼ぶ前に、二ヵ月もかけた。あの人、あの人、それともあの人がいいかなってね。一番大事なのは、情報を集めて、その職人が腕がいいかどうかを知ることなんだ。同じ仕事を三度もし直さなきゃいけないなんて、面白くないからね。そんなのは、金の話じゃなくて、時間の損失だから」とR氏は説明するが、そのすぐ後でこんなこともつけ加えた。「おれたちはいつも、請負人と金額を交渉するんだ、互いにね。女房は女房でアフリカ生まれだし、おれはおれでいつもこんな風だった。おれたちはいつも、折り合いをつけようとやってみるんだ」。しかし、タイル張りの場合は、「あんまり節約はできない。どうがんばっても一〇%ぐらいかな。それも、あちこち店を全部見て回って、一番安い材料を手に入れたうえでのことだ。時間をうんと食ううえに、結局のところ、大して節約できないってことも、たまにはある。でも、いい材料を安く、まあ、あまり高くなく、つまりできるだけ安く手に入れようといつもやってみた」。

家がいま、二人に大きな満足を与えているのは明らかである。「この家に歴史があるのは、たしかなんです。家の一つひとつの要素に歴史があるの。それに引き換え、『即入居可能』と言われる家を買う人は……」。最後まで言い切らないR夫人の言葉には、あてこすりがたっぷりと含まれていた。しかし、夫人は、しばらく後で、家を買うために二〇年ものの融資を受けるのは長すぎる、「家の値段の三倍近くを払うことになるのだから」なんといっても「良心的ではない」、とはっきりと口にした。「そうでなければ、借金を返すために、父親と母親が働きに出る場合もあって、そうすると子どもはかわいそうに……。ねえ、あそこにいるうちの長男、あの子はね、中学校から帰ってきたばかりだけど、今、三時二〇分でしょ。あの子はお母さんが家にいるって知ってるのよ。それで、家に帰ってくる」。家を「私たち、誇りに思ってるわ。家のことについてなら、何時間でも話してあげるわよ」。

R家の家の歴史は、R家の歴史と切っても切れない関係にある。家の建設は、久しい以前から予定されていた。二人は、「いつもその話」をしていた。R氏は、「小さい子ども」だった時分から、この場所に家を建てて暮らすようになることをよく知っていた。二人は、夫人が三〇歳になる前に「子どもたちがここに住む」ことを願った。そうすれば、家の建築費と一〇代の後半にとりわけ多額になる子どもの教育費を同時に負担しなくてもすむ。最も厳しい倹約の時は過ぎ、いまではレストランに行くこともある。夫人の説明によると、「ほんのたまにだけれど、子どもたちを連れてレストランに行くこともある。私たち、いつも子どもたちと一緒にいる習慣がついているもんだから、どこかへ行くにしても、いつも連れていくの。うちでは、何かが起きているのよ。つまりね、精神的に、私たちは一つの家族で、これからもずっと一つの家族でいたいって強く思っているの。このこと、私たちにとってはとっても大事なの。子どもたちは、私たちの一部で、私たちは、子どもたちの一部で、そして家の一部。全部が一つの塊なの」。家の建築にまる六年間かけた後、コルシカ島でバカンスを過ごした時も、家族一緒にバカンス村で暮らした。家族全員が朝の九時には釣りに出かけたものだから、バカンス村の他の宿泊客はR一家の姿を見ることはなかった。「ほんと、ばかな話だけど、しょうがないのよ。夕方二、三度、ダンスに出かけた長男を別にすれば、誰も村の暮らしにまったく参加しなかった。というのも、私たち、自分たちだけで満足なのよ」。

家の内部は、将来に合わせて、老後に合わせて組織されている。寝室と浴室は、階段を上れなくなったら階下に移される。五三歳でR氏が退職したら、旅行を大いに楽しみ、二人が知り合った時には夫人にすでに、初婚の夫との間に生まれた息子が一人いたのでこれまで経験できなかった「二人きりの生活」を楽しみたいと思っている。二人は、常に「先」を考え続けている。たとえば、息子一人ひとりが家を自力で、または建築会社に頼んで家を建てられるように、すでに敷地を三分割することを考えている。もちろん「今のご時世、働くには移動がつきもの」で、息子たちはそこに住めないかもしれない。だが、「はっきりしているのは、いずれにしても、息子たちには安心して暮らせるように家を持って欲しいってことだ」。

一戸建て住宅とアパルトマンの所有者・賃借人

表5 職業カテゴリー別分布

(%)

	所有者						賃借人						全体
	一戸建て住宅			アパルトマン			一戸建て住宅			アパルトマン			
	IdF	Prov.	Fr.	IdF	Prov.	Fr.	IdF	Prov.	Fr.	IdF	Prov.	Fr.	
農場労働者	0.6	0.7	0.7	0.2	0.0*	0.1	3.5	1.9	2.0	0.3	0.5	0.4	0.6
小規模農家	–	1.1	1.0	–	0.4	0.2	–	0.2	0.2	–	0.0*	0.0*	0.5
中規模農家	0.0*	1.2	1.1	–	0.1	0.1	–	0.4	0.4	–	0.0*	0.0*	0.5
大規模農家	0.1	0.6	0.5	–	0.2	0.1	–	0.2	0.2	–	0.0*	0.0*	0.3
退職農家	0.3	3.9	3.7	0.2	1.4	0.9	–	2.5	2.3	0.1	0.8	0.6	2.0
未熟練職人	0.5	0.9	0.9	0.8	0.6	0.7	0.4	3.1	2.9	2.0	2.8	2.6	1.6
未熟練工員	1.5	3.9	3.7	1.4	1.5	1.5	5.6	9.3	9.1	3.8	7.8	6.6	4.9
車両運転手	1.6	2.8	2.7	1.1	1.3	1.2	1.6	3.1	3.0	3.1	2.7	2.8	2.6
荷扱い熟練労働者	1.2	1.5	1.5	0.6	0.6	0.6	3.0	2.5	2.6	1.6	2.1	1.9	1.6
熟練職人	3.8	4.8	4.7	2.9	4.3	3.8	6.5	8.4	8.2	5.8	7.9	7.2	5.8
熟練工員	4.8	8.7	8.3	3.4	5.2	4.5	6.5	9.7	9.5	6.6	9.5	8.6	8.0
職長	5.9	3.7	3.9	2.6	2.2	2.4	4.6	3.1	3.2	2.3	1.4	1.7	2.8
サービス業従事者	0.6	0.8	0.8	1.4	0.7	1.0	0.5	1.0	0.9	2.1	2.0	2.0	1.2
退職工員	9.4	12.5	12.2	4.5	8.9	7.3	8.4	11.6	11.4	6.2	8.5	7.8	9.9
職人	3.0	4.0	3.9	2.0	3.5	3.0	4.6	2.3	2.4	2.1	1.8	1.9	2.9
商人	2.6	1.8	1.9	1.9	2.3	2.2	2.1	2.0	2.0	1.2	1.4	1.4	1.7
退職職人・商人	2.6	3.9	3.8	3.4	6.4	5.3	0.4	1.3	1.2	1.1	2.0	1.7	3.0
警察官	1.6	1.0	1.1	0.5	0.8	0.7	2.3	1.8	1.8	2.0	1.8	1.9	1.4
店員	0.4	0.6	0.6	0.5	0.7	0.6	2.5	0.7	0.8	1.7	2.1	2.0	1.1
官公庁・会社事務員	3.4	2.1	2.3	4.9	4.3	4.5	2.6	2.7	2.7	8.3	4.6	5.8	3.8
公共部門職員	1.8	2.6	2.6	2.1	3.0	2.7	2.4	2.3	2.3	6.3	5.3	5.6	3.6
退職会社員	6.1	5.5	5.5	6.6	6.7	6.7	3.5	3.4	3.4	6.1	5.7	5.8	5.6
官公庁・商業中間職	5.8	3.0	3.3	7.2	3.8	5.1	6.0	2.9	3.1	5.6	3.2	3.9	3.7
公共部門中間職	1.1	1.1	1.1	0.9	1.0	1.0	1.5	1.2	1.2	1.2	1.0	1.0	1.0
保健中間職	0.9	1.2	1.2	1.5	1.5	1.5	1.1	1.0	1.0	1.8	1.9	1.9	1.4
技術者	6.5	3.6	3.9	6.0	3.5	4.4	7.7	2.4	2.8	4.7	2.9	3.5	3.7
小中教員	1.2	1.7	1.7	1.6	2.3	2.1	1.8	1.1	1.1	1.4	1.6	1.5	1.6
退職中間職	7.2	5.3	5.5	6.1	7.4	6.9	–	2.3	2.1	2.9	2.6	2.7	4.4
企業主	0.4	0.6	0.5	0.8	1.2	1.0	–	0.1	0.1	0.2	0.2	0.2	0.5
官公庁・企業管理職	5.3	1.9	2.2	7.3	3.7	5.0	4.2	2.7	2.8	3.9	1.3	2.1	2.6
技師	7.1	1.9	2.5	8.2	1.4	3.9	8.2	2.6	3.0	3.0	1.3	1.8	2.5
公共管理職	1.3	0.8	0.9	2.7	1.1	1.7	1.8	1.4	1.4	1.3	0.8	1.0	1.1
高校・大学教員	1.7	1.2	1.2	2.1	2.0	2.0	1.0	1.2	1.2	2.0	1.2	1.4	1.4
自由業	1.6	0.9	1.0	1.9	2.0	2.0	1.4	0.8	0.8	0.9	0.6	0.7	1.0
芸術家	0.5	0.2	0.2	1.4	0.3	0.7	1.3	0.5	0.5	1.2	0.3	0.6	0.5
退職管理職	4.1	2.6	2.8	6.6	6.7	6.7	1.3	1.0	1.0	1.9	0.8	1.2	2.5
その他	3.6	4.9	4.8	4.5	6.9	5.9	1.6	5.4	5.1	5.0	9.6	8.1	6.2
合 計	100	100	100	100	100	100	100	100	100	100	100	100	100

表6　教育免状別分布

(%)

	所有者						賃借人						全体
	一戸建て住宅			アパルトマン			一戸建て住宅			アパルトマン			
	IdF	Prov.	Fr.	IdF	Prov.	Fr.	IdF	Prov.	Fr.	IdF	Prov.	Fr.	
免状なし	17.7	28.5	27.3	11.4	20.4	17.0	23.6	34.0	33.3	22.1	31.5	28.5	27
CEP	46.5	48.1	47.9	32.9	42.2	38.8	37.8	40.4	40.2	35.6	39.3	38.1	42.6
BEPC	14.3	9.5	10.0	15.6	14.5	14.9	11.4	10.9	10.9	14.7	12.2	13.0	11.7
バカロレア	7.2	5.8	5.9	12.4	9.2	10.4	10.8	5.8	6.2	10.9	7.9	8.9	7.6
DUT（技術高等証書）	4.0	3.5	3.5	5.0	4.3	4.5	4.5	3.1	3.2	4.2	3.9	4.0	3.8
学士	8.0	3.1	3.7	16.9	6.4	10.3	7.8	4.7	4.9	8.8	3.6	5.3	5.2
その他	2.2	1.5	1.6	5.8	3.0	4.0	4.0	1.0	1.2	3.6	1.5	2.1	2.1
合計	100	100	100	100	100	100	100	100	100	100	100	100	100

表7　所得別分布

(%)

	所有者						賃借人						全体
	一戸建て住宅			アパルトマン			一戸建て住宅			アパルトマン			
	IdF	Prov.	Fr.	IdF	Prov.	Fr.	IdF	Prov.	Fr.	IdF	Prov.	Fr.	
29,999F 以下	3.5	5.6	5.4	3.5	5.1	4.5	4.2	7.3	7.1	4.3	9.1	7.6	6.2
30,000-49,999F	7.3	10.8	10.4	4.9	10.3	8.3	7.3	14.4	13.9	7.7	16.5	13.7	11.7
50,000-64,999F	5.3	9.8	9.3	6.2	9.3	8.2	9.3	12.9	12.7	10.9	15.9	14.3	11.3
65,000-79,999F	4.6	9.6	9.1	6.9	10.6	9.2	5.9	12.2	11.8	12.0	13.5	13.0	10.8
80,000-99,999F	8.2	12.7	12.2	10.5	12.8	11.9	12.3	16.3	16.0	13.8	14.9	14.5	13.4
100,000-119,999F	7.8	12.6	12.1	8.4	9.4	9.1	10.4	11.9	11.8	11.0	11.0	11.0	11.3
120,000-149,999F	15.2	16.1	16.0	14.8	14.8	14.8	17.6	10.6	11.1	16.1	10.8	12.5	14.1
150,000-199,999F	22.0	13.6	14.5	18.0	16.6	17.1	17.0	8.2	8.8	13.3	5.7	8.1	12.0
200,000F 以上	26.1	9.1	10.9	26.7	11.0	16.8	15.9	6.0	6.7	10.8	2.5	5.1	9.2
合計	100	100	100	100	100	100	100	100	100	100	100	100	100

表5～7　-：度数ゼロ
*：度数小数点2桁以下
IdF：イル・ド・フランス地域圏
Prov.：地方
Fr：フランス全土

資料：INSEE 調査、1984 年、筆者らの依頼により作表。

III　一戸建て住宅見本市*

図5

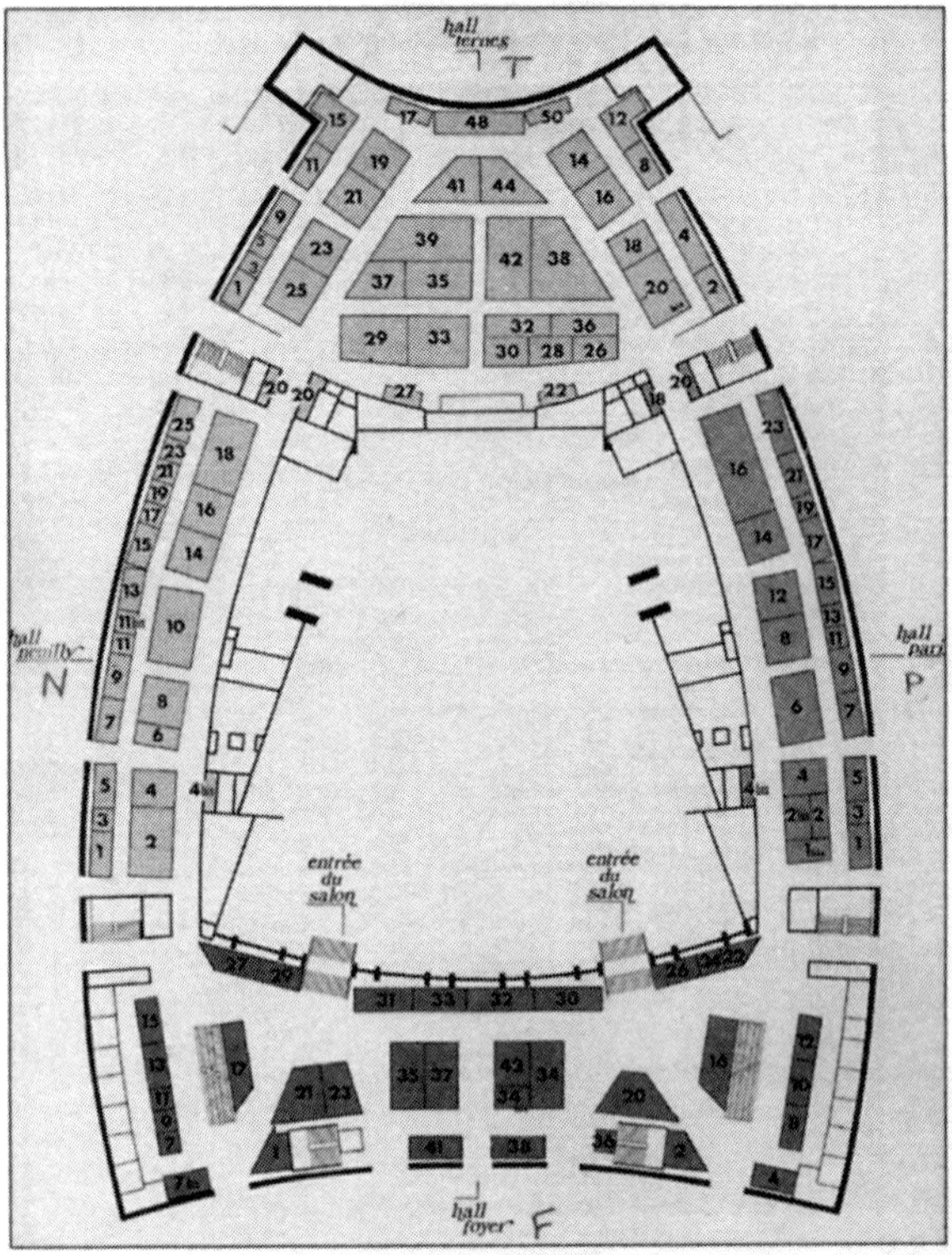

一戸建て住宅見本市は、業界の一角を占めようとする協会・団体・企業が、多くの場合、界におけるウェイトに相応する場所を得て参加するのであるが(小規模の手工業的企業は当然除外される)、生産の界と供給構造を直接目に見える形にした、一種の具体像を提示している。たとえば一九八五年の見本市では、最大手のフェニックス、メゾン・ブイグ、GMF、ブリュノプティは、会場の中央付近にかたまって大きなブースを出していた。参加する中規模企業の数は多いが、小規模企業は多くの場合、会場隅の、最も小さなブースに追いやられる。しかし、例外もあり、イル・ド・フランス地域圏のみで住宅を建築している中規模企業のセルジェコは、フェニックスとメゾン・ブイグからさほど遠くない場所に、大きなブースを出していた（セルジェコは、企業の拡張期にあって存在感を増大させようとしており、見本市の直前、パリ東駅という思いがけない場所で家を展示したり、RER〔首都圏高速鉄道網〕のいくつかの路線に展示を出したりしていた)。参加する開発業者の数は少ないが、これはおそらく、他のイベント方法の利用を好んでいるためであろう。会場の後方には、都市計画・住宅・運輸省、フランス電力公社といった官公庁の代表、業界団体、

ＵＮＳＦＡ（全国フランス建築組合連合）、ＵＮＣＭＩ（全国一戸建て住宅建築会社連合）、弁護士会などの組織が控えている。銀行や金融機関は、後方にも中央付近にも出展しており、比較的分散している。専門雑誌に関していえば、その大半が小さなブースを出しているのみである（そのなかで一社、ランディカトゥール・ベルトランだけが大きなブースを出している）。

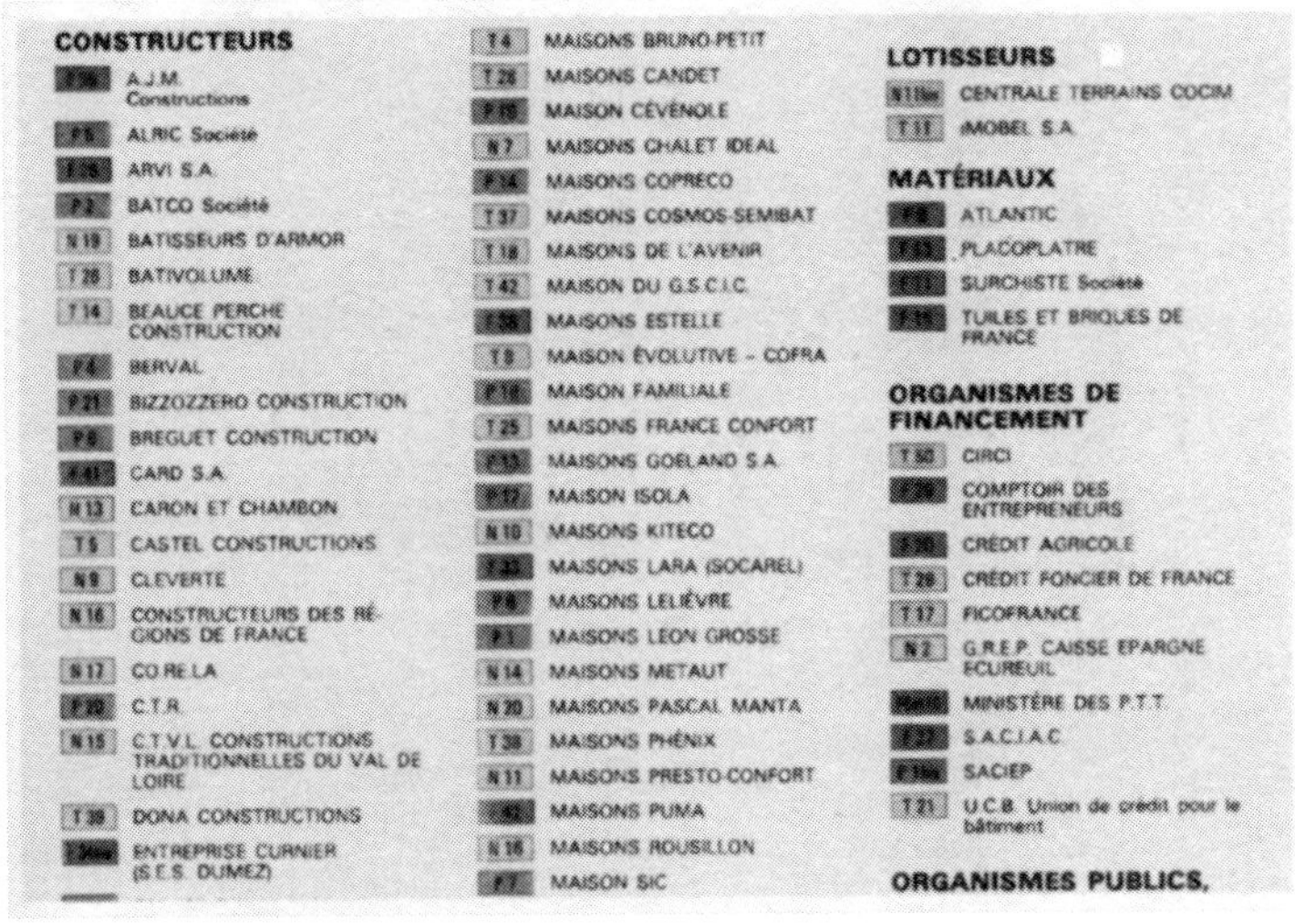

CONSTRUCTEURS
A.J.M. Constructions
ALRIC Société
ARVI S.A.
BATCO Société
BATISSEURS D'ARMOR
BATIVOLUME
BEAUCE PERCHE CONSTRUCTION
BERVAL
BIZZOZZERO CONSTRUCTION
BREGUET CONSTRUCTION
CARD S.A.
CARON ET CHAMBON
CASTEL CONSTRUCTIONS
CLEVERTE
CONSTRUCTEURS DES RÉGIONS DE FRANCE
CO.RE.LA
C.T.R.
C.T.V.L. CONSTRUCTIONS TRADITIONNELLES DU VAL DE LOIRE
DONA CONSTRUCTIONS
ENTREPRISE CURNIER (S.E.S. DUMEZ)
MAISONS BRUNO-PETIT
MAISONS CANDET
MAISON CÉVENOLE
MAISONS CHALET IDEAL
MAISONS COPRECO
MAISONS COSMOS-SEMIBAT
MAISONS DE L'AVENIR
MAISON DU G.S.C.I.C.
MAISONS ESTELLE
MAISON ÉVOLUTIVE – COFRA
MAISON FAMILIALE
MAISONS FRANCE CONFORT
MAISONS GOELAND S.A.
MAISON ISOLA
MAISONS KITECO
MAISONS LARA (SOCAREL)
MAISONS LELIÈVRE
MAISONS LEON GROSSE
MAISONS METAUT
MAISONS PASCAL MANTA
MAISONS PHÉNIX
MAISONS PRESTO-CONFORT
MAISONS PUMA
MAISONS ROUSILLON
MAISON SIC
LOTISSEURS
CENTRALE TERRAINS COCIM
IMOBEL S.A.
MATÉRIAUX
ATLANTIC
PLACOPLATRE
SURCHISTE Société
TUILES ET BRIQUES DE FRANCE
ORGANISMES DE FINANCEMENT
CIRCI
COMPTOIR DES ENTREPRENEURS
CRÉDIT AGRICOLE
CRÉDIT FONCIER DE FRANCE
FICOFRANCE
G.R.E.P. CAISSE EPARGNE ECUREUIL
MINISTÈRE DES P.T.T.
S.A.C.I.A.C.
SACIEP
U.C.B. Union de crédit pour le bâtiment
ORGANISMES PUBLICS,

住宅メーカー
F36　A. J. M. 建設
P 5　アルリック社
F26　アルヴィ S. A.
P 2　バトコ社
N19　バティスール・ダルモール
T26　バティヴォリューム
T14　ボース・ペルシュ建設
P 4　ベルヴァル
P21　ビゾゼロ建設
P 8　ブレゲ建設
F41　カール S. A.
N13　カロン・エ・シャンボン
T 5　カステル建設
N 9　クレヴェルト
N16　レジオン・ド・フランス建築
N17　コレラ
P20　C. T. R.
N15　ヴァル・ド・ロワール C. T. V. L. 建設
T39　ドナ建設
F34bis　アントルプリーズ・キュルニエ(S. E. S. デュメ)
T 4　ブリュノプティ
T26　カンデ
P19　セヴェノル
N 7　シャレ・イデアル
P14　コプレコ
T37　コスモスセミバ
T18　ラヴニール
T42　G. S. C. I. C.
F38　エステル
T 8　エヴォリュティヴコフラ
P18　ファミリアル
T25　フランス・コンフォール
P13　ゴエラン S. A.
P17　イゾラ
N10　キテコ
F33　ララ(ソカレル)
P 6　ルリエーヴル
P 1　レオン・グロス
N14　メトー
N20　パスカル・マンタ
T38　フェニックス
N11　プレストコンフォール
F42　ピュマ
N16　ルジオン
P 7　SIC

分譲地開発
N11bis　サントラル・テラン・コシム
T11　イモベル S. A.

資材
F 9　アトランティック
F13　プラコプラートル
F11　シュルシスト社
F15　テュイル・エ・ブリック・ド・フランス

金融機関
T50　CIRCI
F29　不動産金融金庫
F20　農業金庫
T29　フランス不動産銀行
T17　フィゴフランス
N 2　G. R. E. P. ケース・エパルニュ・エキュルイ
F8と10　郵政省
F27　S. A. C. I. A. C.
P1bis　SACIEP
T21　U. C. B. 建築融資連合

公共機関

＊図と凡例は、*Guide de visite du Salon,* 1985, p. 6-7 からの抄録である。

注

＊1章での分析が依拠するデータのより詳細な解説については、*Actes de la recherche en sciences sociales*（81-82, mars 1990）に掲載された以下の二つの論稿を参照。P. Bourdieu（avec la collaboration de S. Bouhedja, R. Christin, C. Givry）, « Un placement de père de famille », pp. 6-33、および P. Bourdieu et M. de Saint Martin, « Le sens de la propriété », pp. 52-64。

（1）たとえば、次のようなことの重要性が知られている。一九世紀にブルジョワジーや貴族の階級に属していた人々が自分の居住地の社会的地位にこだわっていたこと、そのために、低い格付けの地区で住宅を購入するよりも、むしろ「良い」地区で借りることの方を選ぶこともありえた。他人の判断を考慮に入れるこうした意識の徴候は、小市民階級の小さな家が時に示す、「私にはこれで十分」「私はこれが気に入っている」といったもののなかにも見いだせる。

（2）こうした関心についての証左の一つとして、家の装飾を扱った雑誌の成功が挙げられる。このような出版物は、他の実践の領域における生活の知恵についての手引きと似たような役割を果たしている。

（3）多様な経済的機能を同時に果たしていることから、住宅は会計分類上、困難な問題を生じさせている。

（4）「家」のモデルに関しては、以下の文献を参照。P. Bourdieu, « Célibat et condition paysanne », *Études rurales*, 5-6, avril-septembre 1962, pp. 32-136, « Les stratégies matrimoniales dans le système des stratégies de reproduction », *Annales*, 4-5, juillet-octobre 1972, pp. 1105-1127、E. Claverie et P. Lamaison, *L'Impossible Mariage. Violence et parenté en Gévaudan, XVIIe, XVIIIe et XIXe siècles*, Paris, Hachette, 1982, および C. Lévi-Strauss, *Paroles données*, Paris, Plon, 1984, p. 177.

（5）それゆえ、家計の（不動産投資に相当する）非金融的貯蓄率の変化を表す曲線と、婚姻数の変化を表す曲線とが酷似していることが観察されている。Cf. L. Crétin et P. L'Hardy, « Les Ménages épargnent moins qu'il y a quinze ans », *Économie et statistique*, 219, mars 1989, pp. 21-26.

（6）おもに地中海圏に関連するが、おそらくヨーロッパ全体に無意識のうちにつねに組み込まれている集団的神話の一例に関する研究としては、以下を参照。P. Bourdieu, « La maison kabyle ou le monde renversé », in J. Pouillon et P. Maranda（ed.）, *Echanges et Communications. Mélanges offerts à Claude Lévi-Strauss à l'occasion de son 60e anniversaire*, Paris-La Haye, Mouton, 1970, pp. 739-758.

（7）広告のキャッチフレーズ「石工の家」は、工業生産された家を販売促進するためにブイグ社によって用いられた。

（8）とくに公共サービス・教育・文化の分野でこんにち大いに奨励されている語句の転換――たとえばユーザー（聴衆・観

客・生徒・学生など）からクライアントへの転換——のなかにも、あらゆることが意味されていることが理解されよう。

（9）A. Martinet, *To Honor Roman Jakobson*, cité par G. Mounin, *La Communication poétique*, Paris, Gallimard, 1971, p. 25.

（10）M. Augé, *Demeures et Châteaux*, Paris, Editions du Seuil, 1989.

（11）*Ibid.*, p. 79.

（12）Lucien Clergue 監修の証言集 *Les Honneurs de la maison. Six photographes dans la maison*, Paris, Pandora, 1982 に掲載された写真——フェニックス社の家の所有者が施した内装や外装の写真——を注意深く見ると、領有のこの恐るべき作用について、一つの考えを抱くことができよう。この作用とまったく同じものは、言説《ディスクール》の体系のなかにも見いだすことができる。

（13）特定の祖先の人体を表象し、装飾を施された石や木でできたチュリンガ——オーストラリアのアランダ族では、チュリンガは各世代が自分たちの祖先の生まれ変わりと見なす者に厳かに授けられ、検分し称えるために定期的に取り出される——と同様、姓や場合によっては名前のように代々伝えられる文書・宝飾品・肖像画などの貴重な財産や家族のアルバムが神聖性を帯びるのは、家系の古さや継続性を物質的に証明することによって、そうした事物が、時間の永続性とつねに不可分な家系の社会的一体性を神聖化するからである（cf. P. Bourdieu, *Un art moyen. Essai sur les usages sociaux de la photographie*, Paris, Editions de Minuit, 1965）。

（14）とくにドイツでこんにちまで存続している哲学的人類学の限界、そして、批判的検討を加えることなしに、自らの考察のツールや慣行をそれらの伝統的な適用範囲の外に持ち出そうとする民族学者たちの試みの限界の大部分はここにある。

（15）C. Taffin, « L'accession à tout prix », *Économie et statistique*, 202, septembre 1987, p. 5-16. しかしながら、直接相続は、数字が示すよりもはるかに大きな割合を占めている。なぜなら、家族の援助は、実際には多様な形態（無償貸付、土地贈与、部分的援助など）で行われているからである。

（16）Cf. L. Crétin et P. L'Hardy, « Les ménages épargnent moins qu'il y a quinze ans », *op. cit.*

（17）最も体系的な試みの一つは、ピエール・デュリフ——後述のように、住宅融資改革の主唱者の一人としてその名が挙げられる——とシルヴィ・ベルニアールによって行われたもので、一九六七年の住宅調査をとくに一九六三年の調査と比較対照している（cf. P. Durif et S. Berniard, « Les Français et la maison individuelle », *Economie et statistique*, 7, décembre 1969, p. 3-16 ; P. Durif, « Propriétaires et locataires en 1967 », *Economie et statistique*, 3, juillet-août 1969, p. 41-56）。フランス国立人口問題研究所（ＩＮＥＤ）の研究プログラムの一環として、一九八六年にカトリーヌ・ボンヴァレとその研究グループによって進められた調査——一九二六年から一九三五年の間に生まれ、パリ地域圏に居を構える人々の住居の変遷に関するもの（サンプル数一九八七人）——は、当初、パリ上京、「住居の経歴」、ライフサイクルにおける不動産資産形成、退職や引越の計画の諸状況・諸要因を把握することを目的としていた。ただし、人口要因と社会要因の調査にウェイトを置いたこの調査も、経済資本、文化資本、あるいは政策や住宅供給の効果についてはさほど注意を払っていない (C. Bonvalet, A. Bringué, B. Riandey, *Cycle de vie et changements urbains en région parisienne. Histoire résidentielle d'une génération*, Paris, INED, juin 1988, 179 p. et annexes)。また、Ｃｒｅｄｏｃ〔消費に関する調査研究資料センター〕においてニコル・タバールとその研究グループが行った、地理的・家系的出自、職業生活、住居、生活様式に関する研究――二〇歳未満の子どもが一人以上いるエソンヌ県の千世帯を対象とする――は、当初、エソンヌ県内の市町村・地区の職業別類型の構築、住宅地の形態学と住宅に関する家計の行動・実践との間の関係、諸調査の社会的・地理的変遷とそうした調査のエソンヌ県内固有の位置づけとの間の関係を中心的に分析していた (N. Tabard *et al.*, *Relations entre la structure socio-économique de l'espace, la production de l'environnement et les conditions de logement, Analyse de l'enquête Essonnne*, Paris, Credoc, janvier 1987, 124 p.)

(18) それらの統計に関する解釈は、パリ地域圏と南仏地方における一戸建て住宅所有者を対象にわれわれが行った詳細なインタビュー（サンプル数四五）の全体から導き出される情報や仮説によって、たえず豊富化されている（付属資料一〇四―一一三ページ参照）。

(19) M. Villac, G. Balland, L. Touchard, « Les conditions de logement des ménages en 1978 », *Les Collections de l' INSEE*, série « Ménages », 85, 1980.

(20) SOFRES, *Les Français et l'immobilier*, mars 1986.

(21) この階層では、住宅所有率は年齢からも独立的である。

(22) 一戸建て住宅所有率と比較すると、アパルトマン所有率は免状との関連がより深いように思われる。少なくとも、特定の階層についてはそうである。ただし、アパルトマン所有者は免状取得者の多い大都市圏により多く存在するから、そこに都市化の効果も見なければならないであろう。

(23) 最低所得者層（年収六万五千フラン以下）の職長の住宅所有率は三九・五％であり、同じ所得層の職員（一六・五％）や中間管理職（八・二％）よりはるかに高い。

(24) Cf. G. Ballester, *Maison préfabriquée*, Paris, Institut français de démoscopie, novembre 1984.

(25) M. Villac, G. Balland, L. Touchard, « Les conditions de logement des ménages en 1978 », *op. cit.*, p. 161-166. 都市の規模のほか、地方についても可能なかぎり考慮に入れるべきであろう。ピエール・デュリフは、一九六八年時点において地方間、とくにフランスの西部と東部の間に顕著な格差が存在していることを指摘した。たとえば、一戸建て住宅の割合は、フランス西部全域で全国平均を上回っており、とりわけ北部で高い数値を示しているのに対して、中央部、フランス東部、とくにフランス南東部では集合住宅がより大きな割合を占めていた (cf. P. Duriff et S. Berniard, « Les Français et la maison individuelle », *op. cit.* とくに p. 5-7.)。

（26）N. Tabard *et al., op. cit.*

（27）C. Bonvalet et al., *op. cit.,* p. 121.

（28）*Ibid.*, p. 125-126.

（29）出産の抑制と出世の野望との関連については以下を参照。P. Bourdieu et A. Darbel, « La fin d'un malthusiansme ? », in Darras, *Le Partage des bénéfices*, Paris, Editions de Minuit, p. 117-129 ; P. Bourdieu, *La Distinction. Critique sociale du jugement, op. cit.*

（30）この仮説は、ニコル・タバールがエソンヌ県で実施したアンケートの最初の公表結果において確認することができる。これにより社会的経歴の効果に関する認識を明確にすることが可能となるであろう。とくにこの仮説によって、（とりわけ管理職や自由業者の）社会的出自と、多少なりとも「金持ちの」地区に居住することとの間の関連が明らかとなる。

（31）Cf. P. Culturello, *De la location à l'accession*, Nice et Marseille, GERM-CERCOM, 1989（Rapport de recherches pour la CNAF）.

（32）C. Topalov, *Le Logement en France*, Paris, Presse de la FBSP, 1987, とりわけ p. 305-314. 農民、工場主、商店主の住宅所有率は、この期間の当初からすでに高く、その上昇率は他と比べてきわめて緩慢であった。

（33）枯渇しつつある「鉱脈」〔潜在顧客層〕からさらに徹底的に利潤を引き上げようとする論理によって、銀行は適切なリスク範囲をおそらく後退させるに至った。その結果、危機が庶民階級の債務者を激しく襲った。たとえば、住宅取得者と融資者の間に発生した係争を受けて、レンヌとサンマロの大審裁判所が一九八一年から八三年の間に判決を言い渡した五一件の住宅売却処分のうち、二一件の当事者は工員で、そのうち九名は建築・公共土木工事業従事者であった。また、五件の当事者は事務職員で、三件が農民、二〇件は職業別カテゴリーが不明であった（cf. Agence d'urbanisme et de développement intercommunal de l'agglomération rennaise, *Les accédants à la propriété en difficultes financières*, Rennes, février 1986）。

（34）Cf. C. Bonvalet, *op. cit.*, p. 131.

（35）Cf. M. Eenschooten, « Le logement de 1978 à 1984. Toujours plus grand et toujours mieux », *Economie et statistique*, 206, janvier 1988, p. 33-43.

（36）N. Tabard, *Consommation et inscription spatiale. Synthèses et perspectives*, Paris, Credoc, 1984.

（37）住居の変更にはこうしたネガティブな副次的効果がともなうため、アパルトマンで我慢するために払うあらゆる努力にもかかわらず、近代的なアパルトマンの取得がしばしば退歩と感じられるという――一見、逆説的ではあるが――きわめて理にかなった事実を理解することができる（行為者の主観的体験と、スラム街からＨＬＭ〔低家賃集合住宅〕への引越にも似た住居条件の外面的な改善との間に存在するこの矛盾するギャップを、筆者は一九六〇年代にアルジェリアで行った調査ではっきりと認識した。Cf. P. Bourdieu, *Algérie 60, op. cit.*, p. 83-114.〔前掲『資本主義のハビトゥス』〕)。

(38) Cf. C. Topalov, *op. cit.*, p. 315.
(39) ここで依拠する調査は一九八〇年代末に実施されており、収集されたデータは一九九〇年代以前の時期を対象とするものである。この時期を主たる対象とする理由は、この時期が大規模かつ重要な構造変化によって特徴づけられること、そして本質的に歴史的な経済を考察するためには一定の時空間の範囲内でなければならないことによる。
(40) « Maison individuelle : promoteurs et constructeurs résistant bien », *Le Moniteur des travaux publics et du bâtiment*, 9, 2 mars 1984, p. 37. 従業員五〇人以上の建築土木関連企業における人件費は、一九八一年時点で売上高の三八％（税抜）を占め、付加価値の九〇％を占める。このことから、建築土木「部門」は多数の労働力を雇用する産業であると特徴づけられる（cf. J.-J. Granelle et M. Pelège, *Construction, croissance et crise. Réflexions pour une relance*, Paris, Editions du Moniteur, 1985)。とはいうものの、（使用される構成部分《パーツ》のレベルでは）完全工業化や部分工業化が進められ、ビル建築（とくに高級なビル・住宅）では、本来的な意味での製造コストの占める割合が縮小してきている一方で、土地価格、公証人報酬、そしてとりわけ販売コストや資金調達費用などの付帯経費の割合が増大している（cf. P. Madelin, *Dossier I comme immobilier*, Paris, A. Moreau, 1974, p. 265-268 ; *Le Moniteur des travaux publics et du bâtiment*, supplément Magazine 17 , 28 avril 1980――「土地価格は右肩上がりである。事業の最終コストに占める全体的な不動産取得費用の割合は、一九七八年の二〇％から八〇年初頭には三〇％に上昇した」)。
(41) UCB, *Regards sur une profession : les constructions de maisons individuelles*, paris, UCB, 1983. 現実は、この分類が示唆するよりもはるかに複雑である。たとえば、アルシテクトバティスールのような建築家団体はどこに分類すべきであろうか。
(42) 一戸建て住宅が多くの刊行物で取り上げられているにもかかわらず、住宅メーカー全体に関する研究は、(『ＵＣＢバロメーター』のようないくつかの非公開資料を別にすれば) まったく存在しない。
(43) 研究の現段階では、外国企業による経営支配は考慮に入れなかった。
(44) 住宅メーカーと開発業者合わせて四四社、さらに住宅メーカー三〇社を対象に順次行ったこの第一次分析の結果は、きわめて期待はずれのものであった。ある意味では、あまりに予測どおりであり、ここに改めて掲載はしない。この第一次分析については以下のなかで詳述されている。*Eléments d'une analyse du marché de la maison individuelle*, Paris, Centre de sociologie européenne, 1987, p. 53-60.
(45) 宣伝小冊子 « Une maison de maçons, oui, vous pouvez », 1984, p. 46 より。
(46) Francis Bouygues, Texte introductif à une brochure de présentation de la société Maison Bouygues, 1984.
(47) こうした構造的な視点からでなければ理解できない、同じようなタイプの諸効果は、出版業界でも見られる。出版業界では、工業的に生産された大量消費向けの「商業」文学の生産者・販売者が、マーケティングの策略によって最先端の本物の考案であるかのように表現する（もしくは装う）ことができるが、それはしばしば、正確な情報を十分に得ていない特定の批評家のアロドクサ的 allodoxia 効果〔all（o）-は「他の、異質の、異形の」の意。概念・カテゴリーがまったく異なるものを、（識別できずに）同一のものと取り違えること〕と関連した善意の賛辞に依拠している（P. Bourdieu, « Une révolution conservatrice », *Actes de la recherche en sciences sociales*, 126-127, mars 1999, p.3-28）.

（48）E. Panofsky, *Essais d'iconologie. Les thèmes humanistes dans l'art de la Renaissance*（trad. C. Herbettes et B. Teyssedre）, Paris, Gallimard, 1967（1er ed. 1939）, p.24-25.

（49）"La maison individuelle se personnalise", Le Moniteur des travaux publics et du bâtiment, 2 mai 1986, p.30-34. また次も参照。« Des constructeurs sur mesure », Le Moniteur des travaux publics et du bâtiment, 30 avril 1987, p.I-XVIII.

（50）ブルゲ・コンストリュクシオン社は、米国企業カウフマン＆ブロード社のモデルをコピーし、その結果、この米国企業が長期にわたってテストしてきた多数のモデルを安価に所有するに至ったという罪で、一九七三年末に有罪判決を受けた（cf. P. Madelin, *Dossier I comme Immobilier, op. cit.*, p.226. この文献は、裁判、管理職の引き抜き、モデルの剽窃に関して、他にも多くの事例を挙げている）。

（51）ブイグ社の営業秘書は、以前、フェニックスで九年間働いていた。彼女の元上司の販売担当部長もフェニックスからブイグに転じた人である。彼女はこう説明する。「ブイグは、わたしの上司だったフェニックスの地域部長が立ち上げたという面があるの。（……）メゾン・ブイグの地域部長は、フェニックスを辞めた人なのね。それで、彼はメゾン・ブイグ・イル・ド・フランスを立ち上げたってわけ。この会社はとても順調だったわ。そして彼は、彼と一緒によく働く仕事仲間を何人か連れてきたわ」。さらに、この営業秘書は、彼女の知人であるフェニックスの販売員たちが数人、ブイグに移ったとも言っている。

（52）ヴァルドワーズ県タヴェルニの市役所に提出された建築許可申請の分析によって、地方中小住宅メーカーの優位を直接確認することができる。一九八四年に三二件、八五年に三〇件提出された一戸建て住宅建築申請（ビル、店舗、建築物解体など、あらゆる種類の申請に占める割合の二〇％以下に相当）のうち、全国メーカー（フェニックス、バティ・セルヴィス、メゾン・ブイグ、レ・ヌーヴォー・コンストリュクトゥール、アルスカノール）の占める割合はごくわずか（二五％以下）である。

2章　国家と市場の構築*

住宅メーカーが考慮すべき需要は、それ自体が社会的な産物である。この需要の原理は、社会的に形成され社会的に維持される知覚と評価のスキームのうちにある。そしてこのスキームは、広告業者の活動によって再活性化され、また女性誌や住宅専門誌を通して自分たちの生き方を例示することで住居に関する期待を特定化し、強化し、形成するすべての人々の活動によって再活性化され、さらにまた（特に県建築家、ＤＤＥ〔県設備局〕、顧問建築家などの地方レベル機関の活動を通して）品質基準を強制することで欲望をきわめて直接的に方向づけることに寄与する国家機関の活動によって再活性化されている。しかし、この需要を本来的に特徴づけるのは、需要の大部分が国家によって作り出されるということである。実際、住宅メーカーとりわけ最大手メーカーと、それが手を組んでいる銀行とは、単純な広告とは比較にならないほど強力な需要形成手段を有している。住宅メーカーや銀行は、とりわけ政治的意思決定に影響を及ぼすことができる。行為者の選好は本質的に、この政治的意思決定によって方向づけられているのであり、政治的意思決定は、各種の行政措置――その結果として実現が妨げられたり奨励されたりする――を通して、潜在的顧客の当初の性向を多少なりとも助長したり抑制したりするのである。事実、住宅市場ほど、国家の統制を受けるだけでなく文字通り国家によって構築されている市場は、おそらく数少ないであろう。国家によるこの市場の構築はとりわけ、個人に給付される援助を通して行われ、その給付額も給付方法も一定ではなく、ある特定の社会階層を他の階層よりも優遇し、それによってある特定の住宅メーカー群を優遇することにつながっている。

「住宅政策」――団地から一戸建て住宅へ

このようなわけで一九六〇年代には、次の二種類の人たちを和解させるために、うまくできた新自由主義政策が不可避となった。すなわち一方では、ヴァレリー・ジスカールデスタン元大統領が『フランス民主主義』のなかで書いているように、各人に「最小限の資産を取得する個人的権利」を保証することにより、古くからの伝統にのっとって、一戸建て住宅の取得という行為は新しい住宅所有者を既成秩序に帰属させるやり方だと考える人たちである。他方では、時に「郊外一戸建て住宅」の政策と神話を告発しながらも、個別住宅かそれとも共同住宅か――後者は中央や地方の公共団体によって支援されており、集産主義と混同されもする――という、ありきたりの選択肢を乗りこえようとする施策を一切提起しない人たちである。この両者を和解させるために、新自由主義政策が不可避となったのである。

銀行であると否とにかかわらず、金融機関に新たな営業形態（住宅貯金口座の創設、不動産銀行の先渡式特別割賦販売――これは一九七二年には協定不動産貸付に姿を変えることになる――、フランス商業銀行の中期貸付の延長、住宅地開発貸付など）の道が開かれたその時に、長期融資を提供したり頭金を減額させたりする権限を銀行に与える抵当市場が、一九六六年九月、開設された。これによって銀行による大量の住宅建築ローンが促進され、それはとりわけ最大手の住宅メーカーに有利に働くこととなった。たとえば、六二年には住宅ローンの二一・七％を占めるにすぎなかった銀行貸付のシェアが、七二年には六五・一％にも上った一方で、公共部門の貸付シェアは逆に五九・七％から二九・七％に縮小し、金融機関の性格をもたない貸付機関のシェアは、六二年の一八・五％から七二年の五・二％に落ちている。

一九四五年に設立され、住宅メーカーのなかでは最古参企業であるフェニックスは、六〇年以降になって初めて、大量の年間生産戸数（約二〇〇〇戸）に到達した。多くの住宅メーカーは六〇年代に出現し、その六〇年代の初頭から組織化が始まり、個別住宅を優遇する政策に立ち戻るよう、公権力に対する説得を試みた。こうして六一年には、フェニックス社の社長がＳＭＩ（一戸建て住宅建築会社組合、後の全国一戸建て住宅建築会社連合）を組織し、「一戸建て住宅の発展を信じる」少数の企業家を結集した。六二年にはＳＭＩの支援を得て、ＣＩＭＩＮＤＩ（一戸建て住宅全職種委員会）が結成された。その目的は、一戸建て住宅建築の発展を目指す、あらゆる種類の業界イニシアチブを支援することにあった。ＳＭＩは、（七一年七月一六日の法律のように）業界を規制する法文の起草に参加し、団地のかわりに一戸建て住宅の開発政策を推進する必要性を証明するために、圧力団体としておもに市町村長などに働きかけた。このような活動を見せていた業界人は一九六八年、よき理解者（ないしスポークスマン）を得た。設備大臣のアルバン・シャランドンである。シャランドン設備大臣は、国家介入を迅速に解消すること（六六年の抵当市場の開設などによってすでに着手されていた）、住宅業界に市場のロジックを導入すること、（不動産ローンを開発し、新受益者階層に住宅手当の対象を広げ、宅地を住宅メーカーの手にゆだねて）住宅取得を優遇すること、高層ビルの建設を制限すること（七二年の通達）、（六九年三月三一日の一戸建て住宅国際コンペの開催などにより）一戸建て住宅の生産を奨励することを、自身の目標とした。

カタログ販売をする住宅メーカーは、顧客に提供される公共融資網の利便性に助けられ、また必要な頭金が減額されたおかげで、一九七〇年代に急速な発展を遂げた。実際、（小企業や建築家などに依頼する）注文住宅の建築には高い貯蓄力が要求されるのに対して、カタログ販売による住宅建築には最大の融資枠が用意されており、顧客の個人資金は最低額でよかった。不動産業界全体を再編する一九七一年七月一六日の法律は、一戸建て住宅建築契約を制度化し、潜在的買い手に対しては、住宅メーカーに関する総合的な保証を与え、同時に、住宅メーカーに担保を供与し最大手メーカーと緊密な関係を打ち立てる銀行機関に対しては、新たな行動権限を提供した。このように、大手工業生産企業と、同一の市場に共存する中小企業との力関係は、「住宅政策」——とりわけ住宅建築に対する公的援助と貸付授与を規制する規則——に左右されることがわかるが、その結果、住宅生産の界のうちでさまざまな位置を占める者たちの間に、その規則の数だけ裁定が持ち込まれることとなった。

政策の形成過程

住宅市場は直接的にも間接的にも、公権力によって支持され統制されている。国家は、既存の法的インフラ（所有権、商法、労働法、契約法など）や一般的規制（価格の凍結や統制、貸付規制など）に加えて、何らかの特別規制を定めることによって、住宅市場の機能ルールを定める。したがって、官僚的に構成され統制されたこの市場のロジックを理解するためには、市場の機能性を定める規則や法規の形成過程を描写しなければならない。つまり、住宅・建築・融資分野を管轄する高級官吏や住宅・融資分野の民間利益代表者がさまざまな武器や目的を持って対決している閉じられた界について、その社会史を書かねばならないのである。実際、不動産業界を規制する法規は、ハビトゥスの利害・親近性の対立・同盟を基礎にしながら、以下の両者の力関係と闘争関係のなかで決まってくるのである。すなわち一方は、しばしば競合する各種権限を与えられ、時に対立する職団利益を備えた行為者または官僚機構であり、他方は、自らの利益または委任者の利益を勝利させるために行動する機構または行為者（圧力団体、ロビイストなど）であって、この両者の力関係と闘争関係のなかで法規が定められるのである。公的法規としての象徴的・実践的な有効性が一度与えられると、現実に実践を支配しようとする正統的《レジティーム》〔合法的〕な表象を変化させたり持続させたりしようとする闘争は、国家権力装置における力の獲得を目指す――つまりマックス・ウェーバーの言葉を敷衍していえば、物理的および象徴的な合法的暴力の独占を目指す――政治闘争の基本的側面の一つとなる。

　国家が管轄する領域の一つひとつについて「国家の政策」を理解しようとすれば、当該の問題に関する多様なスタンスと、そうしたスタンスの擁護者間の力関係とがどうなっているかを知らなければならないであろう。また、（政治家、専門ジャーナリスト、広告関係者などの）「オピニオンメーカー」のうちの動員され組織された部分の見解や、（業界団体、経営者団体、労働組合、消費者団体などの）圧力団体のうちの動員され組織された部分の見解を、見きわめる必要もあるであろう。しかし頭の片隅ではいつも、社会学的調査というものは、ある一定時点における政治的行為――高級官吏自身がそこに一役買い、その影響を逆に受けることにもなる政治的行為――の結果を記録するにすぎないということを、認識していなければならない。

　高級官吏の界は、国家の機能自体が話題になる時には決まって取り上げられる場である。公務員は（省庁、局、部などに）大きく分類される国家職能のいずれか一つを指向する官僚組織と利害をともにしているのであり、かれらは、そうした組織の存在を擁護しそうした職能の成就に努めることによって、自らの存在を肯定し擁護しようとする傾向がある。しかし、そこにあるのは対立の原則でしかなく、これが公務員の界を分割し、とりわけ住宅に関しては重要な政治的「選択」に方向性を与えることになる。住宅の場合、「公権力」は市場の力にまかせるよりも、行政規制を通した生産と分配の調整を「選んだ」という事実がある。そのことを理解するためには、加えてまず第一に、法律や規制のなかで暗黙的ないし客観的に認められた社会的表象の状態を考慮しなければならない。この社会的表象は、代替不可能な一定のサービスが万人に提供されるように命じている。そして第二に、競争と市場論理の不完全性や不備を考慮しなければならない。この不完全性や不備が存在するので、許容しうるものと許容しえないものとか、まっとうな欲求の定義とかに関して、ある決められた社会意識があるときに、価格による容認できない差別に対するユーザーの利益の保護を目的とする介入が不可避となる。したがって、財やサービスの生産は、国家による統制を受ける機会が増えると考えられ、そして、その財やサービスが（「世論」という通念に対立して）動員された強力なオピニオンと呼びうるものにとって不可欠だとされればされるほど、また、当該分野に関する市場の不備が大きければ大きいほど、国家による統制の機会は増えるのである。

高級官吏の界が——その客観的構造、伝統、固有のルールのうちに根を下ろし、行為者の性向のうちに根を下ろした——議論の余地のない独立性を有しているとしても、その界で展開される競争的闘争のロジックが、部分的にせよ、圧力・命令・外部的影響を受けて成り立っていることに変わりはない。実際、各行為者や各行為者グループは、自らの政治的ヴィジョンを押し通すために——そして自分たちの特殊利益を増進させるために——外部の力に頼り、代議制機構（議会や委員会など）の内部にいる自分たちの代弁者に頼る傾向があり、また、社会的行為者が個別的および共同的に作り出す表象を多少なりとも意識的に利用する傾向がある。こうした表象の状態を真の意味で理解するためには、官公庁内外で住宅権を（一九八二年六月二二日の法律第一章第一条により）基本権のうちに組み込むことに貢献した行為者や機構——社会改革家、家族団体、労働組合、政党、社会科学研究者など——の行動を描写すべきであろう。まことに、長い歳月にわたるもろもろの改革への取り組みがあってこそ、ある一定の時に、ある一定数の機構（法規、専門機関、資金援助手続きなど）のうちに実現されるような成果が、「住宅政策」においてもたらされたのである。当該分野においては、現状を維持したり変革したりするために各種の行為者や機構が行動しているのであるが、右のような成果は、それらの間の構造的な力関係の状態を一時的に具現化したものなのである。

「住宅政策」が多くの考察や改革の対象となった一九七四年から一九七六年までの期間を研究対象として選んだのは（HLM〔低家賃集合住宅〕白書、バール委員会、ノラ＝エヴノ委員会、下位レベルでは第七次計画住宅委員会など）、それが決定的な時期であり、この時期に対立が明確になり、一九八〇年代末まで有効であり続けた法規秩序が敷かれたからである。一九七〇年代初頭から、住宅政策を改革するという考えは時代の風潮であった。当時実施されていた住宅建築援助制度は、対物援助が支配的であり[1]、つまりきわめて有利な利率による貸付という形をとり、施主の投資を対象とした公的資金援助が支配的であった。一九四七年九月三日の法律によって制定されたこの援助給付制度は、一九四八年、（「住宅手当」と呼ばれる）限定的な対人援助の施策によって補完された[2]。この施策は、住宅購入のために利用した融資の月賦金を軽減することを目的とした対個人公的資金援助であり、援助額は所得と家族状況をもとにして計算された。この援助制度は、その後かずかずの補足措置によって多様化と補完が図られたにもかかわらず、多くの批判にさらされた。たとえば住居に関する社会的不平等、新築家屋の品質の物足りなさ、既存家屋の劣悪化など、さまざまなマイナス効果を助長していると非難された。一九六〇年代末には、とりわけ個人的・共同的考察――これによって第五次計画や第六次計画の委員会の作成資料が内容豊かなものになった――を通して、「指導者層」の間では改革の必要性がいっそう不可避に思えるようになっていった。

一九六五年、クロード・アルファンデリが著書『住宅政策のために』を発表した。一九六九年、アルバン・シャランドンの要請を受けて結成された委員会の作業総決算書であるコンシニー報告が提出された。同じ一九六九年、クロード・アルファンデリを委員長とする第六次計画住宅委員会が発足した（いまでは行政官吏に転身しているピエール・コンシニーとはちがって、クロード・アルファンデリは設備省建築局の局長を務めており、一九七五年の時点においてもまだ改革者の一員として重要な役割を果たしていた）。しかし、これらの作業はどれも、対物援助の原則を根本から問い直すものではなかった。一九七〇年、改革者の考察に大きな貢献がもたらされたが、それは、（当時ヴァレリー・ジスカールデスタンが大臣を務めていた）財務省予測局の若い二人の公務員――イヴ・カルサラド海洋工学技師とユベール・レヴィ＝ランベール鉱山局技師――の論考であった。[3]この二人の公務員は、ポロ・モデルと呼ばれる数学シミュレーション・モデル――これによって住宅分野における意思決定の影響予測が可能になった――に依拠しつつ、当時の援助体制を批判し（HLM配分ルールは貧困層でなく支払能力の高い家庭を優遇していること、対物援助より対人援助の方が国の負担は少ないであろうこと）、受益者の所得と家族状況に応じて変動する対人援助（より正確に言うならば個人別援助）と連動した市場ロジックへの回帰を擁護した。あらゆる点から見て、（後述の統計分析でも触れられる）この二人の公務員の着想は、政治的な変革プロジェクトを求めるというよりも、シミュレーションの応用領域としてとらえた住宅分野で経済現象のシミュレーションを可能にするモデルを開発するという、まったく理論上の意図から発していた。

一九七一年から一九七四年にいたる期間になってようやく、公権力は右のもろもろの理論的提案を一連の改革のなかに活かし始める。一九七一年七月の法律によって社会的性格を有する住宅手当が創設され、一九七二年には融資改革が行われ、不動産銀行の貸付を中間所得階層の家庭に集中させ、協定不動産貸付も創設された。しかし、このような措置は制度全体の根源――住宅カテゴリーに応じて「加減される」対物援助――には手をつけなかったので、援助制度の有効性は向上を見ないままに、複雑さが著しく増すだけという結果を生んだ。土木局の若き技師ピエール・リシャールの証言を信じるならば、対物援助は放棄されるべきだという考えがますます広がっていった。

一方で、イヴ・カルサラドやユベール・レヴィ＝ランベールのような先輩が数年前に先例を見せたように、いっそう効果的かつ経済的な国家援助給付形態を考案しようと努力していた若手の理工科学校卒業生《ポリテクニシアン》。他方で、その理工科学校卒業生と同じように国の負担を軽減する方策を採りながら、自由主義的なヴィジョンを推進しようとする国立行政学院卒業生《エナルク》〔ENA卒業生〕。この両者が成り行き上結束して形成された先進派は、管理職官僚たちを考慮に入れる必要があったのだが、後者は、自らの地位と職団の特定利益を守ることに専念しており、著しく慎重な態度を示していた。後にバール委員会の主席報告者となる若手財務監督官のアントワーヌ・ジャンクール＝ガリニャニ（一九三七年生まれ、父は控訴院所属弁護士）は、建設・住宅研究調査グループ（GRECOH）の若手革新派ときわめて近い考えを持っていた。建設局の経済財政官房と言ってよい役割を果たしていたこのグループは、ジャック・レバール（一九四六年生まれ、父は財界人）のようなENA出身者以外に、ポリテクニシアンの大多数を結集していた。たとえばジョルジュ・クレペ（一九四三年生まれ）がそうであり、彼は一九六七年に国立土木学校《ポンゼショセ》を卒業し、GRECOHの経済調査部長（一九七一年まで）とDBTPC（建築・公共土木・建設局）の統計経済調査部責任者を歴任し、一九七四年には建設局GRECOH室長になった。クレペは、バール委員会の報告者補佐（アントワーヌ・ジャンクール＝ガリニャニの補佐）という決定的な役割を務めることになるが、彼はピエール・デュリフとの結びつきもあった。デュリフはINSEE〔国立統計経済研究所〕の住宅調査部の責任者であり、住宅手当を扱うアロ・モデルの作成者でもある（前出のとおり彼は、一戸建て住宅市場に関する論文を発表しており、これには誰もが一目を置いている）。イヴ・カルサラドとユベール・レヴィ＝ランベールの仕事にもっと具体的な形態を付与しつつ、これを進展させていこうとする研究者・研究サービスのネットワークであるGRECOHは、改革の意図に対して、形式的モデルの一貫性と厳密性という権威を付与することによって、決定的な役割を果たした（ついでながら言えば、行為者の社会的特性に少しでも注意を払えばすぐに「全体論《ホーリズム》」のそしりを受けることになるのだが、ここで採用されたアプローチは、諸個人への関心を復活させているのであり、しかも自らの身体化された社会的特性すなわちハビトゥスに従って行動する行為者として完全な尊厳を回復した諸個人――それゆえ多様で不均質な諸個人――に対する関心を復活させていることがわかる）。

官僚界の内部で展開される議論は、もちろん外部の討論や紛争と無縁でなく、高級官吏はそのような外部の討論や論争に言及し、これに依拠して、自分たちのスタンスやプロジェクトをテコ入れし正当化する。その好例は、HLM運動をめぐる動きである。一九七二年の改革（補助金付き貸付制度の改正、住宅手当の拡大、古い住宅環境を優遇する措置）も、対物援助の不都合を解消するのに十分ではなかった。住宅カテゴリーの多様化と住宅手当の創設にもかかわらず、社会住宅は、経済的にもっとも恵まれない家庭の手には届かず、特定の受益者にとっては地位にともなう利得となった。追求された目標とは逆に、住宅カテゴリーの多様化は、社会的・空間的な分離を倍化させることとなった。第三五回HLM会議（一九七四年六月一〇日〜一三日）において、HLM連合とそのアルベール・ダンヴェール会長は、社会住宅の劣悪化に警告を発し、当座の一連の対応措置を練り上げた。しかし、このような手はずも、三ヵ月後には連合会長に建設局長のロベール・リオンが指名されて無に帰した。

「財務監督官が建設局に出向くなんて、それだけでも非常識のきわみだったんですが、ましてHLM運動のトップに立つだなんて！〔…〕畑違いもいいところでした。〔…〕HLMは、感じのいいところでしたよ。〔…〕決死の赴任みたいな感じもありましたがね。〔…〕にっちもさっちもいかないような状況、がちがちの硬直状態でした。HLMに赴任したのは一九七四年夏のことでしたが、気がつきました、ショックを与えなければこの硬直状態は治らないってね。大勢の人から下劣だと見なされた方法で、住宅政策に反対する立場に立ちました。私たちは当時、HLMの周囲に大きな考察の波、オピニオンの波といいましょうか、そのようなものを起こそうと考えていたんです。HLMは、どの方向にいくのかわからずにいましたから、プロジェクトが必要でした。そんなわけで、鳴り物入りで発足させたのですよ、一九七四年の秋に作業部会を。この作業部会は、最終的に『白書』を作りましたが、それはバール委員会に先行するものでした。バール委員会は、私たちの作業部会に対する反撃で、大統領府、特に大統領府で住宅問題を担当していたピエール・リシャールが強く望んで発足したのです」（インタビュー、パリ、一九八八年一月）。

そのようなわけで、一九七四年一一月からHLMグルノーブル会議のあった七五年三月までの間、労働組合員、地方議員、財界人、民間住宅メーカー、HLM運動の代表者などからなる四五〇名は、ジャン・チュルク、クロード・アルファンデリ、ユベール・デュブドゥー、クロード・グリュゾンが議長を務める四つの委員会に分かれ、熱狂的な雰囲気のなか、社会住宅が提起する問題について議論を交わした。一九七四年五月、大臣時代に住宅に関する初の計量経済学的研究を省内で進め、住宅分野でいくつかの公約を掲げていたヴァレリー・ジスカールデスタンが大統領に選出されたことで、自由主義指向の改革派は決定的な援護射撃を得た。ジャン＝ピエール・フールカドが経済・財政大臣になり、ロベール・ガレが設備大臣になり、ジャック・バロが住宅庁長官になり、そしてピエール・リシャールが「先進的自由主義」政策の一環として、ジスカールデスタン新大統領の技術顧問となった。リシャールは、一九四一年生まれの土木局技師であり、住宅庁長官時代のクリスチャン・ボネの技術顧問を務めたことがある。新大統領は、七年間の任期の前半、先進的自由主義政策を推進する。こうして大統領府で都市計画問題と住宅問題を担当することとなったピエール・リシャールは、一九七四年から七六年にかけて、住宅に関する考察の中心を占めることとなる。シュドロー委員会の例にならって、住宅分野の改革を担当する「イギリス風」委員会の設置をジスカールデスタン大統領に進言したのも、リシャールであった。HLM運動とその委員会のつなぎ役となったのもまた、リシャールであった。HLM運動の熱気を受けて、物事はすばやく進んだ。「あの人たちを刺激したんです」と、ロベール・リオンは後に語る。設備省をあてにしていても革新は始まらないこと、また設備省と財務省の間は「いつだって戦争」だということを認識していたピエール・リシャールは、「合意できる何か」をすることを提案し、公の場におけるＨＬＭ運動との一切の衝突を避けて利害関係者全員から意見を聞けるような――国の参加を求めない――完全に独立した委員会を中心に、住宅問題に関する全国的な一大考察をスタートさせることを提案した。委員会の委員構成に関しては、一九七四年秋の終わりまで、ジスカールデスタン大統領、リシャール技術顧問、バロ住宅庁長官の間で何度も議論が闘わされた。

住宅改革に関する全国委員会〔通称バール委員会〕は、閣議をうけて一九七五年一月二二日に公式に発足したが、これはＨＬＭの『白書』の刊行が予告されたのとほぼ同時であった。上記の閣議後に公表された一〇名の委員リストは、「財界人」が多すぎるとして批判にさらされた。鍵となる二つのポスト、主席報告者と主席報告者補佐の座はそれぞれ、アントワーヌ・ジャンクール＝ガリニャニとジョルジュ・クレペに与えられた。ジャンクール＝ガリニャニが国庫局の元建設融資室長であることから、これは財務省を考慮してのことであり、土木局技師のジョルジュ・クレペはＧＲＥＣＯＨ室長であることから、こちらの方は設備省を安心させるためのものであった。だがクレペ補佐は、設備省でもっとも普及している教義とは袂を分かち、対物援助制度をたたき台に乗せた。第一回の作業会合は、一九七五年二月二八日に開かれた（ＨＬＭの『白書』は作成中であった）。委員会はきわめて迅速に作業を進め、その結果、レーモン・バールは一九七五年一二月二三日に報告書を提出することができた。

われわれはバール委員会のさまざまなメンバーとのインタビューを実施しえたが、それによると、「顔役」はピエール・リシャールだったようであり、彼は委員でないにもかかわらず、委員会の作業の進展に注意を怠らず、大統領府に報告を上げ、ＨＬＭ運動との橋渡し役を試みていた。また、予測モデル構築の分野で二名の報告者を補佐したピエール・デュリフ、コジェディム社のプロモーターで民間開発業者を代表するミシェル・モエールも「顔役」であった。他方には、補助を受ける大プログラムの代弁者で、対物援助を擁護するミシェル・サイヤールＳＣＩＣ（貯蓄金庫中央不動産会社）社長がおり、また、銀行会社の計画調査部長のアンリ・シャリエールは、純粋な市場の姿を擁護する弁舌のなかで自行の立場を表明した。暗黙裡に若手先進派に味方しながらも、それを公にするのを控えていたレーモン・バールは、二名の報告者に大きな自由を与えていたが、この二名の報告者は数ヵ月後、報告草案を持ってきた。自由主義経済学者としての自分の信念に沿ったこの報告書に、レーモン・バールは承認を与えるだけでよかった。

官僚界の構造

以上、住宅援助部門における改革を準備した革新的イニシアチブの歴史を、大まかに見てきた。そこでいまや、住宅改革直前の一九七五年に、有効行為者の間で力（あるいは切り札）の分布構造がどのようなものであったかを、明確にしていくことができる。ここにいう有効行為者とは、この界で何らかの有力な属性をもっているので、住宅政策を実質的に方向づけうるだけの重みを持った諸個人のことである。こうした力の分布構造を一度確立してしまえば、現行の規制を維持したり変えたりするための闘争において行為者（または職団）が拠って立つそのスタンスが、仮説として考えられるとおりに、その構造のなかで占めている行為者（または職団）の位置と対応しているかどうかを検証できるようになる。別の言い方をすれば、利益と切り札の分布における客観的な差異が、闘争で採用される戦略を説明できるか、より正確には、陣営ごとの連合や分裂を説明できるかを検証できるようになる。(4)

有効諸個人のリストを確定するために、われわれは、「世評」基準——インタビューや公表されている話の分析から導き出される——の他に、制度基準——たとえば認知された権力的位置を得ること——を用いるなど、模索を繰り返した。類似のケースではつねに不可欠な進め方にのっとり、社会的に「重要」と目される行為者の探知と、その探知に実際に利用された原理の明示との間を、ひっきりなしに往復することによって初めて、この「解釈学的循環」から抜け出すことができた。これにより少しずつ、実践上では必ずしも備えているとは限らない正確さと厳密さを、この探知に与えることができた。すなわち、関係省庁の主要局の局長、銀行の部長、ディベロッパー、業界団体のリーダー、ＨＬＭ会社の社長など、有効諸個人という母集団の範囲を設定したことによって、こうした有効性を行為者に与えている切り札を明らかにすることができたのである。だが他方では、有力な属性を確定したことによって、それと引き換えに、そうした有力な属性をもっているがゆえに有効な存在となる可能性の高い行為者の母集団を明確にすることが不可欠となった。

したがって、高級官吏に関していえば、住宅分野における権力空間内で戦略的な位置を占めている高級公務員全体を有効行為者とした。財務省では、住宅問題を担当する任務にある公務員の数はごくわずかしかいなかったが、そのなかで改革に関係する部局を対象として取り上げた。つまり国庫局、建設融資を担当するＡ３室、予算局、そのなかでもとりわけ住宅と都市化を担当する５Ｄ室、そして予測局などである。

一九六六年に創設され、きわめて複雑な中央構造と地方構造を有する設備省では、建設局を選んだが、ここでは対物援助の管理（七四年にはこの名目で四〇万戸の住宅に責任を負っていた）、施主（ＨＬＭ、第三セクター企業）の保護監督、および建設の法的枠組み策定を担当していた。建設局に付属して、非衛生住宅の段階的解消のための常設グループ（ＧＩＰ）および全国住宅改善協会（ＡＮＡＨ）――この両者は古い住居環境の改修の任にあたっていた――、住宅部門の研究と革新の奨励を目的としてロベール・リオンが創設した建設計画、（住宅団地に関する）住宅・社会生活グループ、経済国際部（ＳＡＥＩ）、建設と住宅のための研究調査グループ（ＧＲＥＣＯＨ）――一九六八年から一九六九年頃に創設され、新たな住宅政策を定めることを目的とした研究にあたっている――も対象とした。建設局の経済財政官房的存在であるＧＲＥＣＯＨは、財務代理機関や家族手当公庫などとつながりがあった。

設備省の他の部局で対象としたのは、（設計図、基本計画、建築認可によって）建築を規制する土地整備・都市計画局

（ＤＡＦＵ）であり、この局は新都市、ＺＡＣ〔商業活動地区〕、都市再開発事業、不動産修復事業を管轄し、（整備予定地区や保留地などの）土地政策を統制していた。また、設備省の外部機関たる県設備局（ＤＤＥ）も取り上げたが、ここは土木局技師がほぼ独占していた。首相の付属機関としては、計画・生産性総局、新都市中核グループ、全国不動産取引建築委員会を対象とした。

内務省で対象としたのは、地方公共団体とこれに付属するＨＬＭ会社を保護監督する地方公共団体総局、および、ジスカールデスタンが大統領に選出されてから内務省付属となり、地方分権、（郷土契約による）地方再開発、小都市開発に重要な役割を果たしていたＤＡＴＡＲ〔国土開発地方振興委員会〕である。

建築局は以前、文化省に付属し、きわめて重要な役割を果たしていたが（保全地区におけるマルロー法の適用を監視していた）、一九七〇年代初頭に設備省に配属替えとなり、その後都市計画局と合体した。その結果、建築家は、土木局技師の支配下に置かれることとなった。保健省では、社会保障局が、住宅手当の管理を実施していた家族手当公庫の保護監督の任にあたっていた。

準公共部門あるいは半公共部門に関していえば、預金供託金庫、ＳＣＩＣ〔貯蓄金庫中央不動産会社〕やいくつかの公営開発機関と第三セクター企業、フランス不動産銀行、不動産金融金庫、およびＨＬＭ運動を対象とした。ＨＬＭ運動は一九七五年の時点では五つのカテゴリーに分類され、一〇〇以上の機関を結集していた。ＨＬＭの五つのカテゴリーとは、地方公共団体の主導で創設され賃貸住宅を供給するＨＬＭ公社、整備建設公社、賃貸住宅と分譲住宅を供給するＨＬＭ株式会社、サービス提供会社で分譲取得者への融資を管理するＨＬＭ協同組合会社、分譲住宅取得や住宅改善のための融資を提供するフランス不動産信用会社である。ＨＬＭ機構は、建設局ときわめて近い関係にあって、散発的に要求の声をあげることを除けば、住宅政策の決定をめぐる争いにめったに顔を出すことがないにもかかわらず、社会住宅に市場経済を取り入れることを目指す第六次計画における特定グループの提案に対しては、ノール県選出の社会党議員でもあるアルベール・ダンヴェール会長を通して、激しい反応を見せた。一九七四年末、ロベール・リオンが調査官に任命され、ＨＬＭ運動に活気をよみがえらせた。

民間部門では、全国一戸建て住宅建築会社連合（UNCMI）を対象に含めたが、これは一九六一年、フェニックス同族会社のアンドレ・ピュ社長の主導の下に一戸建て住宅建築会社組合という名で設立され、個別住宅を優遇する住宅政策に回帰するよう公権力を説得することを組織の使命としていた。そしてUNCMIは、業界を規制する法文の策定に参加し、（「住宅団地」政策および「国家統制」的都市計画と決別して）融資経路の再編と地方公共団体による都市開発を強く訴えて、行政グループ、議会委員会、建築業界連合会といった、中央レベルおよび県・市町村レベルのあらゆる協議機関に働きかけた。また、住宅建築政策をめぐる争いにきわめて積極的に参加している開発建築会社も対象に含めた（数は五五〇社で、全国開発建築会社連盟に加盟しており、年間一〇万戸の住宅を生産するが、そのうちの三分の二は国の援助を受けている）。銀行業界は住宅融資分野でシェアを増大させつつあったが（一九六五年に二九％、一九七二年には五四％）、そのなかでいちばん積極的であった銀行――農業金庫と相互信用銀行――もまた対象に含めた。この二つの金融機関では、四つの地方支店が顧客家庭の個人的資金繰りに手を貸し、協定不動産貸付を行い、HLM会社に援助の手を差し伸べていた。さらには、建築信用組合、建設設備銀行、建設公共土木銀行という専門銀行三行も対象に含めた。

加えて、以下のものも選んだ。すなわち住宅所有者代表団体では、賃貸料凍結に関する一九四八年の法律に反対し、賃貸借市場の再度の自由化を希望する全国不動産連合（UNPI）。賃借人運動団体では、全国住宅連盟（CNL）、――その会長は『住宅権』（エディシオン・ソシアル社刊）を著し、規制の維持と住宅手当の拡大を推奨するクロード・マシュー。ユーザー運動団体では、全国家族手当連合（UNAF）、および地方家族手当公庫と密接なつながりを有する県家族手当連合（UDAF）も選んだ。

さらには、HLM運動に深くかかわっていた地方議員や（一九七六年時点で、一二八人の国民議会議員と上院議員、および七〇〇人の地方議会議員と地方経済社会委員会メンバーがHLM機関の管理または経営に参加していた）、あるいは、（委員会への参加、住宅問題への特化など）何らかの形で住宅政策に影響を与える力となった――HLM以外の――住宅建築機関（第三セクター企業など）の経営陣に名を連ねていた議員を、対象に含めた。

このように選び出した人物の個々人を特定するために、年齢、性別、出生地、社会的出自、婚姻状態（および子どもの数）、中等・高等教育学歴、受勲、所属する職団と部門、さまざまな専門委員会への参加、その他関係者や多様な情報提供者とのインタビューを通して得た情報、さらにはさまざまな分析資料や証言を通して収集した情報を考慮に入れた（章末付属資料の文献資料、一六八ページ参照）。

従来の分析は、官僚組織の機能をもっとも有効に分析したものでも、単純な描写に満足していたが、われわれは、ここではそうした分析を超える試みとして、個人的および集団的な諸戦略の真の説明モデルを提起しようと思う。コレスポンデンス分析は、有効行為者の総体（諸個人と――諸個人を通した――諸機構）、およびかれらの行動の有効性の根源にある諸特性――あるいは切り札――の総体を考慮に入れているので、こういう形で用いられたコレスポンデンス分析[5]は、これに反対して回帰分析を対置しようとする者が指摘したがるような純粋な描写的方法とはおよそ無縁である。だからコレスポンデンス分析によって、行為者の位置構造が明らかになり、あるいは同じことだが、権力や特殊利害の分布構造が明らかになることが期待できる。権力や特殊利害の分布構造は、行為者の戦略を確定し説明し、そこからさらに、住宅建築援助に関する法律の策定と施行をもたらした主要な介入の歴史を確定し説明するのである。

事実、コレスポンデンス分析によって予想どおり、最高級官吏つまり本来的な官僚の界と、高級官吏が考慮に入れなければならない、民間利益を代弁する外部の社会的諸勢力との間に、基本的な対立があることが明らかになる（第一因子は全慣性の六・四％を占める）。後者はたとえば、開発業者（特にＵＮＣＭＩや一戸建て住宅全職種委員会の代弁者）、銀行家、さらには住宅問題を専門とする地方議員や全国議員、住宅分野の地方責任者（新都市開発公共機関のトップなど)、住宅の社会管理を指向する機関の責任者(HLM会社の経営陣や家族手当公庫の責任者など)である。

高級国家公務員は、すでに最高級官吏に属している家庭の出身であることが多く、高名な中等教育機関(ジャンソン・ド・サイイ校)と最高レベルの高等教育機関を卒業している。かれらは官僚機構(国庫局、建設局など)から権限を委任され、職団連帯などを通してその官僚機構と利害をともにし、学校教育に由来する特殊能力資本のみならず、特に高レベルの官公庁において経歴を積み重ねている間に獲得した官僚経験に関連する特殊能力資本をも備えている。その対極に位置する行為者は通例、高級官吏とは無縁であり、(大半が高等教育を受けているとはいえ)高級公務員が保有しているような稀有な卒業資格を有している者はあまりいない。

中間の位置にはおもに公営銀行や民間銀行の責任者がおり、かれらはしばしば、出身校や職団の連帯感によって結びついている。こうした銀行の責任者のなかには——天下り的人事によって——空間中央を挟んだ両側の位置を次々と占めていく者もいる。アントワーヌ・ジャンクール=ガリニャニが、その例にあたる。彼は上述のとおり、建設融資室長として、ついでバール委員会の主席報告者として新施策の準備に決定的な役割を果たした後で、農業金庫の代表者として、そうした施策の実行に関する討議に参加することになる。財務監督官のクロード・アルファンデリもこのケースにあたる。彼は第六次計画住宅委員会の委員長を務めた後で、建設公共土木銀行の経営陣に加わり、イモビリエール・ド・コンストリュクシオン・グループの社長となった。ジャン=ピエール・フールカドもそうであり、彼はシラク内閣の経済・財政大臣となる前は、スエズ銀行系のCIC銀行グループの社長であった。さらにまた、マルセル・ディウボなどもこの例にあてはまる。彼は元パリ知事で、ソシエテ・オクシリエール・ド・ラ・コンストリュクシオン・イモビリエール(SACI)および建設設備銀行などの社長を務めることになる。高級官吏と半官・民間部門との間の相互浸透は銀行部門で特に目立つが、これは(たとえばスエズ銀行のように）同じ一つの機構が第一次元のなかで異なる位置を占める責任者によって代表されるからである。

この第一因子は、委員会という典型的に官僚的な諮問の形態がなされる社会空間の基本構造に光を当てている。すなわち、官僚界が熟知する手続きにのっとり、公式に認知された利益の公式代理人と対決しないかぎり、官僚界は立法者としての機能を果たしえないという基本構造である。この利益の公式代理人は、仮にそれが地方・地域官公庁であっても地方議員や国会議員であっても、あるいは業界団体や協会の正式な代理人であっても、特定の私的利益の側に追いやられるのであり、それゆえ、規約によって一般利益を適正に代表するという立場を独占保有する者に対して、下位の位置を占めざるをえない。国家の代理人《アジャン》〔行為者〕は、業界団体の不可避の代表者の隣に自分たちの主導権を支持する用意のある第三者を送り込むなどして、会合の参加者構成に関する支配権を握っているのであり、（委員長や報告者の指名などを通して）討論や結論の記録を規制するルールをほしいままにできる立場にある。こうして国家の代理人は、集団的な意思決定の準備を独占し、その実施を独占し、そして結果の評価を独占しながらも、外部との討議に門戸を開放しているという外観を与えることが可能になっており、自らもそのような外観をまとっているのである。

さまざまな委員会がそれぞれに固有の歴史を有しているとしても、不変の要素が存在していることもまぎれのない事実であり、バール委員会のケースではそれが顕著に現れている。まず、「国家の撤退」「援助部門の予算外資金調達」など、（官僚的）時流に乗った一定数のアイデアによって、特定の革新派公務員が結集した。こうして集った革新派公務員は全員、計画本部はあまりにも多様かつ対立的な諸グループの利害が絡みあってどっちつかずになっており、それゆえ計画本部は、住宅政策の改革を策定するにはふさわしい場所ではないと確信していた。第二に、委員会のメンバー構成は国家の最高レベルで入念に練り上げられるわけだが、それによって委員会が導き出す結論がいわばあらかじめ決定されている。すなわち、住宅融資メカニズムにはさほど通じておらず、当該業界に深くかかわってはいないものの、大臣官房の伝統には精通しており、経済学者として自由主義的な考えを持っていることで知られていたレーモン・バール、住宅融資問題の専門家であるアントワーヌ・ジャンクール＝ガリニャニとジョルジュ・クレペという三名の支配的人物を見るだけで、全プログラムの何たるかがわかるのである。特に、威光ある委員長の庇護下にあり、構想と文案作成の作業の核心を牛耳ることになる両報告者が、ピエール・デュリフと共同で、バール委員会の発足直前、住宅融資政策改革のための一貫性のあるもろもろの提案を行っていたことは、記憶に新しい。両報告者は、それぞれの位置を通して、国庫局（および財務監督官）、設備局（および土木局）、調査事業（ＩＮＳＥＥ）という改革行動の機構的三本柱の連帯を具現化していた。官僚的に指名され認知された強力な少数派とでも言うべき二人は、見解の普及作業を活気づけ方向づける傾向にあったが、さほど分散していなかったにもかかわらず、委員会は見世物を展開する場となった。委員会を構成するロジックは、談話《ディスクール》〔言説〕（ここでは最終報告書）の生産に貢献する法則の（無意識的）実施にあって、そのため、ある一つのグループのなかに具体化された社会空間を作り出し、そこで談話を生産するのである（ついでながら、少なくとも本ケースにおいては、そしておそらくはより一般的に言えることだが、若干の「談話分析」信奉者がするように、唯一の談話のなかに談話構築の法則を探すのがいかに無駄かということがよくわかる。談話構築の法則は実際、談話生産空間の構築法則のなかに存するのである）。

しかし、公権力の代表者も民間利益の代弁者（あるいは、少なくとも一般利益の定義を独占すると主張する官僚の立場からは、民間利益の代弁者と思われる者）も、均質の集合体を形成していない。こうした集合体は、客観的に分割されており、それが対立となって表面化する。（全慣性の五・六％を占める）第二因子は別の対立を示している。この対立はとりわけ官僚界に関するものである。すなわち一方では、しばしばＥＮＡや財務監督局の出身で、政府（特に首相官房と住宅担当大臣官房）またはＤＡＴＡＲのような準官公庁と密接に結びつき、財務省また

図6　1975年の住宅融資分野における有効行為者の界*

個人
水平軸1、垂直軸2
(n＝97)

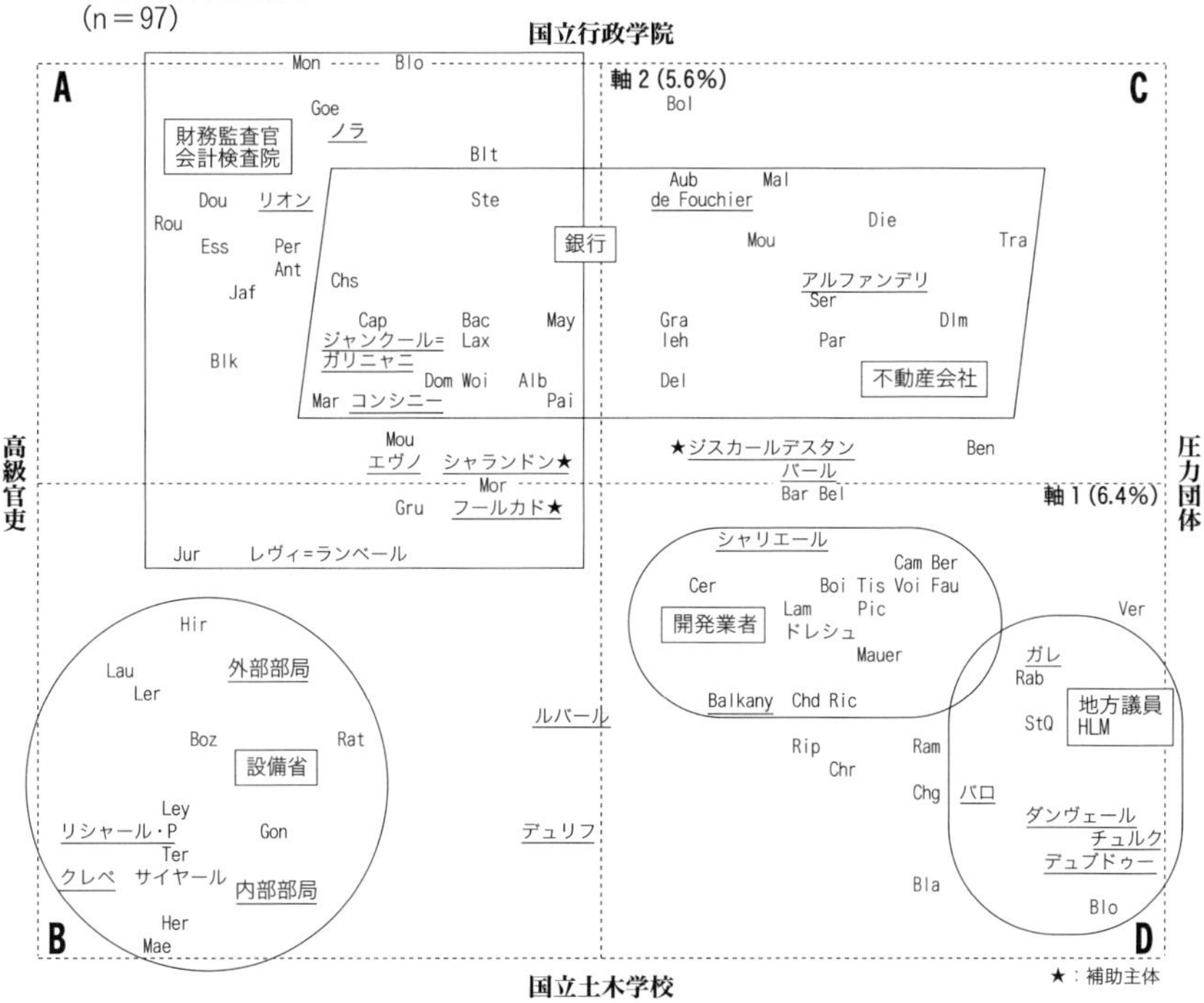

*分析の結果と資料に関しては、本章付属資料（p.166）を参照のこと。〔巻末の「用語解説」も参照〕

は民間・公営銀行に所属する「財界人」（そのうえ戦功十字章など、さまざまな勲章に輝いている）がいる。それに対立する他方には、しばしば民間部門の管理職の息子として生まれ、理工科学校を卒業し、土木局職団を出自とし、設備省やGRECOHと結びつき、ノラ委員会のメンバーである「技術者」（および軸1では対極に位置する地方議員）がいる。

軸1と軸2によって画定される第一域Aには、高級官吏や公営銀行部門の関係者が結集しており、かれらはたいてい、大職団（財務監督局、会計検査院、国務院）を出自とし、しばしば財務省の局長に任命されたり、大臣官房や——DATARのような——執行機関の構成メンバーであったりする。より中央近くには、フランス不動産銀行、

図7　1975年の住宅融資分野における有効行為者の界

主要変数と補足変数

水平軸1、垂直軸2

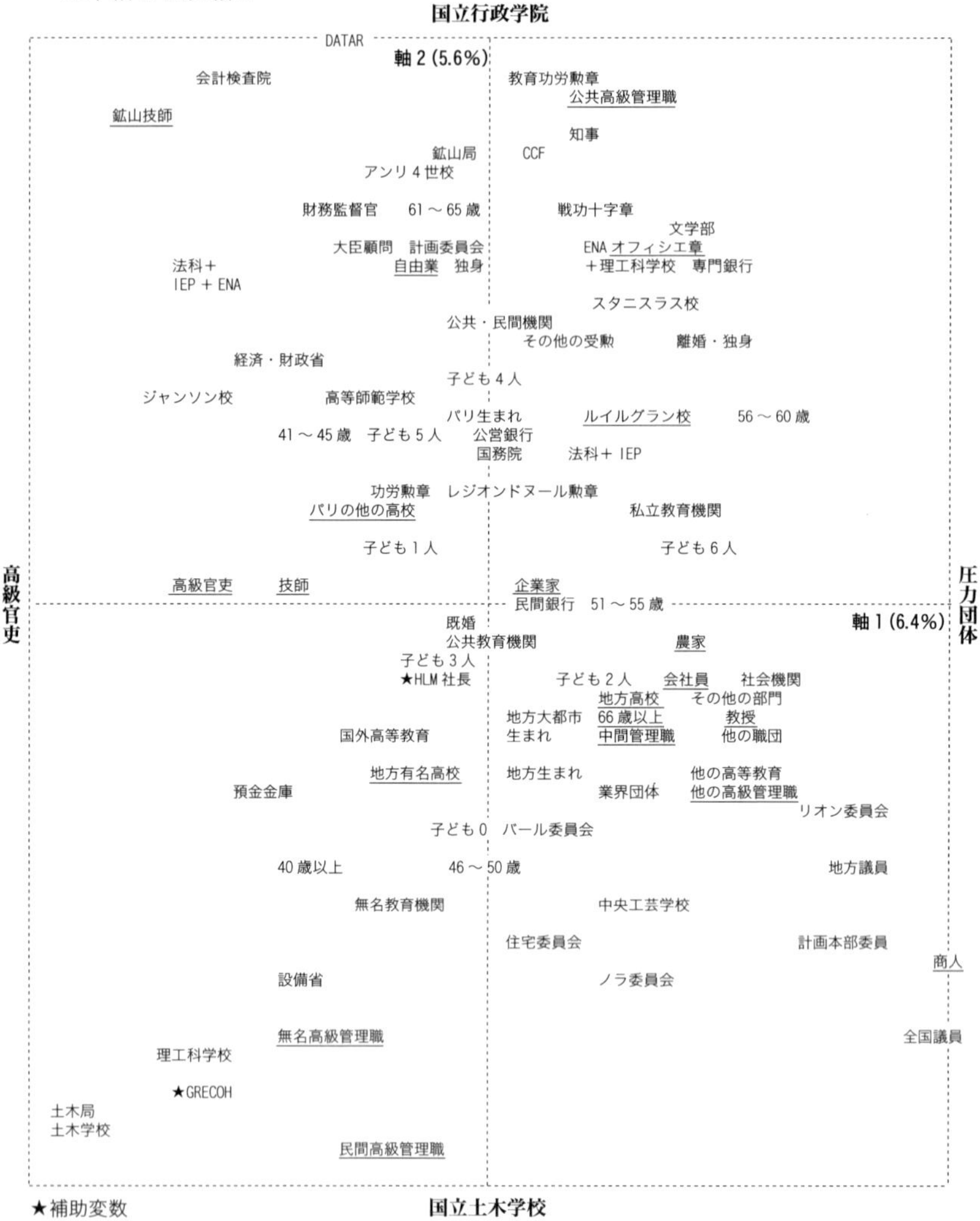

国立行政学院
DATAR
軸2（5.6%）
会計検査院
教育功労勲章
公共高級管理職
鉱山技師
知事
鉱山局
CCF
アンリ4世校
財務監督官
61～65歳
戦功十字章
文学部
大臣顧問
計画委員会
ENA オフィシエ章
法科＋
IEP＋ENA
自由業
独身
＋理工科学校
専門銀行
スタニスラス校
公共・民間機関
その他の受勲
離婚・独身
経済・財政省
子ども4人
ジャンソン校
高等師範学校
パリ生まれ
ルイルグラン校
56～60歳
41～45歳
子ども5人
公営銀行
国務院
法科＋IEP
功労勲章
レジオンドヌール勲章
パリの他の高校
私立教育機関
子ども1人
子ども6人
高級官吏
技師
企業家
民間銀行
51～55歳
圧力団体
既婚
軸1（6.4%）
公共教育機関
農家
子ども3人
★HLM社長
子ども2人
会社員
社会機関
地方高校
その他の部門
地方大都市
66歳以上
教授
国外高等教育
生まれ
中間管理職
他の職団
地方有名高校
地方生まれ
他の高等教育
預金金庫
業界団体
他の高級管理職
リオン委員会
子ども0
バール委員会
40歳以上
46～50歳
地方議員
無名教育機関
中央工芸学校
住宅委員会
計画本部委員
商人
設備省
ノラ委員会
無名高級管理職
全国議員
理工科学校
★GRECOH
土木局
土木学校
民間高級管理職
★補助変数
国立土木学校

図８　1975 年の住宅融資分野における有効行為者の界

個人
水平軸1、垂直軸3
(n＝97)

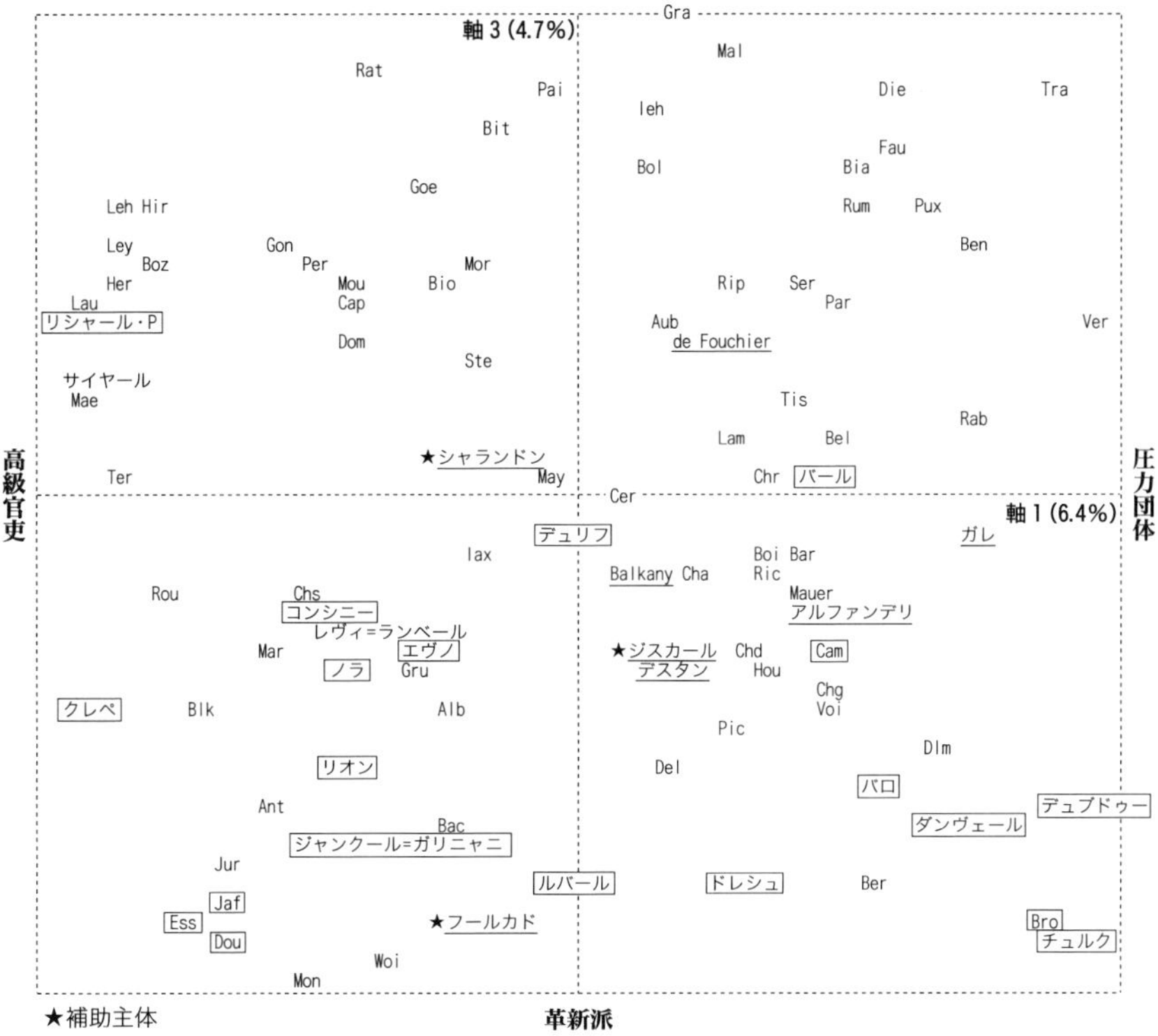

農業金庫、パリバといった公営・民間銀行部門の管理職がいる。

B域には、理工科学校を卒業した土木局技師が集まっている。かれらはしばしば、民間部門の管理職や企業家の息子として生まれ、議論の中心に位置することになるジョルジュ・クレペ（トップレベルの高級官僚の息子）のように設備省に所属したり、あるいは公営や第三セクターの不動産開発機関に所属したりしている。

C域は、（しばしば第三セクター企業の）企業経営者や銀行家でほぼ独占されている。その銀行家は、不動産銀行のように建設専門の公営銀行、または庶民相互銀行、さらには民間銀行に所属している。このなかには、天下った元高級官吏（財務監督官など）も少なくない。

図9　1975年の住宅融資分野における有効行為者の界

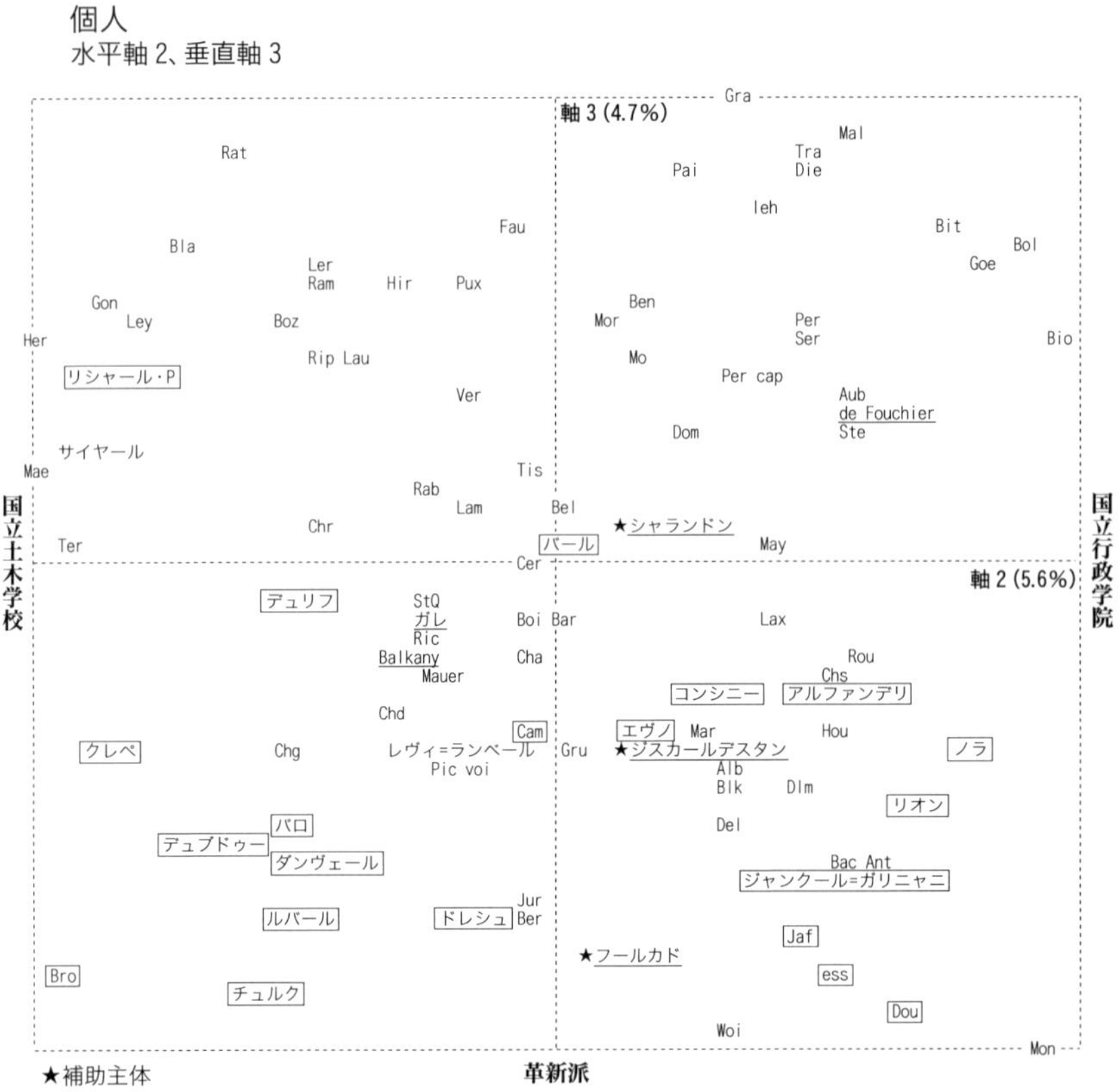

C域に分布する者は、他の領域に分布する者より年齢が高く、社会的出自のより低い者がほとんどで、地方出身者が多い。

D域では、社会住宅を専門とする機構（HLM公社）の代表者、業界団体の代表者、および地方議員と国会議員が大部分である。ここはINSEE、計画本部、改革準備を担当する委員会の場でもある。また、若手革新テクノクラートのピエール・デュリフ、ジャック・ルバール、ミシェル・ドレシュや、改革推進派議員のジャック・バロ、ユベール・デュブドゥー、ジャン・チュルクなど、特定の「革新派」の名前が見える。

軸3は、革新派のグループを明確に分離する。軸1と軸2上ではきわめて広範囲に散在する革新派（EN

Aを卒業した財務監督官や理工科学校を卒業した土木局技師がいるかと思えば、高級公務員や地方議員、さらには大都市の市長なども含まれている）は、いくつかの副次的特性を共有しており、そしてこの副次的特性によって、かれらは自らの第一所属カテゴリーから区別されるのである。すなわち、たとえば高級公務員にとっては、相対的な若さ、高レベルの社会出自（公共部門のきわめて高レベルの管理職の息子であるケースが多い）、研究班への所属といったものであり、また国会議員や地方議員にとっては、地方の枠を超えた名声、中央の問題に対する関心といったものである。

一方には、革新派の若手高級公務員がおり、かれらはDATAR、設備省内のきわめて活動的な調査部局――SAEI（国際経済部）やGRECOH（建設と住宅のための研究調査グループ）――、INSEEの住宅調査部などで位置を占めている。たとえば、ENAを卒業し、GRECOH財務税務調査部長を務め、ノラ＝エヴノ委員会のきわめて活発な委員であるジャック・ルバール上級職事務官。理工科学校を修了し政治学院卒業生でもあり、バール委員会の報告者補佐を務め、ノラ委員会に参加したジョルジュ・クレペ土木局技師。一九六九年にヴァレリー・ジスカールデスタンの下で委員会を束ね、ついで国庫局建設融資室長を務め、一九七三年以降は農業信用金庫の頭取補佐を務めているアントワーヌ・ジャンクール＝ガリニャニ財務監督官。ロベール・リオンの側近で、リオン委員会で二つの作業部会の報告者を務め、一九七二年にGRECOH財務調査部長に任命されたミシェル・ドレシュなど。このような革新派高級公務員の身辺には、バール委員会とリオン委員会のメンバーであったジャン・チュルクやユベール・デュブドゥーのように、あるいは第七次計画住宅委員会のメンバーであったウジェーヌ・ブレストのように、委員会において重要な役割を果たした地方議員や国会議員がいる。

対極には、しばしば年齢がより高くて学歴が低く、設備省関連の公共機関内あるいは管理部局内の地位を占めている公務員が集まっている。しばしば多数の勲章（戦功十字章、レジオンドヌール勲章）に飾られたこれらの公務員の多くは、知事とか、多種多様な位置を占める公営・民間部門の銀行家である。多様な委員会の作業に参加することはまれで、委員会の結論はかれらの意に反するものが多かった。

位置空間とスタンス空間

諸力の界をこのように分析することは、それ自体が目的なのではない。多様な位置 positions を、その位置を占める者が一九七六年の改革につながる議論のなかで立っていたスタンス prises de position と対比しないかぎり、すべての含意を明らかにすることはできないのである。換言すればこの分析は、差異的な――時には敵対的な――位置について作図をするものであり、そうした位置の占有者は、改革プロジェクトに由来する危機を利用して陣営を形成していくのである。個人のスタンスであれ、職団のスタンス（これは完全に一致団結したためしはない）であれ、スタンスは事実、二つの極の間に分布する傾向がある。一方の極は、掛値なしの対物援助を維持しよう――これはたしかにきわめてまれな位置ではあるが――としたり、対人援助と連動させて対物援助を維持しようとしたりするものであり、他方の極は、（バール委員会が提案したように）対物援助を完全に放棄して対人援助にシフトしようとするものである。

コレスポンデンス分析の説明的有効性は、位置空間とスタンス空間の照応がほぼ完璧だという事実によく現れている。国庫局の公務員は、バール委員会の報告書が提案するような純粋状態の自由主義的見解に与《くみ》し、対物援助と対人援助を組み合わせた折衷案を拒否する。「国家の撤退」の推進に気を砕く国庫局公務員は、対物援助の廃止（あるいは縮小）の穴埋めができる対人援助を、全カテゴリーの家庭に拡大したいと思っていた（やむを得なければ、経済的にもっとも恵まれていない家庭には対物援助を残すとしても）。そして、国家が民間住宅「戸数」の心配をする必要はないと判断し、社会住宅「戸数」（ＨＬＭ）の維持と改善のために公的援助をするという考えを拒絶した。予算局に関していえば、局長自身は対人援助をよしとし、全般的な観点から国庫局の立場ときわめて近かったが、局全体としては対物援助の維持に傾いており、国庫が部分的に資金負担することになる対人援助が予算に与える影響を恐れていた。設備省の側では、ここは住宅建築を優先任務としているので、（ある意味では、土木局技師に与える占有率を通してきわめて直接的に）密接な利害関係にある住宅建築努力の中断や鈍化については、これを不安に思わざるをえないのであり、それゆえ設備省は、いくつかの修正が加えられるにしても、現行システムの維持を望んだ。この傾向はもちろん、対物援助管理部局やＨＬＭ機関保護監督部局において、きわめて強力であった。

対物援助の個人化（ＧＲＥＣＯＨ）であれ、あるいは住宅建築援助の廃止や――国庫が部分的に資金負担をする――対人援助の導入であれ、それらをいちばんはっきりと望んだのは、各種の調査部局であり、それを先導したのはＧＲＥＣＯＨ、予測局、ＩＮＳＥＥ住宅部、ＤＢＴＰＣ統計経済調査部であった。高級官吏以外では、工業部門や建築部門の公共施主や民間施主は設備省の先進派と近い位置にあり、住宅建築援助の維持を望んでいたが、かれらは個人化された援助、そしていずれにしても軽減された援助を望んでいた。

改革をめぐる議論のなかで、財務省と設備省（軸２上で明確に対立している）はしたがって、対立する主張を、さらには妥協不可能な主張を展開した。財務省は、あまりに資金負担の大きい住宅建築援助を、住宅への対人援助に完全に転換するために奮闘し、他方、ＨＬＭ運動と社会住宅建築業者に関連の深い設備省は、対人援助をたんなる補助にとどめようとしていた。「自由主義」的改革派の陣営には、大統領とその官房（とりわけＧＲＥＣＯＨと密接な関係にあり、一九七六年の夏に法案準備に要の役割を果たすことになるピエール・リシャール）、適用猶予期間に賛同できずにいたにすぎないジャン＝ピエール・フールカド、はじめは躊躇していたが「質素な家庭」に住宅取得の道を開くように整備するという条件でＡＰＬ〔住宅への対人援助〕賛成に転じたロベール・ガレ、このうえなく精力的な新政策擁護者となるジャック・バロ設備大臣がいた。改革プロジェクトに反対する設備省側には、以下のものがいた。すなわち、まずＨＬＭ運動であり、これはロベール・リオンの主導の下、犠牲にせざるをえないものを犠牲にすることによって、そして対人援助と対物援助を組み合わせた穏和な自由主義政策を提案することによって、（バール委員会が推進する）急進的な自由主義を事前に制御し妨げるための臨時会議を組織した経歴があり、不動産信用会社の活動縮小を非難していた。次に不動産銀行（新築住宅メーカーへの助成金と特別貸付を担当する）と相互銀行があり、これらは農業金庫などへの移管により新規貸付の管理と配分の任務からはずされていた。さらに預金供託金庫があり、また家族手当基金があり、後者は新制度になかなか適応できずにいたが、ＡＰＬ配分の任務を務めることになっていく。さらにまた、左派政党とりわけ共産党、そしてもっと一般的に、所属政党を問わずＨＬＭ機関に参加する地方議員と国会議員（国民議会議員と上院議員）がいた。改革の準備中にすでに見えていたこうした抵抗は、法律の作成と施行の段階でいっそう明確に姿を現すことになる。これはとりわけ、各県の設備局レベルで顕著であったのであり、そこは社会住宅建築会社やＨＬＭとの従来からの関係が攪乱されることを嫌い、しばしば地元住宅メーカーやあらゆる政党の地方議員と結託した（住宅の社会政策を求める全国連絡委員会は一九七六年七月に結成され、家族住宅協会、フランス市長会、ＣＮＡＦ〔全国家族手当公庫〕、住宅総連合、全国建築連盟、貯金金庫連合、全国家族協会連合、全国ＨＬＭ機関連盟連合、全国住宅全職種連合といった「社会」団体の集合体であったが、この全国連絡委員会は国家の撤退を断罪し、また一戸建て住宅の取得に絞った奨励政策を断罪した）。

このようなスタンスをもたらす「理由」は、各ケースごとに異なる。しかし、行政機関に話をかぎれば、理由の大部分は、官僚機構（および対応する公務員）の「存在に固執する」傾向に、つまり、ある一つの官僚機関がその任務の喪失により存在理由を失わないように留意する官僚機構の傾向に由来する。このことは設備省のケースにはっきりと認められるのであり、そこでは、住宅建築——なかでもＨＬＭのような社会住宅の建築——の促進を明白に委任されていたにもかかわらず、対物援助の完全放棄がなされると、自分たちの主要な存続理由の一つが消滅すると考えられていた。たしかに、管理が必要な対物援助は公務員職団の活動を必要とし正当化するが、市場の論理や個々の成り行き任せの論理に回帰すれば、住宅の建築促進や管理といった任務はすべて消滅するかもしれない。官僚機関のこの自己存続化傾向や、その官僚機関に自らの官僚的存在と官僚的存在理由を負っている行為者の自己存続化傾向は、官僚機構の惰性の根源をなすものであり、しばしば嘆息の元となるものであるが、しかし、それが社会的征服の産物である場合には、政治的社会的な力関係の直接的制約から独立した構造と機能の永続化の根源をなすものでもある。

「官僚革命」の基礎

このように、(第一因子と第二因子にもとづく分布を通した) コレスポンデンス分析は、存在する諸力の分布を明らかにし、スタンスを位置に結びつける (論理的ではなく) 社会学的な含意のつながりを介して、そのような分布を維持したり変更したりする闘争の戦略原理を明らかにする。一方には、財務省および——間違いなく——民間銀行があり、後者は一九六〇年代末以来、新しい対人援助措置と完璧に調和する新形態の個人化された抵当権付貸付の恩恵を大々的に受けていた。他方には、設備省があり、また——ＨＬＭから公営融資機関までを含む——社会住宅開発に関連するあらゆる機関があり、さらにまた、社会住宅——これは持続的な支持者を形成する政治的ツールともなりうる——に直接の利害関係を有する多くの地方議員がいる。こうして、設備省の高級官僚のように特権的な地位にある高級公務員は、自らの職団と特権を擁護する論理そのものにもとづいて、自らの官僚的利益が結びついた社会的既得権の擁護に貢献する行動に引きずられることもある。したがって、官僚界の複雑な論理に注意を払った分析を行うことにより、国家の機能が本来的にもつ曖昧さを確認し、理解することができる。すなわち、国家が官僚的中立性を装って銀行や大手住宅メーカーの利益に沿った政策を押し付けようとするのは、疑いのない事実ではあるが、しかし国家が少なくとも一定の限度内で、被支配層の利益の保護に貢献していることもまた事実なのである。その際、たしかに銀行や大手住宅メーカーは、上級官公庁に張り巡らせたコネという社会関係資本を活用して、自らの利益に沿った政策、つまり個人向けや企業向けの銀行貸付市場の開設を、官公庁に強制してはいるのであるが。

しかし、関係者すなわち革新派総体は、諸対立を通して組織されたり麻痺したりしているが、統計分析はまた（第三因子を通して）、そうした諸対立を乗り越えることのできる力も明らかにしている。革新派は第一・第二軸上では広範囲に分散しているが、第三軸上では逆に結集しているのであり、こうしてかれらは、対立する諸勢力の均衡ということから現状維持 statu quo を余儀なくされているかに見えた官僚世界を、その現状維持から切り離すことができたのである。まったく異なった特性や利害をもったこれらの行為者たちは、もろもろの稀有な特性を共通して保有しているのであり、この稀有な特性によってかれらは、調査対象となったその他の母集団——とりわけ検討に付された改革措置に対して慎重で、多少なりともためらいがちな管理者型一般公務員の総体——からは区別されているのである。最高レベルのグランド・ゼコール（ENA、理工科学校）を卒業し、最高の威光を誇る職団（財務監督局、土木局）に所属するこれらの行為者たちは、早くして中央官公庁の輝かしい高位置（権力の観点から言えば傍流であるとはいえ）に登りつめ、そこで自分たちより年齢が高く、「年功」のおかげで昇進した「たたき上げ」の公務員——たいていは「質素」と形容される家庭を出自とする公務員にとっては通常の道である、長い職業生活の末にごく一般的な管理役職にたどり着いた公務員——と対立し、場合によっては対決する。かれらの

「若さ」（ジャック・ルバールは二八歳、フィリップ・ジャフレは二九歳、ミッシェル・ドレシュは三一歳）は事実上、「早熟」と言える。つまり、「素質」や卒業資格や肩書きといった、人に付与される特性は、人に裏づけと保証を与えるものであるが、通常 ordinaire ならば（生物学的に）もっと年をとってからでなければ手に入らないこのような属性をその若さで正当に所有するのは、異‐常 extra-ordinaire のように思われる。この「早熟性」は、そこに目をつむりたがる者がいるとしても、（ジョルジュ・クレペについて、ある情報提供者が「クレペって、高級公務員一家なんですよ。父親は会計検査院の部長でした」と言っているように）トップクラスの高級官吏の家庭出身であるという事実と無関係でない。高級官吏は、公知公認の官僚貴族そのものなのである。

　こうしてかれらは、大胆な「スタンドプレー」をすることを許されていると同時に、それを奨励されてもいるのであり、スタンドプレーは「若くて才能ゆたかな公務員」の役割とされ、また、こうしてキャリアを加速させることによって、かれらの「輝かしい未来」が約束されるわけである。住宅建築融資に関する改革準備に参加することは、大職団の記憶に残る典型的に官僚的な成功の一つを構成するのであり、その際、こうした参加によって――とりわけ「若手報告者」がベテランといっしょに仕事をする委員会の内部での――「コンタクト」が生まれるといったことにすぎないとしても、やはり参加するのである。こうした官僚的成功は、大臣官房への参加――これもやはり、しばしば委員会内部で作られた相互面識関係と結びついている――とともに、高級公務員の「すばらしいキャリア」を後押しする（「エリート集団」の採用はつねに、新参人物に関する完全な相互面識とか、出来うることならかれらの近親者とりわけ伴侶に関する完全な相互面識も活用した、互選の形態に依っている）。自身がその「早熟」ぶりで注目を集めた大統領が国家元首として存在しているということは、当然のことながら、同様の特性をもつ者全員にとっては状況を強化する方向へと働く。こうしたことは機構〔制度〕の法則にのっとっているのであり、つまりその法則とは、権力的位置への到達を後押しする特性の一つ――たとえば学歴――をもっている者は、その機構で最高の位置を占める者もまたそれと同じ特性を備えている時、（私企業または公企業の内部で）他の特性を保有している者を相手とする競争においては、即座に援護を受けるということである。

こうした「革新派」の特異な特性のなかには注目すべきものがあり、そのわけは、（ＥＮＡ卒業生のロベール・リオンと理工科学校卒業生のピエール・デュリフが政治学院の教室で知り合ったように）自らの特性に連動する拡大コンタクトを通したものでしかないとしても、たしかに職団や職団主義《コーポラティズム》の枠を超えようとする傾向を「革新派」に与えているからである。そうしたもっとも注目すべき特性の一つは、きわめて多彩な――ふつう官僚空間内で大きくかけ離れた位置に照応する――卒業資格を時には海外で取得していることであり、あるいは特にレーモン・バールやシモン・ノラのように委員会の何らかの責任者のケースでは、国際機関や大臣官房に所属していることである。このようなわけで、数例を引くに留めるが、ＩＮＳＥＥ理事であるピエール・デュリフは、理工科学校を修了するとともに政治学院も卒業した。革新派とのつなぎ役を果たし、ジスカールデスタン大統領の顧問であるピエール・リシャールは、パリ大学とペンシルベニア大学で学業を積んだ土木局技師である。やはり土木局技師であるジョルジュ・クレペは、政治学院も卒業している。ＥＮＡ卒業生であるピエール・コンシニーは、文学士号をもっており、エール大学に通った。こうした革新派が第一・第二軸上で大きく散らばった位置を占めているという事実は、おそらく、多様な利益を動員し和解させる必要のある事業の成功を後押しすることに寄与した。ここでの多様な利益とは、とりわけ新しい融資形態にどちらかといえば肯定的であった国庫局と財務監督局の公務員の利益であり、また職団の利益が伝統的に対物援助と結びついていた設備省の役人と土木局技師の利益であり、さらにまた、ＨＬＭに参加しているので、新施策によって多少なりとも脅かされる建築形態に多々関係している地方議員や市町村長の利益である。

通常の官僚主義とその因習に対して距離を置いている点は、おそらく「大胆」「野心」「情熱」など、高レベルの社会的出自と「早熟性」に通例結びつけられる諸性向とともに、管理構造の公務員大衆と「官僚革命家」とをいちばんはっきりと分離するものである。これらの「革新派」はたいてい、地方の職務に就いた経験や通常の官公庁に勤めた経験がまったくなく、しかも、初めから（ＧＲＥＣＯＨのような）研究計画機関のなかで——あまり重要でなく末端的かもしれないがそれでも——意思決定中枢に近い位置を占めている。そうした「革新派」とは異なって、たいていは特に変わり映えのしない法律教育を受けてきた管理公務員は、きわめて長い年月、地方職務や純粋な事務職を務め上げてようやく、内部昇進のロジックにもとづき、しかも大臣官房や国外を経由することなく、中央の位置にたどり着く。

これら二種類の行為者カテゴリーには、二種類の思考様式、官僚世界と官僚制行動に関する二種類の観点、さらには——年齢・学歴・官庁内年功などの社会的特性に社会学的に結びついていることがすぐに分かる——完全に対立する二種類の官僚資本が対応している。一方は経験という官僚資本であり、これは、人事責任者の属性である「人に関する知識」であろうと、経験豊かな責任者の属性である法規に関する知識であろうと、とにかく時間をかけて長期間にわたって獲得する以外に道はなく、したがって官庁内の年功と結びついている。他方は技術に基づいた官僚資本の諸形態であり、これは、もっと合理的で形式化された手続きを踏むことによっていっそう迅速な獲得が可能なものであり、また、長い年月をかけて獲得した情報資本を脅かす性格を有してもいる。この合理的形式的な手続きとは、たとえば、人員の知識に関する統計調査であり、あるいは、ある一つの施策のコストと効果を評価するための数学的モデル化である。ある特定の公務員や職団の力は、一部はつねに、情報というこの希少資源を掌握する能力——さらには独占する能力——に由来している（内部闘争では、経験と年功を基盤とする情報資本保有者の武器の一つに「情報滞留」があることが、知られている）。ここでは、情報提供者がしばしば言及した、半ば伝説的人物となったラティニュス氏の例を挙げることができる。一九四五年から一九七五年まで国庫局の主任補佐官であったラティニュス氏は、対物援助の融資に関するあらゆる法規、および被援助住宅のカテゴリー別コスト計算に関するあらゆる法規に通じている特異な人物であり、いくつかの文明社会では「生き字引」と呼ばれる者の役割とよく似た役割を果たしていた。生き字引は、法規、通達、補足通達、訂正通達が織り成す迷路のなかで唯一出口を見つけ出す能力を持っているので、官僚制がスムーズに機能するためには不可欠な人材であり、尊敬の念を寄せられ、同僚とりわけ後輩からしきりに相談を受け、誰もその行動を制御できない一種の裁定者または専門家となる。このようなまったく「退屈な美徳」は描写しているだけなのにそれを説明だと言ってごまかしているにすぎないのだが、この美徳は「官僚的惰性」や公務員の「抵抗」のせいにされ、その一部は実際のところ、年功や経験と結びついたこうした資本が特定の施策によって脅かされるという事実によって説明できる。もっと一般的にいえば、知識の蓄積やその迅速な利用を可能にする科学資本や技術資本の形態はすべて、経験のみにもとづく実務的能力の保有者を危険にさらすのである。

住宅改革を舞台に管理者と革新者の間で繰り広げられた対立（分析の第三因子が明らかにする対立）は、この種のものである。革新派は、とりわけ新施策のコスト評価と効果評価をめぐって財務省の役人と対立したが、その議論のなかで自分たちの見解を採用させるため、計量経済学の技術に大いに訴えた（多くの情報提供者の指摘によれば、住宅手当の計算に関する一九七二年の法律につながった交渉のなかですでに、設備省のためにＩＮＳＥＥが作成したモデルに対抗すべく全国家族手当公庫――ＣＮＡＦ――が対置できたのは手作りの計算方法でしかなく、裁定に際して自行のプロジェクトを擁護しなければならなかった時、困惑したという[6]）。形式的モデルの有効性とその形式的モデルを根拠とする研究部局の有効性を過大評価しないように気をつけなければならないとしても、数学モデルのような形式的ツールをふつうに使うことによって、こうした特殊な形態のユートピア主義の導入が助長され、こうしてこれらの用具が――おそらくもっと決定的な他の権力と結びついて――「革新派」の勝利に大いに貢献したことに変わりはないのである。

委員会と強力な少数派への正統性付与

革新派が保有する特性の総体を集めてみると、また、ハビトゥスの親近性にかかわる共感の絆によって革新派を接近させるために適当な特性の総体を集めてみると――もっとも、界全体を構成する差異を革新派の構成する小空間のなかで再現してみると、その位置には差異があるのだが――、これらの「革命家たち」が金持ちだということがわかる。実際、あらゆる点からみて、他の多くの界と同様に官僚界でも、革命を成功させるためには大量の資本を所有していなければならないように思われる。しかし、こうした官僚的変革のモデルはおそらく、ほとんどすべての役者が持っている別の切り札――官僚ゲームの感覚――を考慮に入れないかぎり、不完全なものに終わるであろう。この官僚ゲームの感覚は、そのもっとも完璧な形態においては、節度を知った違反の名手としてゲームのルールと戯れることを可能とする。二重の意味で事情に通じた記事――それがやがて融資改革にいたる思想運動の一出発点となった――を書くために、アントワーヌ・ジャンクール＝ガリニャニが何から何まで対照的な外観を呈するラティニュスと手を組んだのも、このような次第からである。同様に、決定的役割を果たす委員会の委員長としてレーモン・バールを選んだ者たちは、彼が住宅建築の世界の争点には無縁な人物だが、官僚生活の方法や手続きにはなじんでおり、委員会内の招待や交流を支配する礼節に通じており、そのような礼節を遵守する人物だということを評価したのである。バールは実際、委員会という官僚機構の制度化された変革ツールを最大限に活用して、見事に任務を遂行した。

官僚制は、委員会という、典型的に官僚的な組織上のこの発明によって、自らに固有の目標を追求しつづけながら、また自らに固有のの変革ルールに従いつづけながらも、なおかつ、自らに固有の制限を乗り越え、外見上、外部と討論を交わすことができるようになった。集団的主体への埋没がもたらす部分的普遍化によって覆い隠されていながらも、同時に正統化されてもいる強力な少数派は、公知公認の——ある使命や任務を委任された——一種の正統的な圧力団体となる。既成制度を転覆するような動きによって、ある職団やある派閥の特定の利益のために働いているのではないか（「野心家ではないか」）と疑われずにすむようになる。形式が完備したことにより、正統性のある動員の行為者となるのである。官僚制は、このきわめて特殊な形態の官僚的成功を認知しているのであり、この官僚的成功によって、公務員の匿名性からしばしば自由になった「献身的な公僕」が生まれるのである。それというのもこの献身的な公僕は、官僚ルールの統制のとれた転覆という点にいたるまで、官僚的守秘義務の基準に従う術を知っているからである。

このようなわけで、当時、設備・住宅大臣であったアルバン・シャランドンが住宅手当の給付を拡大し、一戸建て住宅建築を奨励するために注いだ最初の努力以降、息の長い仕事がなされた（一九七一年七月一六日の法律と一九七二年一月三一日の法律）。次いで一連の駆引きがなされたが、そこでは『白書』のためのＨＬＭの活動とバール委員会とがハイライトをなし、またこうした駆引きは、動員と操作に関するいかにも官僚的な壮大きわまる戦略能力を前提とするものであった。こうしたことを経てやっと、新たな表象が高級官吏機構の内部自体で公式に成立し、そこから、住宅政策の多方面の責任者の間の対立を鎮めようとする性格の妥協が生まれた。ありそうな話だが、当時のヴァレリー・ジスカールデスタン大統領の改革プロジェクトを嗅ぎつけたロベール・リオンの後押しを受けて、あたかも相手の足元をすくうためでもあるかのように、ＨＬＭ運動はいわば先手を取って「一撃」を加えた。その一撃は、ちょうどバール報告——これはそのウルトラ自由主義のためにおそらく意図とは反対方向の動員を誘発した——と同程度に、住宅への対物援助と対人援助を組み合わせた妥協案を容認する方向に向かう展開を後押しすることに貢献した。事実、ＨＬＭ運動の『白書』作成者は対物援助の維持を求めて、バール報告やノラ報告が無視した数多くの主張を展開したが、対人援助に対する一定の支持も表明した。全国調査活動を契機に、とりわけ地方責任者の間で行われた膨大な共同認識の作業は、それまで外部からＨＬＭ運動に向けて発せられていた機構批判を、ＨＬＭ運動自体の内部に受け入れさせることに貢献した。考慮に入れるべき提案を政府当局に突きつけることを目標に――四五〇人という膨大な動員人数もこれで説明がつく――、中央官庁の活動の自由を制限しよう（どっちみち当時は不在も同然であった）ともくろんだロベール・リオンとその「相棒たち」（ミシェル・ドレシュ、クロード・アルファンデリ、クロード・グリュゾンら）は事実上、自由主義的見解からいちばんかけ離れた界のセクター（分析図ではＤ域）に改革を受け入れさせる準備を整えることによって、中央官庁の意図に奉仕した。

このように、ロベール・リオンは声望の高い高級公務員で、ゲームと争点と競争相手を知悉していたのであり、その彼が考えた戦略は、おそらくはあまりに巧妙であったために、レーモン・バール主宰の委員会のために地ならしをする結果となった。バールは自らの非妥協性により、リオンがあらかじめバール委員長に受け入れさせようと思っていた妥協を後押しした。二つの委員会の構成と機能は、この対立――それは共犯者でもある敵対者間の関係を定義している――における補完的関係を証明している。バール委員会が各種の家族運動や社会機関にとるに足りない席を配分したのと同様に、ＨＬＭの活動は、公務員にきわめて限定的な場を与えただけであった。[7] 情報提供者によれば、住宅政策変革の主要な責任者として各種の人物の名があがっている。そして事実、それらの責任者としては、時には激しく対立する敵対者として自他ともに認めたが、事業が互いに補完的で、同じ目的に収斂することの明らかとなった人物（ジョルジュ・クレペ、ピエール・デュリフ、ジャック・ルバール、ピエール・リシャール、ロベール・リオン）がごちゃ混ぜになっていた。つまり結局は、情報提供者はさほど間違ってはいないのである。

変わらぬものと変わるもの

おそらくのところ、一九七五年改革の構造的歴史から導かれうるロジックは、状況次第といったようなものでは全然なかろう。「住宅政策」は、「社会」政策の支持者――これを社会主義と混同してはならず、ましてや社会党員と同一視してはならない――と、多少とも急進的な自由主義の擁護者との間に繰り広げられた最初の衝突の場の一つであった。一方の側には、「社会権」――労働権、健康権、住宅権、教育権など――の現行の定義を拡大ないし維持しようとする人たちがいる。こうした社会権は、失業手当、住宅援助、家族手当といったさまざまな保障形態を介して、集団的公共的に認められ受け入れられたものであり、また「各人にはその必要性に応じて」という原則(そのパラダイム的表現は「最低生活費」の考え方である)にもとづいて見積もられることになる。他方の側には「福祉国家」の介入を再定義し、縮小しようとする人たちがいる。かれらはとりわけ、「各人にはその貢献度に応じて」という原則による各種施策を実施し、行為者の社会的価値の究極的尺度として制度化される金銭的所得に、給付援助を比例させるような施策を実施しようとする。[8]

一九七〇年代の先進テクノクラートに着想を与え、当時は高級官吏の間でさえ激しい抵抗にあった「理念」は、その後――特に一九八一年以降――多くの援護を受け、ついには社会権を擁護するように社会的委任を受けた人たちさえもが後押しするようになった。これはもちろん、政治学院やＥＮＡを卒業したリーダー世代が権力の座に就いたことと無縁ではない。[9] 実際、その理念の擁護者の多くが幾度となく言及したように、援助と(銀行用語の意味における)「対人」貸付を調整していく措置によって住宅取得を促進しようとする「住宅政策」は、「集団的」「社会的」なものに、したがって「集産主義」「社会主義」に対抗する武器と見なされていた。別の時代における労働者用家庭菜園のように、一戸建て「小住宅」やその小住宅を購入する道を開く長期ローンは、「受益者」を長期間、経済社会秩序に縛りつける役目をになっているが、この経済社会秩序そのものが、長期間借金を背負った住宅所有者が銀行に与えうるあらゆる保証中の保証をなすものである。しかも、銀行機構は、眠っている貯蓄を幅広く動員する権利を与えられていた。

「住宅政策」の策定をめぐる闘争の界をはるかに超える各種要因の影響を受けて、この界の内部における力関係はしだいに、多少なりとも急進的な自由主義の擁護者に有利になっていった。今日、仮に分析を実施すれば――ほぼ同様の原則にもとづき、同一の問題に関して――同じような行為者大分類に区分できることが明らかとなろうが、しかし、すべてのスタンスが全体的に自由主義の側にシフトしていることであろう。このシフトはおそらく、少なくとも部分的には、援助と貸付分野における「自由主義」政策の影響によって、また、とりわけ――初期には管理職の間で、そして特に一九八〇年代は工員や会社員のいちばん恵まれた層の間で――拡大していった住宅取得によって、規定されたり可能となったりしたものである。一九八二年六月二二日のキヨ法と、そのキヨ法の効果を部分的に解消することを目的としたピエール・メエニュリーの住宅計画とが巻き起こした論争は、HLM機関が遭遇する困難を遺憾に思う者と、住宅分野に「市場法則」を適用することを望み、低家賃住宅を居住者に売却することさえ推奨する者との間に、旧態依然の対立がつづいていることを物語っている。全国評議会は建築家、材料メーカー、企業家（全国一戸建て住宅建築会社連合、全国開発業者・建築会社連盟、そして特に全国建築連盟）を結集していたが、たしかに、以前は対物援助にむしろ賛同していた業界人（一九七七年の法律には真っ向から反対した）も、全国住宅建築評議会を通して、少なくとも一時的には（そして、おそらく七四年の五〇万戸から八六年の二九万五〇〇〇戸に急落した建築住宅戸数と関連して）、自由主義の側についたように見える。しかしながら銀行は、たぶん「パーソナルローン」の潜在的顧客「資源」が枯渇したために（過剰債務に関連する係争件数の増加がそれを証明している）、全国不動産仲介業者連盟（ＦＡＮＩＭ）や全国財産管理人会議所（ＣＮＡＢ）、あるいは全国不動産連合（ＵＮＰＩ）——これはキョ法に激しく反対した——に加盟する公証人や個人不動産所有者と同様、静観を決め込んだ。

実際、一九六〇年代から七〇年代にかけて実施された「住宅政策」は「自由主義」陣営への援護となったのであるが、それにもかかわらず、「社会権」の擁護に与する勢力は、まだきわめて大きな力を保持していた。それというのもこの勢力は、はるか以前から諸機構のうちに、すなわち、とりわけ行政構造のような客観的構造と同時に認知構造のうちに組み込まれており、また自らがその生産に貢献した性向のうちにも組み込まれていたからである。

注

＊本章は以下の論文に立脚している。P. Bourdieu et R. Christin, « La construction du marché », *Actes de la recherche en sciences sociales*, 81-82, mars 1990, p. 65-85.

（1）バール委員会の勧告を実施する一九七七年の法律以前、貸付は固定金利であり、返済期間は四五年間であった。一九七七年以降、金利はスライド制となり、累進年賦で、返済期間は三五年間に短縮されたが、その見返りとして対人援助が増強された。

（2）一九七七年以降、新築住宅はすべて、ＡＰＬ（住宅個別扶助）を受ける権利を得た。特定の既存住宅に対してもＡＰＬが適用された。

（3）Cf. Y. Carsalade et H. Lévy-Lambert, Note jointe au Rapport du groupe « Interventions publiques » de la Commission de l'habitation du 6e Plan, t. II, p. 175 *sq* ; H. Lévy-Lambert, « Modèle de choix en matière de politique du logement », *Revue d'économie politique*, 6, 1968, p. 938, et *La vérité des prix*, Paris, Editions du Seuil, 1969.

（4）時間の隔たりがもたらす「中立化」のおかげで、恒常的な——したがっていまでも存在する深刻な——構造と争点に関する調査は、過去のものとなった闘争に関する歴史的な問いかけという外観を装うことができた。しかしながら、本文中においても図中においても、名前を明記するのは改革事業への参画が広く知られている高級官僚のみとし、他の人物についてはイニシャルを記すにとどめる。

(5) Cf. H. Rouanet et B. Le Roux, *Analyse des données multidimensionnelles*, Paris, Dunod, 1993.

(6) 一九七六年三月と七月の裁定後、改革担当人員は根本から刷新された（特にＧＲＥＣＯＨが大いに勢力を伸ばした）。とはいうものの、（住宅省官房に所属するジャック・バロや建設局に所属する）新改革責任者たちは、前任者と酷似した特徴を呈していた。すなわち、国外や国際機関で職業経験を積み、計画本部やＤＡＴＡＲの調査部局から派遣されてきた者が大部分を占めていたのである。

(7) ノラ委員会はおそらく、三つの委員会のなかでもっとも完璧に官僚的であった。官僚制の心臓部そのもの（財務省）から生まれ、在任中の高級公務員に委員長の任がまかされたノラ委員会は、ほぼ比較的若手で革新派の公務員のみで構成されており、委員会の出した結論は、官公庁の上級レベルでは全員の合意を得ていた模様である。

(8) この二つの論理の対立は、ベルナール・ギベールが研究したケースにおいて浮き彫りになっている（Bernard Guibert, *L'Intervention de l'Etat dans l'obligation alimentaire. Premières leçons de la loi de 1984*, Paris, CNAF, 1987, p. 10-11)。このケースでは、一八〇四年の民法典の扶養義務を特徴づける「一括方式の論理」は——子どもにかかるコストが両親の所得に比例すると見なす——所得税に特徴的な「指数方式の論理」と対立する。同様の対立は、一方での対物援助と、他方での対人援助の分野でも見られる。対人援助ということをもっと一般化すれば、あらゆる「パーソナルローン」政策がそれであり、これは一九六〇年代に銀行が実施し、経済的行為者の現行ならびに潜在的な金銭的価値を、経済的行為者の価値の絶対的尺度ならびに——社会的・経済的に経済的行為者に与えることのできる——（語の強い意味での）信用の絶対的尺度にしようとするものである。

(9) 「自由主義」の聖典《ウルガタ》の編纂・布教における政治学院の役割に関しては、以下を参照することができよう。P. Bourdieu et L. Boltanski, « La production de l'idéologie dominante », *Actes de la recherche en sciences sociales*, 2-3, 1976, p. 4-73.

■付属資料
I　多重コレスポンデンス分析

データ構成と結果

表: 97行（個人）うち例証3，47列（分離変数）うち例証2。
変数。年齢7［様態］; 職業16; 婚姻状態3; 子どもの数7; 出生地3; 公立／私立中等教育機関4，ジャンソン・ド・サイイ校2，ルイ・ル・グラン校2，アンリ4世校2，スタニスラス校2，他のパリまたはパリ地域圏の高校2，地方の有名高校2，その他の地方高校2; 高等教育: 文学部2，法科＋IEP＋ENA 2，法科＋ENA 2，理工科学校＋ENA 2，ENS 2，理工科学校2，土木学校2，中央工芸学校2，その他2，国外教育2; レジオンドヌール勲章2，功労章2，戦功十字章2，教育功労勲章2，その他の勲章2; バール委員会2，計画本部委員会2，住宅委員会2，リオン委員会2; ノラ委員会2; 官公庁所属19，その他の職団2; 大臣顧問2，省局長2; 地方議員2，国会議員2; 国務院2，会計検査院2，財務監督局2，土木局2，知事2，その他の職団2; 例証方式: HLM公社・会社の社長2，GRECOH 2。

因子 固有値	寄与率
1－0.11713	6.41＊
2－0.10255	5.61
3－0.08659	4.74

＊一般に分離コード化表の分析は，「抽出した情報に比して悲観的に過ぎるイメージを与える」低い慣性率を導くことが知られている。Cf. L. Lebart, A. Morineau, N. Tabard, *Techniques de la description statistique*, Paris, Dunod, 1977, p. 130.（同様の観察が以下の文献にも見られる。J.-P. Fénelon, *Qu'est-ce que l'analyse des données ?*, Paris, 1981, p. 164-165.）

最大寄与

第1因子		第2因子		第3因子	
個 人					
リシャール Richard	4.3	ブロックL Bloch-L	4.6	モノ Monod	4.6
クレペ Crepey	3.5	メイエ Mayet	4.5	ヴォマンティ Womanti	4.2
デュブドゥー Dubedout	3.2	エルヴィオ Hervio	3.9	グラエヴ Graeve	4.2
ロール Laure	3.2	ブルース Brousse	3.6	ドゥーフィアグ Douffiagues	3.9
メイエ Mayet	2.9	ノラ Nora	3.3	チュルク Turc	3.7
サイヤール Saillard	2.9	テルニエ Ternier	3.1	エシッグ Essig	3.3
ヴェルジェ Verger	2.9	リシャール Richard	2.8	ブルース Brousse	3.3
トローブ Traub	2.7	ゴノン Gonon	2.8	マルコ Malecot	3.1
ルルブール Lerebour	2.6			ラティエ Rattier	2.8
ルロワ Leroy	2.6			ジャフレ Jaffré	2.7
エルヴィオ Hervio	2.6			トローブ Traub	2.6
ブルース Brousse	2.5			ディウボ Diebolt	2.6
テルニエ Ternier	2.5			ペラ Paira	2.5
変 数					
その他の職団	6.7	理工科学校	6.2	ENA, IEP, 法科	6.2
非その他職団	6.7	土木学校	5.8	レジオン	5.9
土木職団	6.1	土木職団	5.8	戦功十字章	4.5
土木学校	6.1	財務監督局	3.6	地方議員	3.4
理工科学校	3.6	戦功十字章	3	会計検査院	3.4
地方議員	2.7	官房長官	3	61～65歳	3
国会議員	2.7	その他の勲章	2.8	レジオン	2.9
ジャンソン	2.7	教育功労勲章	2.5	知事	2.7
公共管理職	2.6	特別任務官吏	2.5	公共設備	2.6
その他の教育	2.6			スタニスラス校	2.6
				自由業	2.5

II 文献資料

Alphandéry, Claude, *Pour une politique du logement*, Paris, Éditions du Seuil, 1965.
Annuaire Desfossés-SEF, Paris, Cote Desfossés-Dafsa, 1975, 2 vol.
Barrot, Jacques, *Les Pierres de l'avenir*, Paris, France-Empire, 1975.
Bottin administrative et documentaire, Paris, 1975.
Cazeils, Jean, *La Réforme de la politique du logement*, Thèse de 3e cycle, s. l., s. n., 2 vol., 1979.
Dresch, Michel, *Le Financement du logement*, Paris, Berger-Levrault, 1973.
Engel, Marc Sylvain, *L'Aide personnalisée au logement*, Paris, PUF, 1981.
Heugas-Darraspen, Henri, *Le Logement en France et son financement*, Paris, La Documentation française, 1985.
Lebhar, Jacques, « Réflexions sur l'esprit d'une loi », *Les Cahiers du GRECOH*, 14, 4e trim. 1976, p. 5-8.
Lévy-Lambert, Hubert, *La Vérité des prix*, Paris, Éditions du Seuil, 1967.
Lion, Robert, « Edito », *Actualités HLM*, 142, 15 juillet 1977.
Massu, Claude, *Le Droit au logement. Mythe ou réalité*, Paris, Éditions socials, 1979.
Rapport de la Commission de l'habitation du 6e plan d'équipement et de la productivité, Paris, La Documentation française, 2 Vol., 1971.
Rapport du Comité de l'habitat pour la préparation du 7e Plan, Paris, La Documentation française, 1976.
Rapport de la Commission d'étude d'une réforme du logement présidée par R. Barre, Paris, La Documentation française, 1976.
Rapport sur l'amélioration de l'habitat ancient, rédigé par Simon Nora et Bertrand Eveno, Paris, La Documentation française, 2 vol., 1975.
Union nationale des HLM, *Proposition pour l'habitat. Livre blanc*, supplément à la revue *HLM*, 244, 1975.

3章　地方権力の界

中央レベルにおける「住宅政策」は、構造制約のもとでなされる長期間にわたる相互作用の末の産物である。それと同じように、その住宅政策の構成要素であるさまざまな規制措置もまた、それ自身、諸行為者間の一連の新しい相互作用を通して再解釈され再定義されていくことになる。その際、行為者は、地方や県といった地域単位で設定される客観的な権力構造内の位置に応じて、相異なる対立した諸戦略を追求するわけである。これはつまり、「全国」と「地方」、「中央」と「周辺」の関係を、たんなる普遍的法規とその個別的適用の関係、立案と施行の関係とは見なせないことを意味する。「中央」権力の立場に立った見解、つまり（地理的にも社会的にも）「周辺」の宗教や信仰を魔術的儀礼と見なそうとし、地方言語を方言と見なそうとするような見解は、知らぬ間に社会科学に浸透している。「中央」と「周辺」（あるいは普遍と地場）の対立を利用することによって、記述的中立性の外観のもとに支配の効果を覆い隠すばかりか、対立するこの二項の間にヒエラルキーを確立しようとする例には事欠かない。こうして、周辺の行動は中央による決定の機械的適用に過ぎず、地方官公庁は命令や官僚的「通達」を履行するためにだけ存在すると考えられるようになる。あるいは、それと並行的に、周辺の行動が中央の措置に対する私的利益や地方（「田舎」）主義の「抵抗」だと見なされることもある。

ルールとの戯れ

「中央」と「周辺」という、外見上中立で純粋に記述的な対立が象徴的プレグナンツを得ているのは、二つの対立総体が重層している事実に負っている。第一の対立総体は、ヒエラルキーのより低いレベルをより小さな地域単位に対応させるという一連の区分・小区分の形態のもと、官僚制構造それ自体に組み込まれていると同時に、「指揮」し「立案」する「中央」と「施行」する「地方」「外部」部署との対立という形で、すべての公務員〔官吏〕の認知構造にも組み込まれている。第二の対立総体は、官僚制そのものと、その官僚制の外部に位置するものすべて——義務を負った者または「行政客体」だけでなく「地方公共団体」も含まれる——との間に成立する。つまり、「公共サービス」と「私的利益」との間、「一般利益」と「個別利益」との間に成立する対立総体である。したがって、部分的に互いに置換可能なもろもろの対立が、並行的に存在するのである。たとえば「中央」／「地方」、「一般」（「一般利益」「一般的観念」など）／「個別」（「個別利益」）、「立案」／「施行」、「理論」／「実践」、「長期」／「短期」などが挙げられる。このような対立の共通母体となっているのは、二つの観点〔公務員の観点とたんなる執行者や一般行為者の観点〕の間のアンチテーゼである。すなわち公務員の観点は、官僚制世界が自分たちに関して発するすべての言説を生みだす原理であり、この職業イデオロギーの生産者や再生産者のうち最もうぬぼれの強い者が時に大げさに「行政科学」と呼ぶこともあるすべての言説を生みだす原理であるが、その公務員の観点は、単なる執行者や一般行為者の平凡な観点と対立するのである。公務員は、官僚制ヒエラルキーの頂点に位置することから、「現場を超越した」立場にあると見なされ、したがって「距離をおいて」「大所高所から」「全体に目を配り」「大局を見渡す」傾向にあり、またその能力もあると見なされる。他方、単なる執行者や一般行為者は、「短期的な利害」から無秩序な「抵抗」に走ったり、「一般利益」に反する「圧力」をかけたりしがちだと見なされる。こうした対立総体は、技術的であると同時に倫理的でもある（大半の場合、社会的・学歴的に保証された自分自身への確信を基盤とする）優越感に根ざしている。そして、この対立総体はテクノクラート的世界観の根源にあるのであり、この世界観は正当な象徴暴力の国家独占という性質を有するかぎりにおいて、公務員でもあり普遍性の普及者でもあると自認するように社会的に根拠を与えられ、また奨励されもする者全員に固有のものである。そして、官公庁の外部から住宅援助に関する大規模委員会に参加する者がいるが、かれらについて委員会報告者がいだく認識はこうした対立総体によって作られてしまい、また県設備局のトップ技師が自らの管轄区の市長や県議会に対して抱くイメージが形成されてしまう。これはつまり、対象としての地位を有するにすぎない区分の原則を、対象の構築ツールとしての科学のなかに持ち込まないためには、現実構築の原則の事前客観化が不可欠であることを意味する。この現実構築の原則とは、現実自体に組み込まれており、また現実を分析しようとする者（および、たとえば、哲学者は「人類の公務員」であるとするフッサール的見解を自らの見解とすることのできる者）の精神自体のなかにも組み込まれているものである。

確かなのは、実践の場において、企業主に対しても、大半の「行政客体」や「義務を負った者」や「法に従うべき者」に対しても、「国家」は多くの場合、否定や禁止をするための法規という形で、またその法規を引き合いに出す代理人や機関という形で登場することである（住宅分野に関していえば、国家や法規の存在は、特に、土地占用計画や技術的・審美的建築基準などを介した建築許可申請時、融資申請時、保証や期日などに関する売買契約署名時などに想起される）。法規によって方向づけられ統治された認識は選択的認識であって、これは公務員の規約上の権限と同じ範囲内にある。にもかかわらず、それは「美」の基準に関する普遍性、または合理性と技術を基にした普遍性、あるいはまたその両方を標榜する普遍的認識であると自己主張し、しばしば没個人的で集合的な主語をつけた提案を展開する（「文化省の見解は、以下のとおりである……」）。これは、その根源にある観点の恣意性を忘れさせたり覆い隠したりすることが必ずしも容易とはいえない場合、たとえば審美的根拠や技術的根拠によって合法正当な屋根の突き出し幅や歴史記念物の環境保護範囲を根拠づけるのが必ずしも容易でない場合でさえも行われる。しかし、それが県建築家の行為である時には、ユーザー（特に、ごく近接の地点にいながら、社会空間ではきわめて異なった地点を占める他の建築家）にとって特殊なものとしか思えないこの観点も、普遍的であると認知させる手段を有している。屋根の突出部が一二センチを超えないように求める法規や、歴史的建造物の環境が半径四〇〇メートルの範囲で保護されることを定める法規など、こうしたものを遵守させる任務を明白に委託された権威ある公務員としての身分それ自体が、住宅の分野では何が美しく、また何が良いのかを「独占的に定めうる状態」を内にもつ。この合法的な象徴暴力の独占は、県建築家やＤＤＥ〔県設備局〕技師といった公務員のうぬぼれの中に明確に現れているのであり、かれらは、存在しえない観点、つまり一般利益の——中立的にして権限を付与された——奉仕者という絶対的・普遍的・一般的な観点、したがって脱地方的・脱個別的・脱私的な観点に立っていると思っている。そして、このうぬぼれの強い信念についていえば、その必要性と普遍性を明確にするために必要な心理的源泉が、公務員のハビトゥスの中に組み込まれている性向のうちに見出しうるのも珍しいことではない。そういった性向としては、たとえば、利潤の論理への反資本主義的な敵意とか、大量生産への審美的嫌悪感とかいったものであり、これらは多くの県建築家が工業生産住宅に対して強い偏見をいだくもとになっているのである。

独占を求める闘争のなかで、法規は、いざという時の各自の技術的ないし文化的な能力とともに、公務員の最大の武器となる。「規則《ルール》に従う時の利益がそれに従わない時の利益にまさる時、人は規則に従う」というウェーバーの言を敷衍して、法規を適用したり遵守させたりする時の利益が「目をつぶったり」「特例を認めたりする」時の利益にまさる時、まさにその場合にかぎり、公務員は法規を適用したり遵守させたりする、と言うこともできる。

上述したように、社会における対立的な利害や見解の間の対決や取引を介して生み出された規則は、それを遵守させる任務を負った代理人の行動を通して初めて適用されうる。そのような代理人は、官僚制ヒエラルキーのなかで占める位置が高くなればなるほど、大きな自由裁量の余地を有しており、厳格であることと融通の利くことのどちらが物質的または象徴的な利益が大きいかに応じて、規則の適用を推進したり、逆に侵犯を働きかけたりすることができる（そこから、位置とスタンスの間に機械的な関係は成立しえないということが言える。位置にはつねに、多少なりとも幅の広い遊びが含まれており、代理人は、自らの性向に応じて多少なりとも自由に裁量できるが、そのような性向自体、多少なりとも緊密に位置に対応しているのである）。

公務員の権威は、法規との——距離をとらない——完璧な一体化のなかで成立しうる。規則の前で自らを消し去り、自らを無に帰することによって獲得した公務員としての権威をもとにして、規則がもたらす権限——つまり大半のケースでは禁止する権限——を十全に行使できるようになるのである。この戦略は、最低の地位であっても職務に必ず内包されている自由を放棄し、入れ替え可能な匿名の人物——機能そのものと化した人物——として行動することからなっている。この戦略はおそらく、ヒエラルキーの下にいけばいくほどよく見かけるものであるが、それというのも下の方では、誘惑も多く利得も大きいからである。しかし、この戦略はすべてのレベルにおいて、対極の行動に代わりうる選択肢として存在し、こうして戦略ゲームのドアが開かれる。対極の行動は「理解がある」「人間的である」ことを示すことからなり、（いかなる職務明細や法規もすべてを予見するのは不可能だという理由からにすぎないとしても）あらゆる職務がその占有者に許す自由裁量の余地を利用する（そして、仮に倫理にのっとるという純粋に道徳的なメリットにすぎないとしても、そこから利益を得る）ことからなっている。

ちょうどよい機会なので、ここで注意しておこう。つまり、柔軟であまり形式化されていない形で構造化されたゲームとしての界というものは、あるいは、明白な目的のために人工的に構造化され構築されたゲームとしての官僚組織でさえも、どんな行動をも単純な執行に変えることができるといった、ほとんど機械的な規律論理に従う装置などではないのである。「全体的機関」においてさえ、そのような限界点に達したことはかつてないのである。[1]あらゆる面から見て機械的執行の様相を呈する規律正しい振る舞い（それはこっけいな結果となってはね返る）も、それ自身、規則を弄び法規から距離を置くことからなる対極の選択と同じように、巧妙な戦略（善良な兵士シュヴェイク〔チェコの作家ヤロスラフ・ハシェク（一八八三―一九二三）の小説『兵士シュヴェイクの冒険』の主人公〕がとったような戦略）の産物でありうる。官僚ゲームは、たしかにあらゆるゲームのなかでおそらくもっともルールの整備されたものの一つではあるが、それでも一定の非決定性や不確実性（機械分野では「遊び」と呼ばれる）を抱えている。[2]あらゆる種類の界がそうであるように、官僚ゲームもまた、つねに一定の非決定性を前提とした一種の確率構造（報償確率、利得確率、収益確率、あるいは制裁確率）という形態で現出する。職務の定義がいかにきめ細かなものであっても、地位に組み込まれた必要性にどれほど制約されていようとも、行為者はつねに、客観的な自由裁量の余地を有しており、自らの「主観的」性向に応じてそれを利用したりしなかったりできる。単なる機械の歯車とは異なり、代理人は常に、少なくとも自らの性向がそうすることを促すかぎりにおいて、屍体と化した perinde ad cadaver 服従か不服従（または抵抗や怠惰）のどちらかを選ぶことができ、こうした自由裁量の余地がありうるということから、行為者には、服従や同意の対価について取引や交渉をする道が開かれる。

とはいうものの、本分析のなかに「自由」の予期せざる（あるいは思いがけない）出現を見ようとする人たちを落胆させるおそれがあるが、ヒエラルキー内の位置に応じてさまざまな度合いで、公務員につねに与えられている裁量の余地を占有することになるのは、純粋かつ自由な主体ではないことを指摘しなければならない。他と同様にここでも、ルールの空隙を埋めることになるのはハビトゥスである。そして官僚界の日常的状況においても、全体的機関が社会的欲動に提供する非日常的状況（強制収容所など）においても、行為者はよきにつけ悪しきにつけ、自らの行動に与えられた裁量の余地を我が物とすることができ、窓口係の立場のように、いかにも微小で一時的な優位性にすぎないとしても、役得という優越的な立場に便乗して、社会的に構成された自らのハビトゥスの欲動を表明することができる。[3] したがって、「全体的機関」の下級管理職・下級監督職（寄宿舎、兵舎など）や、もっと広くいえば大官僚制の執行職は、その多くのきわめて顕著な諸特徴——とはいっても、いかなる官僚法規にも規定されていない諸特徴——を、その地位を占める者たちがある時期にそこに持ち込む諸性向に負っているのである。すなわち、公務員は——望ましい特徴も望ましくない特徴もすべて含めた——自らのハビトゥスの全特徴をもって、「職務を果たす」のである。そして、小役人の「美徳」と「悪徳」の多くは、それと同程度に、もしかしたらそれ以上に、下級職が最近まで、上昇機運にある小市民階級を大歓迎しており、この階級の、厳正だが視野が狭く、厳格だが柔軟性がなく、規則正しいが抑圧的な性向を大歓迎していたという事実に起因する。

官僚契約においては、すべてが契約で定められるわけではない。下位職の責務を定める法規は、同時に上位職の恣意の限度をも定める。これが実際、権利の根本的な曖昧さなのである。たとえば家族にあっては、共有される自明の理という暗闇の奥底で、倫理的制約の本質がはっきりしない状態のままにとどまり、そういった家族のような一つの世界の実践的規則性や暗黙的命令から身を守るのは困難だが、それと同じくらい、責務記述（「公務員は、書類を八日間以内に返送しなければならない」）を権利主張（「公務員は、書類の返送にあたり八日間の猶予を有する」）に変えるような再解釈を施すことによって、明白な規則を利用することもまた可能である。規則は、何をなすべきか、また何ができないかを指摘することによって、執行者の自由裁量の余地を制限するが、（ガーダマーの言う意味における）解釈と適用を受けざるをえないことから、上級職の権限の境界をも画定し、また上級職がどのような権利を主張できるかを定めることによって、上級職の恣意を制限し、権限の乱用に枠をはめる。公式に規則《ルール》の遵守のうえに成り立っているシステムの全機能を止めるためには、官僚秩序を規定する規則を文言どおりに遵守するだけで十分である、と明示する順法ストが白日の下にさらすのは、まさに官僚秩序のこの根本的な曖昧さなのである。行為者全員に残された——そして、その幅がおそらくもっとも正確な権限の尺度と思われる——規則解釈の余地は、官僚秩序が権利や特典に関する極度に巧妙な詭弁に恒常的に道を開かなければ機能しえないことを指し示している。

官僚固有の権限と、その権限が与えうる合法的・非合法的利益は、厳密で厳正な規則の適用と、単純至極な規則違反との間で選択可能な自由の上に成り立っている。そして、官僚労働の収益率を向上させうる「インセンティブ」に関して自問する者の作業をまるで複雑化させるためでもあるかのように、これと同様の原則——自由を与えることによって獲得する自由の原則、つまり寛恕し、形式規律への違反に目をつぶり、形式的・形式主義的な至上命令へのささいな侵犯を許すことによって獲得する自由の原則——にもとづいてこそ、一定の官僚権力保有者は個人的に象徴資本を蓄積していけるのである。官僚権力保有者は、こうして蓄積した象徴資本のおかげで、官僚秩序の全レベルで、形式的規則を単純に履行していただけでは使われずに終わってしまうであろうエネルギーや——さらには——情熱さえをも動員することができ、一種の剰余労働や自己開発を手に入れることができるのである。規則に対する例外の可能性を開くという選択は、官僚的カリスマ性という特殊な形態を獲得するうえで最も一般的かつ効果的な手段の一つであって、この官僚的カリスマ性は、職務の官僚的定義に対して距離を置くことによって獲得される。[4] 公務員は、こうしたきわめて特異な形態の交換にもとづいて、有益な人間関係という社会関係資本と認知という象徴資本とを確保することにより、管轄地域や相互面識グループという範囲内で一定の名声を備えた名士としての立場を築いてゆく。この交換における主要な「交換通貨」は、「サービス」としてユーザーに付与する——あるいはもっと通例には「自らの庇護下にある」特定の個人のために行動する他の名士に付与する——規則に対する例外や法規上の便宜にほかならない。

このように法規の適用は、非適用、違反、合法的特典といった形態をとりうるのだが、それぞれのケースにおいて、行為者の性向（ハビトゥス）や〔職団・位置による〕利益に深く左右されている。この法規を権力の源泉とする行為者は、特定ケースへの法規の適用――つまり特定ケースにおける法規の解釈と施行――をほぼ独占的に掌握している（例として、建築許可のケースにおけるＤＤＥ責任者、建築計画のケースにおける県建築家、あるいは、官僚的決定過程のいずれかの段階で所定の書類に「見解」や評価や所見を記載する立場にあるすべての者が挙げられる）。これらの執行行為者は決して単純なる執行者であったためしはないのであり、かれらはつねに、両極端――これはおそらく手つかずに残される――の間で一定の「選択」の幅を手にしている。すなわち一方の極は、当該ケースの特殊性を考慮せずに法規を厳正完璧に適用する極であり、これは「行き過ぎた正義は最高の不正」summum jus, summa injuria という諺が指摘するように、文句のつけようのない権力乱用形態とも言える。他方、その対極にあるのは、正当化された侵犯、公式・非公式な違反、ルールに基づいて実施されたルールの例外、合法的な特典などである。実際のところ、後者の可能性は、前者と対比して初めてその十全な意味や価値を得る。後者がルールの厳正無比な適用の可能性を保留する限りにおいて（一種の合法的恐喝の形をとった脅迫のように、こうしたルールの適用をちらつかせることもできる）、与えた例外がサービスとなるのである。与えた例外はこうして、交換されうる特殊な手段となり、象徴交換のルートに乗りうる特殊な手段となり、このルートが名士の社会関係資本や象徴資本の基礎を築くことになる。官僚の権威と対照的に、この信用〔貸方〕は本質的に個人的なものである。事実、この信用は、規則と完全に一体化した没個性の人物として行動し、規則のにわか司祭となる者にでなく、規則に対する例外を認めることによって個人的自由を鮮明にする者に付与されるのである。

法律があれば、必ず特典、違反、免除、例外がある。つまり、法律には、あらゆる種類の法規侵犯特別許可がつきものである。こうした特別許可は、逆説的ながら、規則を遵守させる任務を負った当局者以外、与えることはできない。法規を適用する権限の独占はこうして、その独占者に対し、法規遵守に付随する利益と満足を与え、また、正当な侵犯にまつわる物質的または象徴的な利益を与える。袖の下や賄賂はそのもっとも粗野な形態を示しているにすぎない。すなわち、官僚的な禁止・義務条項を官僚的に撤回することは、うまく婉曲化された利益源泉となりうるのであり、その例としては、サービス提供が挙げられる。サービス提供という信用は、他の官僚権力保有者——したがって潜在的特権の保有者——との間の交換に用いられ（これを官僚隠語では「エレベーターを一階に戻す〔お返しをする〕」と言う）、または他の名士、特に——官僚機構に介入しとりなすことによって自らの象徴資本を増大させる——国会議員・県会議員・市長との間の交換に用いられ、さらには、十分な社会関係資本を保有していて交換の仲間入りができる特定個人との間の交換に用いられうる。官僚的独占の心臓部そのものに組み込まれているこのメカニズムを介し、「個人権力《ペルソネル》」——受任者の人物《ペルソンヌ》と結びついた象徴資本——を蓄積しようとする誘惑からくる恣意性が法規適用の内部に侵入し、こうして、「官僚的合理性」——マックス・ウェーバーによれば、これは計算可能性と予測可能性によって定義される——がその土台部分で脅かされる。

法規にのっとり法規によって許可されている侵犯は、官僚ロジックのたんなる欠陥ではない。このような侵犯は、実際上も法律上も、法規の理念そのものに組み込まれているのである。実際上というのは、法規の適用を定める法規（とりわけ「中央官公庁の起草者」が「外部部局」の執行者のために作成する適用通達）がいかに正確であっても、起こりうるあらゆるケースやあらゆる状況を規定することはまったく不可能であり、仮にすべてを規定したとすれば、法規は「施行」が不可能になるからである。逆説的だが、規則《ルール》は、真の意味の行動の原則ではない。行動を方向づける戦略の一つの武器、一つの争点として介入するのである。他方、法律上というのは、官僚規則に対する正当な違反が、公式または非公式の不服申し立ての形で官僚制度のロジックそのもののうちに組み込まれている可能性があるからである。この不服申し立てによって制度化された支配の分業を通して、ヒエラルキーの上層機関――したがってより高度な自由を有している機関――は、下層機関の法規面での硬直性から象徴的な利益を引き出すことが可能となっている（二つの職務間にヒエラルキーが存在するために、法律万能主義・厳格主義・真面目さなどといった小市民階級の「抑圧的」性向は、多くの場合、役割との距離・ユーモア・高い見地などといったブルジョワ的性向の引き立て役を果たす結果となっている）[5]。

（中央機関に帰属する監督・監視・評価といった任務がいかに困難か、見てとれる。そういった任務はまた、あらゆる伝統文化において、官僚制の構築が進むにつれて量的にも質的にも、一般に官僚制と呼ばれるものの核心を構成するほどまでに拡大し、時には肥大状態にまで拡大している例も少なくない。ヒエラルキー上層の監督職団のメンバーは、多くの場合、下級公務員よりも大きな文化資本・象徴資本を備えている。しかし、その代償として上層メンバーは、（規則に違反することなくして現実にあまり近づくことができないなどの理由から）法律上も実際上も、「現実」からより遠い場所に位置している。中国の高級官吏並みの文学素養であろうが、ヨーロッパの高級公務員並みの数学や法律の素養であろうが、現在の地位を獲得する道をかれらに開いてくれた技術能力は、単純な監督のためであっても、通常の定型的な官僚仕事においては必ずしも直接に有益でもなければ有用でもない。というわけで、下級小公務員の職業実践は、こうした合理的監督に対して、実践ノウハウのロジックという自ら固有のロジックにまつわる一種の構成的不透明性を対置するわけである。この構成的不透明性とは、一件一件、ケースバイケースで臨機応変に機能し、隠蔽意図の有無は別としても、監督機関の体系化され合理化された要求をうやむやにするにはよく出来ている。他方、合理的監督の方は、資料として保管される事業統計調査や特別・定例・臨時の査察など、特定の目的のために少しずつ発明されていった官僚的ツールによって可能となっている。実際、この二つのロジックの構造的なずれがあるからこそ、おそらく官僚機構は予測不可能な多様性をともなう個別ケースに対応できているのであるが、同時にこのずれは、合理的監督を逃れる素地をも生み出している。また、現場の諸問題と直接接触する位置にある実践者の弄する不可避な詭弁が、しごく当然のことながら、ルールの曖昧さ——とりわけルールとのゲームに臨むうえでのあらゆる資源——を最大限に利用したいと思いそれができる者に対して、ほぼ無限の隠蔽可能性を提供していることもたしかである。だからこそ、法律万能主義（legalism）は、官僚機構が実際どのように機能しているかを真に理解するにあたって、おそらく最も手ごわい障害となるのである。この法律万能主義とは、規則を実践の原理とすること、もっと正確には、実践を規定する役割を担った規則から実践を引き出すことにある。そして、そういった法律万能主義が強力に助長されるのは、官僚機構が規則の生産者でもありその産物でもあるという日常的表象を有しており、また対外的にもその表象を与えたいと思っているからなのである。）

地域をベースとする界

法規を実地に適用させていき、国家にその真実の姿を与える社会的プロセスは、どのように描写したらよいものであろうか。国家の真の姿とは、国家の名において行動するように官僚的に委任された——そして、多岐にわたる利益と多様な権力とを具有して地域をベースとする界の内部で対立する——無数の行為者の無数の行動のなかで、自らを具現化していくような姿のことである。各々の官僚権力保有者は、厳格主義と放任主義の幅の間、あるいは超厳密な姿勢や「役割からの距離」のとりすぎによるさまざまな権力乱用形態の幅の間で「選択」を行っているが、そうした選択は、官僚規則の適用を独占しようとするライバルとの競争によって限界が定められる。実際、望ましくない判断を保留させたり、その履行を遅らせたりするために、各「行政客体」は県などのある一つの行政単位の枠内で相争う当局者間（たとえば知事とＤＤＥ部長）の構造的対立を利用することがあるのであり、これを無視できる責任者は一人もいない。あるいは、もはや県のような地域をベースとする界のなかの横の関係を利用するのではなく、むしろ職団内の縦の関係を利用することによって、各行政客体が所轄大臣の介入を働きかけ、極言すれば法規上の便宜を図ろうとしない公務員の配置転換を勝ちとることさえできるのであり、このことを無視できる責任者も一人としていない。たとえば、県建築家や特にDDE技師は、一方では知事および「地方公共団体」に従属し、他方では所属ヒエラルキーと所轄省に従属しており、こうした二重従属の地位という構造的曖昧さを利用して、妥協、例外、取引を可能にする一種の独立形態を確保し、さらにはそこから大きな物質的・象徴的メリットを確保することができる。地方独裁者たろうとするこの誘惑は、必然的に権力の乱用をともなう。しかしそうした誘惑は、地域ごとの競争の界および――そうした界やそれによる介入を通して――中央当局が行う監督や検閲によって限界が定められ、また、「中央」――つまりより広範囲だがより監督の行き届いた権力――へと連れ戻す「配置転換」や「昇進」のロジックによって、その限界が定められる。

このようなわけで、情報提供者――特に職業人生においてさまざまな地方的状況を経験してきた者――が一人残らず指摘するように、またわれわれの観察（ロアレ県とヴァルドアーズ県）で確認できたように、地域界の内部に存在する力の配置は県ごとに異なり、各県内の力の配置は、知事、DDE部長、県議会議長、大都市の市長など、その県内でもっとも決定的な位置を占める行為者の利益と性向に応じて異なる。それと同時に、力の配置の複雑さや多岐性にもかかわらず、共通する不変的要素があることも明らかである。そして、住宅問題や住宅分野で採用されうる「決定」に直接・間接に介入しうる行為者や機関の間の相互作用のあり方は、そうした力の配置の内部において決定されるのである。具体的な組合せは無限に多様だということは強く認識されているとしても、だからといって、個々の実践や戦略を――予測可能とまでは言わないが――少なくとも理解できるようにするモデルの原理について、これを考案してはならないというわけではない。このようなモデルは、行為者一人ひとりについて、その者の社会的経歴にまつわる性向以外に、現実的および潜在的な地位にまつわる権力（ないし資本）や利益を考慮したものでなければならない。行為者は、所属職団に固有なヒエラルキー内における縦の関係と、地方界における横の関係という二重の関係のなかで、現実的および潜在的な地位を占めているのである。そうすることにより、地方界の全体的な力の配置と、そこで起こりうる相互作用（ポジティブな相互作用としては協力・連帯など、ネガティブな相互作用としては公然隠然の紛争など）の特異な形態を把握しなおす手段を手に入れることができる。

法規の実施は、上記のように競争しあう多数の権力を介してなされる。そしてこれらの権力は、全国レベルの界（全知事の界、全建築家の界、全ＤＤＥ技師の界など）においては統合された状態で存続しながらも、地域レベルの界では対立し、「地方封建制」への誘惑と中央ヒエラルキー（特に職団ヒエラルキー）における昇進願望との間で揺れ動きつづけている。そういった事実によっておそらく、少なくともサービス交換過程に参加するに必要な資源を有している者にとっては、権力乱用に対する一定の防御が、また、ある一名の権力者――あるいは中央当局のある一機関――によるゲーム全体の完全支配に対する一定の防御が、約束されているのである。したがって、地域界内部で弱い立場の位置にある者は誰も、（ある情報提供者の言葉を借りれば）「玉突きゲーム」に独立の道を見出すことができるのであり、つまり、ある一つの権力から逃れるために別の権力に頼り、別の機会や別の地域界では後者の権力から逃れるために前者を利用することがあるのである。各人は、ある一定の段階までは、あれこれの自分のライバルを他者と競争させることによって、そのライバルの支配から逃れることができる。パリ地域圏にある県のＤＤＥ行政訴訟部の一責任者が語る、次のような典型的な話がそれを証明している。「（ＤＤＥにいる）私たちは、国家公務員です。どこかの市長が、ある計画を弁護するように私に命令することはできません。でも、市長たちの信頼はつなぎとめておきたいものですから、信用を失わないように、市長たちの要請を受け入れます。私たちが拒否すると、市長は民間の事務所を通すでしょうが、そこではイエスと言うに決まっています。民間の事務所や建築家でも、ＰＯＳ（土地占用計画）を作成できるのです。収益性の論理に従って、たとえばＰＯＳなんかでも一五日間で作ってしまいます。質は、よくありません。逆に、官公庁は、事情に通じています。私たちは日常的に、市長たちといっしょに仕事をしているんですから。下位機関はずっと、現場に張り付いています。私たちのところで土地占用計画を作成しているのは、ＧＥＰ（調査計画グループ）です」。さらに、ＤＤＥは、市長の命令や要請を拒絶できるにしても、市町村の顧客は必要で、中央省庁が抱く、自分たちに対するイメージを悪化させるような性格の苦情や異議申し立てにさらされないようにしなければならない。他方、市長は、ＤＤＥを民間建築家と競争状態に置くことによって、（市の規模が大きければ大きいほど容易に）ＤＤＥの支配から解放されることも可能だが、自らの再選に貢献しうる事業を実施するために、ＤＤＥの特殊な能力や――さらには――その積極的な助力を確保するのが得策である。このことから、市長も多くの地方議員同様、計画の立案と実現をＤＤＥの公務員にゆだねた方が簡単で安全だと判断し、自分の事業にかかわったのだから、そうした状況から手に入る利益の代償として、自分の政策を実現する手段を約束してくれるだろうと期待する。

こうした交互的《クロス》制約は直接対決の余波を避けるために交渉へと向かわせるが、これに関する他の例を挙げることもできる。「具体的な例を見てみましょう。たとえば、建築許可の例です。県内の市町村の九九％が許可の審理（土地占用計画の承認または不承認）にＤＤＥを通します。市長は、必ずしも都市計画の専門家とは限りませんから、ＤＤＥの意見に従うことになります。仮に計画が不法であれば、ＤＤＥは審理を拒否し、知事に計画の破棄を申し立てることもできます。ですが、そうすれば、市長は面白くないだけでしょう。ＤＤＥはですから、知事には内緒で市長とひそかに交渉し、市長の考えを変えようとします」。他のケースでは、ＤＤＥの決定に不満を持つユーザーが市長に苦情を申し立てたり、自分の地区の県会議員に介入させたりすることもある。選挙民の機嫌とりに気を使う議員は、ＤＤＥの仕事に介入したり、さらにひどいケースでは知事に介入させたりすることもある。このようにＤＤＥにとっては、多くの不快で、危険でもある状況が存在するのであり、技術部局としての権威や、元々きわめてデリケートな知事との関係のバランスが脅威にさらされたり、または現在の顧客であり、潜在的な顧客でもある市長との間の関係が脅威にさらされたりする。それどころか、もっと重大な軋轢のケースでは、もともと配置転換にさらされている公務員の地位そのものが脅威にさらされるのである。

ここでもまた、こうした制約のネットワークによって、技術部局は自らの決定を諮問や協議で取り囲むようになる。

ユーザーと同様、力の弱い組織や中央権力までもが、この競争的な相互依存関係のネットワークに依拠して、互いに機関や行為者を演じ合い、軋轢から一定の自由を引き出すことができる。たとえば、ＡＤＩＬ（県住宅情報協会、法律関連情報をユーザーに提供する任務を負う）やＣＡＵＥ（建築・都市計画・環境評議会、個人や市町村に助言を与える任務を負う）のような情報機関は、地域界のなかで支配的な地位を占める決定機関に対し、協議相手として十分であると認めさせるのに多大な苦労をしている。その情報機関は議員を頼ることもできるが、議員（かれらはそのような機関の創設に貢献する）の方は、最初は少なくとも外見上は味方であるが、「政治的に取り込まれること」を名誉にかかわるものと見なし中立のイメージを高く掲げるために、このつてが使えなくなる。情報機関はまた、官公庁――特にＤＤＥの公務員――を頼りにすることもできるが、「自分たちが選んだ」議員との間に維持してきた特権的関係に傷をつける情報機関の介入を、ＤＤＥ公務員が不快感をもって受け止める傾向があるため、時に一種のアジプロ〔扇動と宣伝〕の形態をとる、ユーザー教育行動にしばしば追いやられる。

とはいうものの、各県内で、対立的立場になりうる争点の一つひとつに関し、住宅分野で権限を有するさまざまな機関――県、ＤＤＥ、ＣＡＵＥ、ＡＤＩＬ、地方議員、市町村長、県会議員、国民議会議員、諸協会、家族手当公庫、ＨＬＭ〔低家賃集合住宅〕公社、貸付機関など――の間で実現されうるあらゆる均衡形態以上に、特に建築許可やＰＯＳやＺＡＣ〔商業活動地区〕などの重要案件に関し、最大の構造的比重はつねに、ＤＤＥと県と市町村長に与えられることに変わりはない。中心的位置はＤＤＥによって独占され、その周囲をその他のすべてが取り巻く。パートナーである市町村が小さくて連帯が弱ければ弱いほど、したがって経済的・技術的資源の不足により、都市計画プロジェクトの実行ばかりか立案さえもＤＤＥにまかせざるをえない状態であればあるほど、ＤＤＥの影響力はより完全に近くなる。ＤＤＥと知事の間の構造的対立は、ＥＮＡ〔国立行政学院〕卒業生を抱える財務省と国立土木学校《ポンゼショセ》出身の技師を抱える設備省の間の対立の、県レベルにおける対立に相当しているが、そのＤＤＥと知事の対立は、行政客体とその代表者に最後の手段の道を開くバランス要因である。いずれにしてもこの二つの職団は、どちらも同じように自らをエリート中のエリートと見なす傾向があり、言葉づかい・思考法・世界観そのものにおいて全く異なっているのだが、その二つの職団の対決に関する変化と不変要素は、一連のモノグラフによってのみ把握可能であろう。土木学校と理工科学校を卒業した技師であるＤＤＥ局長は、自らの技術の秘密性と、所属職団および所轄省と一体化した特権的関係と、地方公共団体を相手に監督者・立案者・請負人でもあるという三重の役割によって享受できている経済的政治的重みとを後ろ盾にしている。そのＤＤＥ局長は、実践上、県レベルにおけるＥＮＡ卒業生の公的優位性に異議を唱えることに腐心する。ＤＤＥ局長がそのために用いる諸戦略の各種ヴァリアントを描写しきるのは、数巻をもってしても無理であろう。

住宅メーカーと開発業者に関していえば、武器がきわめて不ぞろいであるために、「玉突きゲーム」には参加できない。全国規模の大手住宅メーカーはおそらく、県建築家からしばしば偏見の目で見られはするものの、少なくともこの分野では地方規模の中小住宅メーカーよりもすぐれた構造的利点を有している（国民議会議員や上院議員により多く頼ることができる）。また、大手住宅メーカーはおそらく、中小メーカー以上に、住宅政策分野での決定を誘導するための武器を、また大臣や大臣官房などの中央行政当局に介入することによって、下級行政当局が進んで設置したがる法規上の障害物を回避するための武器を備えている。だが、ここでもまた、提案されるモデルを用いることによって、それぞれのケースにおいて、ありうる諸力の界の適切なパラメーターがどのようなものになるかを最初から設定できるとしても、しかし、官僚的制約がまさに個別の取引に影響を与えることからして、あくまでも情勢変化の特異性のなかでのみ、一戸建て住宅の地方ベース市場のある特定の構造配置を特徴とする官僚的制約システムが正確にどのようなものになるのかを確定できるのである。

最良の観察者がしばしばそうするように、本分析でも次のように結論づけたい誘惑にかられないわけでもない。つまり、「官僚システム」全体は見かけ倒しの巨人であり、たとえばＤＤＥといった国家官僚機構の「地方」機関と、「地方公共団体」の代表者として強大な権力を与えられた者（「寒村の村長が基準であり、少しずつ行政行動全体の指標となる」）との間でやり取りされる「自発的」調整——訂正、修正、妥協——が恒常的に行われなければ、そのヒエラルキー構造の硬直性によって無力に陥る宿命にある、と結論づけるものである。(6) こうした「ベース主義的」な見解は、多くの場合、わずかながら機能主義的な表象と対をなしている。機能主義的表象によれば、地域諸機関の界を監督することは不可能であり、また競争しあっている諸機関のライバル関係は地方名士とその委任者たちのゲームに各種の可能性をもたらすのであるが、この二つの点から、「官僚システム」と周囲を取り巻く現実との間に不断の弁証法が生まれる根拠があるとするものである。さらにそれを介して、規則を備えていない社会——あるいは規則の適用を強制できずにいる社会——のアノミー〔秩序崩壊〕と、自分自身が指示する妥協的便法を提供できずにいる硬直した社会秩序のハイパーノミー〔過剰秩序〕との間にバランスの原則が生まれるとするのが、機能主義的表象である。

いくぶん楽観的なこの表象は、それでも、官僚的ルーティンの単調な外観に隠されている、相互作用の複雑さを考慮に入れるという長所を有している。しかし、現実はおそらくもっと複雑であり、そのような相互作用の一つひとつが権利争奪のゲームの場であるということ、したがって暴力と苦痛の場であるということを忘れてはならない。回路のなかで、現実に合わせて規準を調整する——実り多い——交換を欲する者は、参加するな、というわけである。名士は、規則と規則侵犯の両方から利益を得る。一般の「義務を負った者」や「行政客体」は、規則から逸脱するという——特権者には与えられている——権利を得るために不可欠な資源をもっていないが、その一般の者にとっては、「規則は規則だ」なのであり、少なからぬケースにおいて「行き過ぎた正義は最高の不正」となっている。法律や法規を構想し作成する局面においても、それを施行する局面においても、公務員とユーザーの間の薄闇に隠れた取引のなかで、行政が本格的な対話相手とするのは、名士――言ってみればいくぶんレベルを下げた自分自身――のみである。こうして、交渉なき調整（組織化された拠点との交渉による妥協と対極をなす）が樹立される。交渉なき調整は、地方公共団体や国のレベルでは委員会によって、個人や地方のレベルでは介入によって確保される。行為者たちは、規則とのゲームにおける真のルールを十分に心得ており、権利と特典の――また法律と特権の――合理的な管理から（自分自身のために、または自分の庇護下にある者のために）利益を引き出す術を知っているのであるが、委員会と介入は、そういった行為者たちの間で行われる――象徴利益を発生させる――二つの交換形態なのである。

同時に、官僚的ハイパーノミーがもたらすあらゆる影響の無数のコストも検討しなければならないであろう。特に、権力乱用に対抗して、あるいは甚大な影響をもたらす恣意的な規則適用に対抗して、さらには官僚的独占によって許されている硬直性に対抗して、一般市民がしばしば法逸脱を勝ち取るために払わなければならない時間コスト、労働コスト、手続コスト、時には金銭コストを検討すべきであろう。一般市民のこのような法逸脱は、乱暴に適用される乱暴な規準と比較すればしばしば微小であるが、官僚の行動を、（形式的にではなく）実質的に合理的な行政の理想に少しばかり近づけるものであり、もっと単純に言えば、ユーザーの正当な期待や要求に少しばかり近づけるものである。

■付属資料

〈インタビュー〉地方界に関する三つの観点

小企業主

地方（イル・ド・フランス地方）の小住宅メーカーの社長は、県の各方面の責任者、特にＤＤＥ建築家やフランス建築の建築家とのもめごとを語る（一九八五年）。(7)

Ｄ氏　［…］ところで、あの人たち（建築家）ときたら、技術面での教育を何にも受けていないんです。［…］技術者としての知的アプローチなんて、まったく持ち合わせていません。芸術家なんですよ、あの人たちは。そんなわけだから、自分たちがきれいだと思うものを作る。ここでも、先ほどの繰り返しになるけれど、自分たちの物差しで計った美しさなんです。あの人たちの物差しに反対する気は毛頭ないと言っておきますがね、でも、私にとって大事なのは、私のお客さんがきれいだと思ってくれることなんです。お客さんが住みたいと思ってくれること、それが大事なんです。それに、経済的に手の届く範囲で実現するってことも。言い方を変えれば、私は、地に足をつけた現実主義を貫いているってことなんです……。どっちにしろ、話は簡単です。意味のある報いは、市場の報いなんです。ですから、私たちの方が正しいんです。私たちが市場を牛耳っているんですから。それに、あの人たちが正しければ、私たちは存在していません。あの人たちが、私たちの仕事をしていることでしょうよ。そうでしょう。

――建築家全般と結構、むずかしい関係におられるようですが……、まあ、建築家に腹を立てているわけではないのでしょうが……。

Ｄ氏　いや、腹を立てていますよ。腹を立てる、ちゃんとした理由があるんです。［…］というのも、ただ単純に、私の目には許せないと映る独占状態に便乗している、そんな人たちだと判断するから、腹を立てているのです。[…]たしかに、フランス建築の建築家だとかDDEの建築家だとかいう、あの人たちの目茶苦茶な権力乱用を目にすることがあります。あの人たちをコントロールできる規準なんて、まったくありません。まったくです。だから、好き勝手をしているんです。[…]たとえば、屋根の突出部が一二センチを超えてはいけないと言われますが、[…]屋根の突出が一二センチではなくて三〇センチだったらどういう具合に環境を悪化させるのか、さっぱりわかりません。乱暴な言葉で申し訳ないが、アホにもほどがあります。[…]でも、仮にその時、建築家Zが建築家Xに交代したとなると、事情は一変します。それまではきれいだったものが、醜くなるんです。そんなわけだから……、業界の人は一丸となって、声を張り上げるんですが、状況は相変わらずです。とはいっても、前と比べたら、いまはずいぶんよくなりました。でも、最初の頃、そうですね、五年ぐらい前まではひどいものでした、でたらめもいいところで。

——と言いますと?

D氏 つまりですね、家を持っていくとするでしょう。いえ、家のプランです、持っていくのは。すると、でかでかと朱を入れられるんです。プランはめちゃめちゃにされて、まったくにっちもさっちもいかなくなります。[…]そんなわけで、しょっちゅう喧嘩をしました。さんざん喧嘩をしたおかげで、やっと……、やっとあの人たちを、少しはこちらの考えに近づけることができるようになりました。歩み寄りがあります、そうですね……、数年前からでしょうか。でも、最初は、何と言ったらいいんでしょうね、まるで虐殺ゲームでしたよ。

——どんな風だったんですか。

D氏 そうですね、ひどい代物の報告書があったんですよ。あの人たちにとって、私たちは撲殺すべき人種だったんです。同業者のなかには、全国的なレベルで汚染業者扱いされた者もいます。そんなのは、まったくばかげています。家を建てる時に、環境を汚染したりはしません。第一、五年後には、造園や住人が植えるいろんなもので、跡形もなく見えなくなってしまいます。[…]それから、建築許可が決まって拒否される者もいました。それは悲劇的でした。なぜって、私たちみたいに、売るために投資する者がいるかと思うと、後ろの方では、あの人たちがでかでかと朱を入れて、「プランを作り直してきてください」なんて言うんですから。うそじゃありません、一〜二年間、緊張の張りつめた時期がありました。後で、緊張はおさまりましたがね。管轄省の圧力がかかったんです［…］。

そして、D氏は話を続け、パリ東駅の構内に、自社の家の一つを四ヵ月間展示する許可を得るための手続き中に遭遇した困難に言及する。

D氏　東駅に展示した家の例を話しましょうか。文化省は、家をそこに展示したのは環境侵害だと言います。あの人たちは、よく見なかったんでしょう。もう一度、見にきてほしいものです。なんだったら、手を引いて、あの地区を案内してあげてもいいですよ。あそこには、怪しげなのがいろいろとあるんですから。看板や規制だらけです。それなのに、「いいえ、この家は許可できません」なんて言われてはたまりません。ショックだ、というのなら、同感です。最終的にそのままの形でずっと置いておくことはできない、というのもたしかにそうでしょう。でも、これは期限付きの展示なんですよ、四ヵ月という期限付きの。それなのに、環境侵害だなんて言うのは、人をばかにした話です。

——ちょっと待ってください。文化省から手紙を受け取ったんですか。

D氏　パリ市長から却下の通知ももらいましたよ。

——でも、それなのにどうしてお宅の会社の家があそこにあるんですか。

D氏　県と喧嘩をしたら、県が認可してくれたんです……、パリ市役所は却下していましたがね。文化省も、知事の意見に逆らって却下しました。あの人たちはね……、解体命令を入手する用意さえできていました。どこまで話が進むかって、よくわかるでしょう。

——信じがたい話ですね。でも、どんな結末になったのですか。個人的にいろいろな人を知っていたから……。

D氏　全然。まったく違います。それは、ちょっとした……、エー……、何と言ったらいいんでしょうね……、いろいろやってみて、人に会いにいって、説得を試みたんですよ。早い話、ここに飛行機とか、そうですね、第二次大戦で使われた戦車を展示するつもりだと言ったら、誰も何も言わなかったでしょう。それというのも、建築家が首を突っ込まないからなんですよ、ただ単に。［…］どうやって切り抜けたかっていうとですね、あの人たちから禁止された時には、家は出来上がっていたんですよ。ほんと、そうなんです。許可を申請した時から申請却下の返事を受け取るまでの間に、家は現場に据えつけ終わっていたんです。あの人たちは、一枚の書類を作るのに二ヵ月かかりましたが、私はその間に家を一軒、建てました。それも、マイナス一八度の寒空で。テンポが違うのがよくわかりますよね。生きてる世界が違うんです。

――それで、書類が届いた時、どんな行動に出たのですか。パニック状態になりましたか。

D氏　いいえ、ちっとも……。まあ、それでも少しは心配しましたがね（笑）……。でも、そんな感じの返事は予測していたし、私には最後の頼みの綱の知事がいました。で、知事に頼みにいきました。特に大事だったのは、SNCF「フランス国有鉄道」がこちらの味方だったということです。SNCFの敷地内に家を建てたのですから。で、SNCFにはこう言ってやりました。「これは、あなた方の問題です。ちゃんと話をつけてください。私は、あなた方からこのスペースを借りました。何のために使うか、知っていたはずです」。で、その後は、官庁と官庁の戦いというわけです。まるでチェスの試合を見ているようで、うそじゃありません、簡単な話ではありませんでした。

――で、知事の方は？

D氏　県の同意は、受け取っていました。もらったんですよ……、そうですね、家が出来上がった一ヵ月後にもらいました。ですから、わが社のプランに反対していたのは、パリ市役所、文化省、そして「一〇区でよりよく暮らす」という名前の一〇区の一団体です。［…］で、その上、面白いのは、その家がわが社で設計し、イル・ド・フランス地方全域を管轄するフランス建築の建築家の承認を受けた家でしたから、そんなシステムはありませんので公式認定は受けていませんが、半ば認定されたも同然の家で、景観に完全にマッチすると言われた家だってことなんです。でも、そこで、こんなことも言われました。「東駅ですと、その家から四〇〇メートルの範囲内になんとかかんとかという教会があるために風致地区になりますから、展示はできません」。［…］まったく、環境って、どこから始まるんだか、教えてほしいものですよ。東駅の前で、まるで走り回る廃墟といった感じのＳＥＲＮＡＭ〔国営輸送サービス会社〕のトラックが目に入ることを考えれば、わが社の家の方がよっぽどきれいだと言いたいですよ。構内に花も飾りましたし、見栄えが悪いこともありませんでした……。

ＤＤＥ公務員

「都市計画の担当部局、つまりＤＤＥといろいろなパートナーとの関係は、県ごとにさまざまです。ＤＤＥと県の部局との関係から話を始めましょうか。ＤＤＥのトップは知事で、知事が国家機関の部局を全面的に掌握しているんです。ＤＤＥやその他の部局の介入方法は一般的に、問題を前にした各知事や各事務局長の感受性に左右されます。ロアレ県では、住宅問題にとても敏感な事務局長に恵まれていますから、県とＤＤＥの関係はきわめて良好です。連絡も、結構頻繁に取り合っています。知事には決定権がありますが、私たちも事前の検討にはよく立ち会って、既成事実を突きつけられる目に会うことは決してありません。他の県では、［ＤＤＥの］住宅部局が県の部局から執行機関扱いされることもあります。それに、県部局が住宅問題にあまり関心を示さない県もあって、その場合には、全面的で、幅の広い委任が行われます。つまり、ＤＤＥが仕事をすべて取り仕切って、全部好きなように案件を「通す」のです。こんなわけで、ピンからキリまであります。ロアレ県に関していえば、ちょうど中間ぐらいで、知事が決定はしますが、実際のところ、ものによっては範囲を厳密に定めた指揮権をゆだねてくれ、調査を要請してきますので、そうした調査を行い、討議し、合意点を見つけますから、あたりまえに機能していると思います。残念なのは、（ロアレ県では）住宅関連の県参事会があるのですが、それが住宅問題にまったくもって鈍感なことです。［…］なかには、開発に参画し、団体や市町村を援助し、荒廃した地区の特定の再開発事業を主導する県もあります。でも、ロアレ県は、そうではありません。県は、こう言います。『住宅は、権限外です。参加しません』。住宅問題の周囲には社会問題があり、社会問題は県の任務だとわからせようとしましたが、『県内で十分に社会問題には取り組んでいる』って言うんですよ。［…］これは、参事会議長に由来します。同じような問題が、たとえばロアレ県の主都オルレアン市でも見かけられます。［…］中身は、同じです。オルレアン市は、住宅問題からは距離を置いています。少なくとも、今までは」。

（一九八八年一二月、UOC――実働的な都市計画と建設――グループの理事長である、オルレアンDDEの公務員に対して行ったインタビューの抜粋）

建築家コンサルタント

建築家であるR氏は、イル・ド・フランス地方のCAUE（建築・都市計画・環境評議会）の理事長である（一九七七年の法律をもとに、設備省が主導して創設したCAUEは、個人や市町村に建築と都市計画分野での助言を与える任務を負っている）。R氏は、自らが理事長を務める機関の創設について語る。

R氏　まず最初に、CAUEの設立には知事がとても重要な役割を担っていたことに触れなければなりません。つまり、知事は、CAUE創設のための作業部会である委員会の議長を務めていたのです。これは、とても重要です。それというのも、今とちがい、知事は必ずしも県内で一番強い存在ではなかったからです。

――？

R氏　つまり、DDEがいて、時々、知事よりも強い力を発揮していたんです。

――で、イル・ド・フランス地方では？

R氏　ここでは当時、県知事は政治的知事でした。ドゴール主義者で、エー……、話が技術的に複雑であればあるほど警戒を強める傾向のある知事でした。で、DDEは、そうですね……、生気にあふれていて、非常に政治的な言葉づかいを、エー……、専売型の言葉づかいのなかに取り入れるのに苦労していました。要するに、知事とDDEの間がぎくしゃくしていたのです。それに、知事の下にいた事務局長がいろいろな関係を……、まあ、地方によくある状況、ありきたりの県事情です。早い話、知事は、評議会創設という新事業を掌握しておきたかったのです。［…］そこで、知事と、パートナーとして手を結んだＡＢＦ〔フランス建物建築家〕の建築家と私との間に、すばやく用意された同意が結ばれました。知事は、私を、新事業の報告と実施を遂行する任務に指名していたのです。〔…〕その間、ＤＤＥは、ＣＡＵＥの中に橋頭堡を確保したくて別の組織を作り上げ、評議会の制度化に、そうですね……、難癖をつけようとしました。「あなたたちの役目は、これこれです」なんていう感じでね。要するに、形式主義ですよ。ＤＤＥは、「私たちにはプラスワンが必要だから、当局の発行する建築許可には建築論を付記する」と言っていました。当時は、教育なんて話題に上りませんでしたが、ＤＤＥでは「世の中の人に教えてやるんだ」と、教育を語っていました。少しずつそうなって、本当に教育的になりましたがね。ＤＤＥは、その種の組織を作り上げたのです。（ＣＡＵＥ創設のための）最後の会合で、というのも、一九七八年の九月だというのに、まだ作業部会の段階だったので少し急いでいたからなんですが、知事は、私が事業目的を設定する報告書の準備を完了したのを知っていて（知事以外は、誰もそのことを知りませんでした）、全員を招集しました。その会合には、ＤＤＥ、ＤＤＡ〔県農業局〕、ＤＤＡＳＳ〔県衛生社会行動局〕、学区監督局の代表者がいました。ＤＤＥも一九七七年の法律を根拠にそこにいたのですが、何のためにきたかというと、つまり……、自分たちの言うことを聞け、と言うためなんです。ＤＤＥの懸念の一つは、「ＣＡＵＥに理事長がいてはいけない」というものでした。

――それはまた、どうしてですか。

Ｒ氏　そうすれば、評議会委員を自分たちの契約ベースに乗せ、まるで技術チームみたいに操作できるからです。ＤＤＥは、そのために都市計画調査補助金を使っていました。唯一の問題は、建築家を職業とする人たちの代表者たちもそこにきていたことで、その建築家代表は、本質的な問題を話し始めました。ＤＤＥは、そんな建築家代表を身動きできないようにしようとして、「あなたたちは、第三章第二項を読んでいない」などと言うと、建築家は、「ですが、建築は、云々かんぬん」と応えるしだいでした。早い話、知事は、すぐにうんざりしてしまいました。で、私に声をかけてきました。私は、知事のほぼ真向かいに座っていたのです。「あれ、準備できていますか。本当に大丈夫ですか」。私は、答えました。「ええ、順調そのものです。もう六ヵ月間の実績もあります。一般化して大丈夫です。それに、これは硬直化した制度ではなく、オープンなシステムです……」。知事は、私の言葉をさえぎって、私の報告書の採択を諮りました。で、採択です。ほかの人たちは、口を閉じました。報告書がどんなものなのか知らなかったからです。で、報告書が採択された後で、知事が読み上げました。そうしたら、連中は、仏頂面もいいところでした。[…] その後は、「では、みなさん、CAUEは創設されました。発足総会が開かれることを、県議会に通知します」というわけですよ。発足総会が開かれて、そこで最初の現実的な政治問題が浮上しました。DDEが情報提供をしていたのですから、CAUEの機能と起源について、まともな情報をもらっていない議員も中にはいたのです。そんなわけですから、想像がつくでしょう。DDEは、まるっきりでたらめな情報を流していたようなものです。技術チームとしてメンバー配置を開始したいと思っていたのに、実際はちがう方向に進んでいたのです。それから、CAUEの重要ポストを狙っていた連中が耳を覆いたくなるほどのなじり合いを始めると、議員たちは、道を譲りました。少なくとも、選ばれていたCAUEの議長は、その任を辞退しました。少し第三共和国的な趣のあるこの人は、とても物静かな県会議員で、人口が一万人強の町の町長でもありましたがね。フランス建築の組織関係者で、知事の側についている人たちのなかにも、あらゆる手段に訴えようとする者がいました……。

[CAUEは、最終的に創設された。] 早い話、そういうことが一年間つづきました。

――DDEの反応はどうでしたか。

R氏　とても、とても悪いものでした。フランス建築の方は、よい反応を見せました。でも、DDEは、CAUEの議長が実働的な評議会とすることを決定し、知事の同意を得て私を理事長に指名した時から……。というのも、知事も譲歩する必要がありましたから……。

――知事も反対だったんですか。

R氏　私の指名には、CAUE議長の署名と知事の署名という、二つの署名が関連していました。で、知事には別の狙いがありました。でも、ほかに方法がないのは明らかでしたから、譲歩するしかなかったのです。それに、作業に一八ヵ月もかかっていましたから、少しばかり身動きがとれないようになっていたのです。

――ＤＤＥはとても悪い反応を示した、とおっしゃいましたが。

Ｒ氏　とても悪い反応でした。ＤＤＥは、はっきりと攻撃に出ました。つまり、ほとんどすぐに理事会から身を引いたのです。それっきり、理事会には戻ってきていません。ＣＡＵＥについて、うその情報も流すようになりました。そして、組織を細分化して、自分たちが考えたＣＡＵＥに似ているＣＡＵＥを作りました。つまり、ＤＤＥは、ＤＤＥで働く建築家を擁していて、「私たちの課題は、建築学的な支援です」と言うのです。そのようなわけで、ＤＤＥは事務所を開設しましたが、それは、私たちがやっていたことの延長線上にあるものと言っていいでしょう。これは、同時進行しました。

――それで、県議会は実際のところ、どちら側の味方だったのですか。

Ｒ氏　多くの県議会と同じで、ここの県議会もどちらの味方でもありませんでした［…］。

注

（1）機械論的きわまるマルクス主義の伝統から生まれたこの装置幻想は、このように、一種の神がかり的ないし悪魔的な操作権力を与えられた国家に関して、特に強力に展開された。そして、奇妙な巡り合わせによって、この幻想のレッテルはしばしば、すべての「全体主義」の「理論」の反共産主義的な擁護者によって、共産党と共産主義国家に貼り付けられた。この人たちはこうして、東欧諸国に影響を与えてやまなかった変革――「ゴルバチョフ現象」はその表出であり成就でもある――に目をつぶり（果たして見ようとしたのであろうか）、理解しようとしなかった（cf. P. Bourdieu, « A long trend of change » : à propos de M. Lewin, *The Gorbachev Phenomenon : A historical interpretation*, *Times Literary Supplement*, August 12-18, 1988, p. 875-876）。

（2）この不確実性は、ゲームの論理そのものの構成要素である。プレーヤーの一人（たとえば子どもを相手にする大人）が勝つに決まっているゲームのことを、人は「いかさまゲームだ」と言う。遊ぶに値しない遊びなのである。

（3）Cf. B. Reynaud, « Types of rules, interpretation and collective dynamics : reflections on the introduction of a salary rule, in a maintenance workshop », *Industrial and Corporate Change*, 5（3）, 1996, p. 699-721.

（4）預言的主唱者のカリスマ性は、この過程の別の例であり、別途に分析する。
（5）これらすべてのメカニズムは、「規則に従うべき人」が移民――および極端な例では「不法滞在者」――のように経済的に特に恵まれておらず、有効な手立てをもっていないケースにおいては、完璧に偽善を演じる。中央決定機関は、執行機関やその執行機関の性向が自由裁量の余地と格闘するにまかせてしまうのだが、そうした執行機関の性向はしばしば、理解的というよりも抑圧的なのである。
（6）Cf. P. Grémion, *Le Pouvoir périphérique:Bureaucrates et notables dans le système politique français*, Paris, Editions du Seuil, 1976.
（7）このインタビューは、ここに引用されるすべてのインタビューがそうであるように、イル・ド・フランス地方のヴァルドアーズ県で進められた調査の一環として行われたものである。その調査では県建築家（CAUE、DDEなど）や法律家（ADOL）や公証人などの訴訟関係者、アルジャントゥーユ（建築認可部）やセルジー・プレフェクチュール（都市計画訴訟部）などのさまざまなDDE支局関係者、タヴェルニの市長および都市計画技術部責任者へのインタビューがなされた。筆者らはまた、一九八四年度と八五年度の建築認可、リニエールからタヴェルニにかけてのZAC〔商業活動地区〕の画定と実現、AFTRP（パリ地域圏土地技術局）がタヴェルニで初めて発売した土地区画の商業化などに関するモニター観察を、タヴェルニ市役所都市計画技術部で行った。さらに、一戸建て住宅の「展示村」であるモアセルで観察を実施し、地域住宅メーカーとインタビューを行い、広告資料を体系的に収集した。比較対照を目的として、ロアレ県で類似の調査計画も実施した。

4章 強制下の契約*

以上見てきたように、構造の分析および行為者―制度間の客観的力関係の分析に長い時間をかけた今、経験的方法または経験主義的方法の正しいあり方として、研究の最初の――しばしば最後になる――契機と呼べるものに立ちいたる。すなわち、売り手と買い手の間の――観察され録音されうる――直接的相互作用に立ちいたるのであり、そのような相互作用は時に、契約というかたちで締めくくられることもある。ところで、不動産取引における買い手と売り手の関係ほど、構造論上の真の姿をみごとに覆い隠す相互作用は、他に存在しない。そして、現実に対する忠実性と経験的資料への留意を口実として、何人かの「談話《ディスクール》分析」やエスノメソドロジーの信奉者をまねて、やり取りの表面上の価値だけで満足することほど危険なものはないと言えよう。そうした信奉者は、最近のテクノロジーの発達――特に録音機やとりわけ録画機（ビデオ）――を、自らの超経験主義的見解（たとえ現象学から借りてきた説明で身を守ろうとも、そう呼ばざるをえない）への援軍であり、補強であると考えている。かれらはまた、そのようにして録画録音した行動や発言のなかに、神聖にして不可侵なデータを見出したと信じており、このデータを――今日でもいまだに支配的な――「定量」的伝統の信奉者による統計諸表に対決させたりしている。しかし、形として現れた「経験的資料」への服従という実証主義的エピステモロジーに関して、談話分析やエスノメソドロジーの信奉者と定量的伝統の信奉者は、事実上、軌を一にしているのである。

この絶好の機会をとらえ、相互作用の真実は相互作用のなかにはない（事実上、二者の関係はつねに――二名の行為者と、行為者が置かれている空間との――三者の関係である）ということを、指摘しておきたい。不動産融資政策を方向づける行政法規や立法措置から、地域・市町村行政当局や――建築分野における規制を適用させる任務を負った――各種行政機関との間の客観的関係を経て、住宅メーカー間や――住宅メーカーを支援する――銀行間の競争にいたるまで、住宅経済を定義するものはほぼすべて、家の販売員と顧客の間のやり取りで問題となるのだが、そうした事実はほとんど分からない形でしか明らかにならないし、表に出てこない。一九八五年の一戸建て住宅見本市の見学者S氏と販売員との間に、また、家を選ぶために日曜午後にフロレリートを見学にきた子ども二人連れのカップル（F夫妻）と別の販売員との間に、独自かつ個別の、そして日時・場所のはっきりした相互作用があった。しかしその相互作用は、銀行の金融能力と顧客との間の客観的関係が状況に応じて現実化したものでしかない。ここに銀行の金融能力は、（逃げる以外に自由がない顧客をおびやかさないように）如才なく金融能力を行使する任務を負った代理人のうちに、具現化されている。他方、顧客を定義するものは、それぞれのケースごとの一定の購買力であり、副次的には、購買力を引き立たせる一定の能力である。そして、この能力は文化資本と結びついており、その文化資本それ自体がまた、統計的には購買力と結びついているのである。

われわれはまず、売り手と買い手のやり取りが展開される紋切り型のシナリオを何度も観察した。これはつまり、当初は潜在的買い手に有利に見えた力関係がしだいに主客ところを替え、徐々に尋問に姿を変えて最終段階を迎えるプロセスであった。つぎに筆者らは、販売員が待ち構え、自己紹介し、客を「引きつける」方法に関して体系的観察を行った。その舞台となったのはおもに、パリ会議センターやフロレリート・ノール「展示村」での一戸建て住宅見本市における各社ブースであり、そこにはフェニックス、セルジェコ、ブイグ、マノール、GMF、コスモス、エスパス、キテコ、クテコ、クレール・ロジの各社が参加していた。また、売り手と買い手の会話を録音し、筆者らが（一種の実験計画にのっとって事前に作成した、一定数の人口統計学的・社会的特性を備えた）潜在的買い手となって行動した購買シーンも記録した。さらに、全国規模の大手住宅メーカーに所属する販売員、営業秘書、販売研修責任者を対象に一連の詳細インタビューを行い、住宅メーカー一社から販売員教育レベルに関する情報を入手することもできた。

売り手の戦略

筆者らはこうして、多様な住宅モデルの比較長所に関する探索作業――これによって顧客は、販売員を競争状態に置こうとし、販売員を通して住宅メーカーを競争状態に置こうとするわけである――が、多少とも急速に、技術的および特に財務的な制約の影響のもと、住宅の販売員――であると同時に融資の販売員――による、買い手が提供する担保に関する聞き取り調査に変化するのを確認できた。最初は販売員を試すはずの話し合いが、最終的にはほとんどいつも、買い手に経済的現実を見つめるようにさとす教育の場のようなものになる。その教育の場では、販売員に補佐され激励された客が、願望のレベルを可能性のレベルに近づける努力をするのであり、こうして、経済裁判所の判決を受け入れる覚悟を決め、つまりは、しばしば夢の住まいとは縁遠い――厳格な経済ロジックの成り行きとして手に入れることのできる――現実の住宅を受け入れる心の準備をするのである。

売り手と買い手のやり取りは、三段階構成で組織されており、それは、いくつかのヴァリエーションはあるものの、観察されたすべてのケースで確認されている。実際のところ、変化するのは、販売員が取引を掌握する速度――および粗暴性――であり、もっと広くいえばやり取りのテンポである。掌握は、時に即座になされ、時に漸進的であり、こうして主導権を奪回しようとする顧客の努力は多少なりとも報われ、したがって多少なりとも時間的に長引かせることができる。販売員は、経済的必然性の代理人である。だが、代理人は、この必然性を、穏やかで漸進的な方法で受け入れさせたり、あるいは逆に早くて乱暴な方法で受け入れさせたりすることができる。たとえば贈り物や言葉などを儀礼的に交換するといった伝統の原則により、あるいは外部的必要性といった制約により、毎回、行動の手順が前もって決められてしまうので、唯一の自由や裁量の余地は、時間とテンポの領域に存在する。ここでは、販売員は、すぐれた戦略として、あまり乱暴に必然性に気づかせるのではなく、気を遣いながら客に必然性を受け入れさせなければならない。このことから、交渉を成功させるためにかける時間が重要となり、顧客が希望と可能性の間に存在するギャップを少しずつ埋めていくために必要な時間が重要となるのである。

メゾン・ブイグの一販売責任者が販売員の行動詳細について教えてくれたが、それは、筆者らの観察に確証を与えると同時に、かれらの職務説明書のいくつかの部分をなすものでもあった。販売員の行動はこれをもとに説明することができるのである。「せっつかれたり、テーブルの片隅でせわしない応対を受けたりして満足する人もいました、こんなふうに。一方でよい客とよくない客をより分け、またお金のある客とない客をより分けてですね、ほかの客には、立ち止まらずに進み続けてくださいって、そんな感じの応対をしていました、誇張なしに。私たちは、こんな風に仕事を続けていたんです。今でも、そんな販売員がいます。経験してみたらいいですよ。展示村の展示ハウスを見学してごらんなさい。そしたら、気がつくでしょうよ。質問があって、知りたいことがあって出かけたのに、販売員は、立場をまるっきり逆転します。質問するのは、販売員の方なんですよ。『かけてください。いくら稼ぐの。子ども、何人』。即座にね、ものの二分三〇秒で、あなたに資力があるかどうか見るためです」。

販売員は一般的に、いくぶん長い前置きの後でやり取りの主導権を握り、おもに担保についての聞き取りなどを通して、官僚機関もどきの役目を買ってでる。つまり、顧客の資金能力と権利と可能性に関する裁判官として振舞い、場合によっては完全に顧客になり代わって、その決定能力を奪い取ってしまうのである。そのとき役立つのがレトリックによる「曖昧化」の戦略であり、これによって所有剥奪の行為を完全な任務請負であるかのように思わせることができる。販売員は、本人以上に顧客を幸福にできる専門家として認めさせることに長けており、それゆえ格好の位置にあって、当人の身になって考え、「まるで自分のためであるかのように」顧客の用事を差配できる腹心の友 alter ego である、と自己を売り込む術も知っている。こうして、「二〇年間のＰＡＰ貸付〔持ち家獲得のための助成貸付〕と補完融資を利用しましょう〔On fera……〕」と決めることができるようになる。こうした主語の曖昧化〔フランス語 on の用法〕は、その非人称的な性格によって、買い手と売り手を一つの共同主語（「私たち nous」という主語ほどこれ見よがしではない）に合体させることにより、販売員が主語である提案を匿名化し普遍化させているのであり、これは販売員の言語のうちに、こうした機能をともなって頻出するのである。

販売員の粗暴さは、その大半が家を手に入れようと顧客の殺到していた経済成長期に業界に入ってきたために、客との最初の接触を、「真剣な客」をより分けるための選別工程であるかのように見なす傾向があることを知っていれば説明がつく。失敗に終わる売り込みに、むだに努力を費やすのを避けようとするのである（売り込み成功率は、一〇分の一から二〇分の一の間である）。その結果、「観光客《ツーリスト》」や「散策者《プロムヌール》」と呼ぶ人たちを相手にして時間をむだにしないように、販売員は初めから核心を突き、見込みがあると目星をつけた客（夫婦で、特に子ども連れ）に所得を尋ねて、夢の住宅を手に入れる財源を持たない客をできるだけ早く除外する。かれらは多くの場合、さまざまな経験を積んできた古参販売員の手ほどきを受けており、冷淡さとあきらめの混じった目で「身の程をわきまえない」「酔狂」な顧客を眺めがちである。顧客をすぐに類別し、いつもほぼ似たような態度で応対する。つまり、客が「真剣」かどうかを早く知りたがるのだが、客が「真剣」な場合は、できるだけ早く客を現実に引き戻そうとする。

売り手と買い手の間の距離の解消、そして警戒心の解消を目指す曖昧化戦略は、当然のごとく「融資の個人化《パーソナル》」から力を得る。融資の個人化は、銀行技術分野におけるイノベーションであり、これによって生涯所得——一生涯を通して（あるいは長期間にわたって）受け取りうる所得総額——に代表される保証〔担保〕など、新種の保証が制度化される。計算可能性と予測可能性は、キャリアを有する——したがって一定額の所得を定期的に受け取る——行為者のみが提供できるものだが、そうした計算可能性と予測可能性という今の時代に典型的なこれらの保証を根拠として、銀行は今日、「物的」保証（「不動産」）を求めずに金を貸し、所得見込みや家族規模などの官僚的に定義された人間の特性総体に比例した金額・期間・金利で信用を供与できる。こうした銀行技術（しばしば「信用の民主化」と描写される）によって、銀行は、新顧客層——（上級・中級）管理職というブルジョワ的給与生活者層——を獲得することができるようになった。官僚的に保証されたキャリアを約束されているので、こうしたブルジョワ的給与生活者層は、完璧に保証され計算可能な生涯所得に代表される「個人」保証を提供するうえでは、最も恵まれた位置にある。このようにして供与される信用の可能性をもとにして、この層は都市化が強力に推し進められていた時期に、一戸建て住宅やマンションを取得するという野心を実現することができたのだが、そうした野心はそれまではむしろ経済資本の保有者に限られていたのである。

銀行は、個人の価値を、その個人の予想所得総額、つまり年間予想所得額に余命をかけたものと同一視する。さらには、特に公共部門の管理職ほどにはもろもろの保証をとれない階層を対象とする場合には、個人の価値は総体的な予想返済能力と同一視され、それは倫理的性向いかんによっても決められ、特に消費の抑制や責務の遵守を統御するあらゆる禁欲的美徳によって決められる。住宅メーカー、および取引において住宅メーカーを代表する販売員は、大半の場合、銀行の仲介者として行動し、銀行に対しては、融資や特恵利率の代価として、不動産顧客層の一部に対する一種の先買権を約束し、そのことによって、貸付市場の成長分野を支配する権利を約束する。その結果、取引の大半が大筋のところ、貸付計画——住宅の技術的特性に関する議論は多くの場合その付属物でしかない——の作成と単純に見なすことができることからして、不動産契約の締結にいたる交渉は、銀行自体において直接行われる取引の単純な一変種だということになる。

個人《パーソナル》融資契約あるいは「個人化された」融資契約の作成は、したがって、借り手の人物《パーソン》に関するもろもろの情報に事前に思いをめぐらすことを前提とする。官僚的に定義された人物——つまりまったく没個人的で互換性のある人物——に関するこの官僚的な関心、および、官僚的書類によって機械的に調査される類別特性——それは予想所得額を厳密に計算するための基本資料となりうる——に関するこの官僚的な関心は、それらの特性のすべてが自分という特定の個人に属するものであるため、単一性を持った個人として考慮される自分への個人的関心、と顧客の目には映る可能性がある。純粋に技術的な調査はこうして、状況の曖昧さを多少なりとも意識的に利用して、顧客の期待に満足を与えようとする象徴戦略の基盤として利用されやすい。顧客はますます個人的な信頼関係の構築を求めることになるが、それというのも、争点となっているものの重要性と入手可能な情報の極端な貧弱さとの間に巨大な不釣合い——まったく一か八かで決定されると思えてしまう巨大な不釣合い——があるということを、不安とともにいよいよ感じ取らないわけにはいかないからである（余談として、戦略を意識しているか意識していないかという問題、したがって行為者の誠意や臆面のなさという問題は、ほとんど意味をなさないと指摘しておく必要があるだろうか。舞台や映画のある種の俳優は、時に「本能的俳優」と呼ばれることがあり、さまざまな「役柄」に自分自身のハビトゥスを投影することで満足するので、いつもほぼ同じ人物を演じている。その種の俳優のように、行為者は、うまく成功させたいと思っている取引のなかには、顧客の性向体系に近ければ近いほど有効なことが分かっている性向体系の資源をすべてつぎ込むのである。たとえば、しばしば工員出身で、あまり高い教育を受けていないフェニックスの販売員は、「大衆レベル」の商品――これは、自分たちの位置と性向にも調和し、顧客層の資力と嗜好にも適合する――を庶民顧客層に売る仕事をしているかぎり、すぐれた成績をあげていたことが知られている)。

保証〔担保〕の正確な評価を見積もるためには、必要な情報が銀行に提供されねばならない。それを目的とした質問は、顧客が――自分の投げかけた質問に対する答えを聞きたいと思えば――答えざるを得ない質問であり、通常の意味における個人的質問とも見なされうる。個人融資契約の作成のために必要となる実務的作業は、質問を婉曲にするために少々「曖昧」にすることによって、人間対人間の関係を打ち立てる機会となりうる。こうして顧客は防御を棚上げにし、批判の力を放棄し、はたまた信頼を寄せる気になるというわけである。経済合理性のロジックによれば、顧客が提供する保証の大小に応じて、しかじかの利率、しかじかの期間で、しかじかの金額の融資をするということになるのだが、このロジックは、販売戦略を特定のケースに合わせるように推奨する商業のロジックと符合する。そして、販売員は社会的に顧客の身近にいて、「個人的」関係への移行がスムーズに運び、同時に「個人的」情報と銀行の観点から見て有益な情報との間の混同がスムーズに運ぶようにしているのだが、そうした販売員を支えるものは状況の支配力であり、これがもう一つの大切な点をなす。

筆者らが一九六三年に銀行会社で行った調査が明示したように、顧客「個人」に興味を抱いているかのような外観自体は、契約の作成プロセスが進むにつれて消滅する傾向にある。応対係との最初の接触を除けば、調査、施工、支払、そして管理といった事務手続きのすべての段階で、顧客の立会いのないままに事が進み、銀行員が顧客に連絡を取るのは、申請書に不備や余分があったり、理由の正当性が不十分であったり、複雑すぎて綿密な修正が必要になったりする時に限られる。書類の審理に当たる者は、顧客とは一切接触をもたず、顧客の窓口となった者とさえ接触をとらない。実際、受付時に行われた最初の選別後は、書類で選別されるのである。したがって、本当の意味における決定は、その段階、つまり個人的な接触がまったくないままで下される。この段階で顧客との面談が行われるのは、例外的である。もし面談が行われたら、責任者は客観性を失うおそれがある、と管理職の人びとは言う。好意や親切心から、財務バランスの厳格な決まりを忘れ、顧客の楽観主義を受け入れ、顧客の立場に傾きすぎた——したがって顧客にとって返済額が重くなりすぎるような——財務評価をする可能性があるというのである。書類のなかでは「個人」は、抽象的階級の多数のなかの一交点と定義されるのであり、分離できコード化できる統計的諸特性の一個の有限な集合体に還元される。そして、この統計的諸特性をもとに、一個人の価値、つまり今後の出資力が評価されるのである。そして、顧客に付与される個別の条件を、余人には理解できない知識を口実に、銀行しか知らないルール（「計算表」）にのっとって専権的に決定するのは、顧客に関して入手している詳細な知識を後ろ盾とする銀行なのである。

制度のなかに客観的に組み込まれている曖昧さは、事務員や販売員の言語戦略のうちにも現れる。大半の顧客が一種類の言葉づかいしかできないのに対し、二種類の言葉づかいをものにしているかれらは、銀行官僚の不偏不党の言葉づかいと、日常生活の個人的で親しみやすい言葉づかいとの使い分けができる。したがって、「新築と中古のどっちにしたらいいんでしょうか」というような質問に対しては、二つの答えが返る余地を残している。一つの答えは、「フランス銀行の再割引を利用できますので、お客様にはいつも、新築をお求めになるようにおすすめしています」というものであり、他の答えは、「お客さんの質問に答える立場にはないんですよ、私個人としては中古を買ったものですから」というものである。前者のケースにおいては、事務員は、権威ある代弁者、知識の公的代表者として話している。他方、後者のケースでは、個人に助言を与える単なる一個人として振舞っている。銀行員は原則的に、顧客の私生活に興味があるのではなく、不動産取引における特定の抽象的な類別特性——これは顧客をいずれかの等級に整理し、適切な計算表を割り当てるために必要である――に興味があるのだと、言葉づかいと口調によって示さなければならない。第三者のために電話で話す専門家（銀行家、社長、代理店店長、技師コンサルタント）との間では、すべてがこうして順調にいく。言葉に技術的な中立性の様相を与えるのにふさわしい専門用語（抵当、先取特権の代位など）がちりばめられ、日常語の「高貴な」二重語性（第三者、享受、不動産集合体、住居ビル、取得、補完融資、行使するなど）に満ちた技術的・官僚的な言葉づかいは、決して顧客の私生活には足を踏み入れずに距離を保ったまま、状況が要求する範囲内で顧客の「物事」にいわば「首を突っ込む」ことを可能にするものである。

「普通」の顧客とのやり取りは、まったく異なった様相を呈する。精通ぶりを誇る話法に固有な力はおそらく、その話法が保証すると見なされている能力を必ずしもすべてもっていない行為者が用いた場合でも、その効力を発揮しつづけるであろう。（ただし、管理職の言葉づかいを社員が楽に用いているように見せかける、多少不自然な話しぶりは、経済言語を完全に掌握しきっている客――観察した例では一法学教授――と例外的に対峙する時、話法の亀裂や不調となって現れることもある）。このようなわけで、しばしば大まかで機械的な使い方をするにすぎない銀行の応対係の口から出る経済言語は、顧客を面食らわせその防御態勢を弱体化させることによって、顧客を無防備な状態にするために用いられる異化ツールとして機能しうるのである。技術言語の没個人性は、顧客が契約の作成に必要な「個人的」（と誤解されている）情報を提供しながらも、「個人的」問題に対する個人的指示をすべて廃止してしまうという結果を引き出す手段の一つである(1)。

しかし、それほどまでに改まった口調を持続できない顧客もおり、かれらが応対係の話を個人関係の言葉に翻訳する時には、支配的言語の保有者は言語上の調子を変えることもできる。「当事務所は、常時、営業しております」と、応対係が言ったとする。すると顧客は、翻訳ゲームにのっとって、「そうですか、一日中、営業しているんですね」と確認する。こうした翻訳ゲームによって、顧客の理解の一助となり、また正しく理解したことを確認する助けとなり、さらには距離（そして不安）を小さくするための努力を示すことができるわけである。応対係は答える。「ええ、お好きな時にご来社ください」。（会話の最初に必ず名前を名乗らなければならない応対係は、顧客との間に確立させる関係の、いかにも「親しげ」な様相を執拗に強調する。「最初のコンタクトがなんといっても重要です。客をリラックスさせ、しゃべらせなければいけません。客は普通、入ってきた時には緊張していますが、緊張を解くには愛想よくしていれば十分です。通常、私たちは審査の段階まで、ずっと客のお供をします。客と友だちになるとは言いませんが、ちょっと患者と医者のような関係になります。客は、こちらの名前なんかを聞いてくるのですよ」）。

さらにまた、販売員は顧客の個人的特性に対してもっぱら職業的な関心を寄せているのだが、顧客の方はそれを、私生活に対する関心だと思いこむ傾向がある。そうした傾向を助長するためであるかのように、販売員はしばしば、自らの負担で顧客の日常語へと翻訳しなおしたり、顧客の代わりに自発的に翻訳を行ったりする。このようなわけで、共同所有に不満を持つ顧客に対し、販売員はこう言う。「お気持ち、わかります。私もその一人なんです」。販売員はしばしば、打算よりもむしろ自発的に個人的な結託を求める気持ちから、挿話や良識に基づいた指摘を話の端々にはさむが、これによって自分はユーザーの見地に立っているのだと示すことができる。そういったメカニズムは、すぐにゲームに参加しようとしない顧客の抵抗を打ち負かそうとして、販売員が質問と回答の両方を自分でやってしまうような極端なケースにおいて、このうえなく明白になる。「それなら、どうして……なのかとお尋ねになるでしょうが、そうしたら、私は……と答えるでしょう」。しかし、顧客との関係の構造が「個人的」やり取りの「放棄」を許さない時には、事務員は、技術的・官僚的言語を使って同じゴールに到達することだってできる。技術的・官僚的言語を利用することにより、それに見合う技術能力を保有しているはずであると見なされて、専門家として認定され、同時に、顧客は技術的助言を求めて行動するようになるのである。

事実、言語スタイルの二重性によって、おそらくは無意識的というよりはむしろ意識的な修辞学的駆け引きの可能性が開かれるのであり、こうして対話者間の社会的距離を操作することができるようになる。つまり、親しみのある表現方法を用いることによって、接近して親しくなることを選択したり、逆にもっとも「形式的」な表現方法を利用することで距離をとり、接触しない範囲に身を置く道を選んだりすることができるのである。この二つの戦略を使い分けることにより、顧客とのやり取りの状況をほぼ完全に掌握できる。したがって、顧客が融資に前向きな話をする時には、顧客が用いる庶民的知識の諸要素はしばしば、そのままの形で応対係によって繰り返される。家賃に不平をこぼす顧客に対しては、応対係はこう言う。「私にもそれはよくわかります。私の母は……払っているんですが、結局のところ、家賃って、お金を捨てているようなものですから……」。逆に、融資を嫌がっているかのような顧客に対しては、顧客が何も理解していないことをわからせるために、技術的な言語で答える。言葉づかいによるこのゲームは、可能性としては、あらゆる官僚的相互作用においても見られる。上級権威の受任者の身分（制服や所属を明確に示す目印の着用によって証明されるケースがしばしばである）を与えられている各個人は、すべて二重人格なのである。かれらは、二重化と二重ゲームに参加する宿命にあり、またそれを許されている。そして、ただの門外漢たちを官僚的に管理したり操作したりするための最も典型的な戦略の多くの根源には、この二重性がひそんでいるのである。違反を犯したユーザーが相互作用を個人化してくれと訴えても、「規則は規則だ」と答える警官に似て、上級権威の受任者である個人はすべて、職務と完全に一体化し、職務に含まれている公務員の社会的定義と完全に一体化することがある。それと同じように、不当に獲得した権威で身を固めた販売員が法財務の専門家として振舞う時、また法や国家の代弁者として振舞う時、販売員は、そのような一体化を自然に行っているのである。そして、そういう専門家や代弁者は、顧客に法律や法規を知らしめる任務を負い、もっと正確には――法的書類の普遍的形式主義のなかに聞き取り調査によって提供されるパラメーターの数値（子どもの数、家族の所得など）を導入することによって――顧客の権利が厳密にどのようなものであるかを定める任務を負っているのである。経済的に恵まれていない者たちをはじめとして、顧客が法律に対して、とりわけ契約――この絶えざる首かせ――に対していだく表象を多少なりとも意識的に利用して、販売員は自分たちの下す結論に、論理的な帰結――あるいは法的な判決――という必然的外観を与えるためにあらゆる努力をつくす。販売員は技術用語を駆使するが、それについては決して説明されることはなく――あるいは、完全には理解していないことが分かるような言葉で説明されることもある――、また、この技術用語を駆使するのは、過剰債務に陥った買い手の後日の失望が証明するように、おそらく有用な情報を伝えるためというより、むしろ顧客の度肝を抜くためになのである。そうやって、ＡＰＬ〔住宅個別扶助〕や漸増型貸付といった特典の利用条件に関する情報を、有無を言わせぬ責任の表明に変えていくのである（ついでながら、どこまでが国家で、どこから「市民社会」が始まるのか、それを具体的に決めるのは容易でないことがわかる。国家は、共通の思考スキームという形態で万人の頭のなかにあるのみならず、ある意味では、不動産取引の法的基準を遵守させるための公的委任形態を不当に獲得するブイグやフェニックスの販売員の人格のうちにも存在する。あるいはまた、他の状況では国家は、完全な国家の構成メンバーではないにもかかわらず国家規制を制定する委員会に参加する、銀行家や不動産仲介業者や財産管理人の代表者たちを通して存在する。したがって、「社会的論議」においては効果を発揮しうる二分法を放棄して、法律・法規・行政当局等といった特殊官僚的な資源への差別的アクセスについて、またそのような資源に対する権限への差別的アクセスについて、明快に語らなければならない。高貴であると同程度に空虚な型どおりの区別には、そうした差別的アクセスを忘れさせる効果があるのである）。

官僚的地位の占有者――あるいは販売員のように、それに準じる者――とユーザーとの関係は、ごく一般的にいえば、大きな非対称性によって特徴づけられる。公務員は、数千にも及ぶ類似のケースを介した経験を後ろ盾にし、また、各顧客がそれと気づかぬまま提供する情報で身を固めており、この情報によって顧客の期待、選好、そして——（いわゆる鎌をかけた質問やありもしない能力の見せびらかしなど）それ自体きわめて平凡で予測可能な——顧客の防御態勢さえをも予想することが可能になる。そういう形で身を固めた公務員は、戦略や——書式、質問書、想定問答マニュアル（二三七ページ「**付属資料**」参照）といった——規格化されたツールをもっており、これによって、自分にとっては反復され標準化されてはいるが、ユーザーにとっては唯一独自な場面を生きることになる状況に対処できる。そのような状況に置かれたユーザーにとっては、（たとえば病院などにおけるように）得るものや失うものが大きい割には情報が少なく、不安はなおさら大きい。

しかし、官僚的行為者はまた、個人的関係を打ち立てるために自らのハビトゥスがもつ生成能力を利用することもできるが、そうした個人的関係は時として、少なくとも外見上は、職務に定められた限度を超える可能性もある。販売員が内緒話として、あるいは絶対に秘密を守るという約束で、ある格別の特典を示唆したり、特別な計らいとして、たとえば分譲地のなかでまだ残っている区画について、またあるタイプの住宅の特別な長所について、貴重で内密な情報を漏らしたりするのは、それに該当する。あるいはまた、匿名で没個性的な扱いに苛立つ顧客の不満と期待を利用して、銀行が顧客に個人的な注意を払っていることを示すのも、それに該当する。顧客は、銀行のそうした配慮に必死にしがみつく（二度目の訪問時に、顧客は初回の訪問時に会った行員のもとに導かれ、名前で呼ばれ、自分のケースがしっかりと把握されていること、したがって特別な関心が払われていることをさまざまな方法で見せつけられる）。事実、販売員は、ある象徴的支配関係を築かなければならないのであり、この関係は最終的には、銀行側の理由と利益へと自己を同一化する行為のなかで消滅し完成することになる。その銀行側の理由と利益は、場合によっては販売員と顧客の「個人的」同一化のおかげで、顧客の理由と利益に完全に一致するものとして示され、そう認識される。販売員は、商品に関する情報、融資条件に関する情報、そして特に融資条件に隠されているかもしれぬ罠に関する情報によってもたらされる優位性を利用し、極端に高められた場合には自己移譲以外の解決策がありえない不安を生み出したり、これを強めたりしなければならない。

販売員は、顧客がうまい具合に自分を放棄し、契約の性格と形式に関する裁定を下す権限を委譲してくれることを期待している。それゆえ販売員は、顧客に対して本人の無能ぶりを直感でわからせるようにしながらも、自分が顧客にもたらした混乱の度合いに応じた援助の手を差し伸べ、顧客の関心事に真剣に注意を払っており、その関心事をわがことのように扱うことができると顧客の目に映るようにすると同時に、本人以上にいわゆる「顧客の利益を引き受ける」にふさわしい人物だと相手の目に映るようにしなければならない。買い手は、商品の技術的な品質の面に関しても、貸付の融資条件の面に関しても、必要最小限の情報もないまま、影響のきわめて著しい決定を下さなければならない立場に置かれており、これを前にして買い手は、個人的保証に似た様相を呈するものすべてにしがみつきたがる。買い手は、取引の不確実性に対する保証を一度に全面的に提供して不安を拭い去ってくれる、総合信用契約を求める。販売員は、それを敏感に感じ取り、実際、自分もそのゲームに参加する。「私たちは、家を売っているのではありません。土地家屋を売っているのです。いえ、それも違います。融資と土地と……、私たちの頭脳を売っているのです。家とはまったく関係がありません。本当です。そう、そういうことです。私たちは、土地と頭脳を売っていて、こう言ってよければ、ボーナスとして家がくっついているというわけです（笑）……。家がどのような造りになっているか聞く客は、めったにいません。ごく例外です」。販売員を顧客と結びつける社会的親近性は、この相互同一化関係のための基盤を提供する。

さまざまな住宅メーカーの空間とそのような住宅メーカーの代理人（販売員など）の社会特性空間との間、したがって提供される商品の空間と各商品に対応する顧客層の空間との間には、構造論的相同性というものがあって、この構造論的相同性によって結果的に、さまざまな販売員の営業戦略が、対応する顧客層の社会的に構成された期待に「自動的」に調整されていく〔地方的・部分的な不一致は免れない〕。フランス世論調査研究所が一九八一年に五七一人のフェニックス住宅所有者を対象に実施した調査によれば、フェニックスの顧客層は、四五・三％の工員、二・二％のサービス業従事者、一八・六％の会社員、一五％の中間管理職、一七％の職人と小規模商店主、一・五％の農家、二・二％のその他の就労者、一〇・六％の非就業者と退職者、三・五％の上級管理職と自由業者で構成されている。同一の社会的職能カテゴリーであれば、フェニックス住宅の所有者は、「高級」住宅を提供する会社が建てた家の所有者は言わずもがなだが、この界で近似の位置を占める競争企業（ＧＭＦ、ブリュノプティ、シャレ・イデアルなど）の住宅所有者と比較しても、年齢が高く、またとりわけ教育水準が低い。

同様に、販売員の文化レベルもまた、技術的にも審美的にも最も貧弱な商品を提供し、経済的にも教育的にもいちばん劣った顧客層を対象とする大手工業手法企業において、明白に劣っていることが観察できる。このようなわけで、フェニックスの販売員においては、二二％がＣＥＰ〔初等教育修了証書〕またはＣＡＰ〔職業適性証〕取得者、二四％がＢＥＰＣ〔前期中等教育修了証書〕取得者、一二％がバカロレア・レベル、一三％がバカロレアまたはＢＴＳ〔高等技術者免状〕取得者、五％が高等教育修了者である（二四％がこの点に関する情報を提供していない）。また、フェニックス住宅の販売員の多くが工員として職業人生を歩み始めたことが知られている。教育レベルや経歴面などあらゆる点からみて、販売員は対応企業のヒエラルキーと同一のヒエラルキーにのっとって区分されると考えることができる。したがって、「高級」住宅を生産する国際企業であるカウフマン・アンド・ブロード社では、高等教育を修了した販売員の割合が高く、美術学校《ボ・ザール》を卒業した者さえいる。

契約にいたるメカニズム

販売員は戦略的な位置を占めている。それというのも、販売員による仲介がなければ多くの場合、商品と買い手、したがって企業と一定の顧客層の間の調整が行われえないという意味においてである。営業政策や商品の成功・失敗の数ある要因のうち、もっとも決定的な要因の一つはおそらく、販売員と顧客の間のみならず、企業内にあっては、販売員と営業管理職・マーケティング部局・広告部局――かれらは商品の営業プロモーションを決める任にある――との間における「調和」である。最も優秀な販売員を獲得するための各種メーカー間の競争などにおいては、報酬は当然ながら大きな意味をもつのだが、販売員がうまく――つまり客観的な効率も高く主観的な満足感もある形で――仕事を遂行するうえでこれに劣らず助けとなるのは、販売員が実際に活用する性向と、（販売員によってしばしば現場を知らない純粋の理論家と見なされる）専門家によって考案される装置との間の合致なのである。販売員は実際、商品の生産に一定の決定的な役割をもって貢献する。買い手に提案されるのは、単なる一軒の家ではなく、家をめぐって友人や知人が交わす談話、特に販売員が発する談話をともなった一軒の家である。調査が示すように、しばしば友人や知人の話が元となってある特定の住宅メーカーが選択されるのであり、また、販売員が保証人の役を買ってでることはきわめてよくあることである（「私も同じ家に住んでいるのですが、とても満足しています」）。

家の購入が融資の購入へと、提案される家に関する検討が家の購入を希望する者に関する資力検査へと移行する結果として、当初関係の逆転が生ずる。こうした逆転にもかかわらず、（客に逃げられずに）うまく契約の署名にこぎつけるとしたら、それはひとえに、販売員が状況や自分自身のイメージに関する定義を上手に変えると同時に、状況や自分自身についてイメージを変えることに成功する場合のみである。つまり、顧客がもつ不安の強い警戒心を――一種の同一化を基盤として――安心して自己移譲できる関係に変換できる場合のみである。販売員は、ハビトゥスの親近性に結びついた倫理的・心情的な結託を拠り所として、顧客が銀行の裁定を、経済的必然性の不可避な制約のなせる業だと自発的に認めることになるように、専門家としての権威と、助言者・相談相手としての親しさをあわせ持つことができる。あるいは、顧客が人格化された銀行という奇妙な人物と自らを同一視することにより、銀行の観点を自らの観点とすることになるように、と言ってもよい。「融資を受けることができるかどうかは、必ず客に判断させなければなりません」と、ある責任者は言う。貸主が借主から身を守る手段となる返済能力保証の事前審査は、不用意な選択から――つまり顧客自身から――顧客を守ろうとする配慮によるものだ、と言いつくろうこともできる（そして、ヴァルドアーズ県ＡＤＩＬ〔県情報協会〕のある法律顧問が指摘するように、悪用するのが容易な衝動から顧客を守ろうとする配慮だと言いつくろうことも。「お客さんは、庭付きの五室の家が買える、大丈夫だと言ってほしくて、現実を見ないのです。［…］一度なんかは、どうしても家が買いたくて、五人分の食費として出費するのは月に、とんでもなく低い額、たしか五〇〇フランだったと思いますが、それ以下だとしきりに言うご婦人もいました。家を買えるんだと言いたくて、家を買えるということを見せたくて、こんな風にも言ってました。『いいえ、問題ありません。野菜はなんとかさんが分けてくれますから。いいえ、私たちは、パスタしか食べないんですよ。子どもたちは給食で肉を食べてきてるから、夕方に食べるのはスープぐらいのものかしら』。人はいざとなれば、信じられない挙動に出るものです。現実を見たくない人、節約すれば家が買えると信じこんでいる人がいるのがよくわかります。家を買うために、バカンスに出かけない家族もいますよ。家って、そんなに大事なんですよ」）。銀行の代理人は、その経済資本と情報資本を後ろ盾にして、貸し手としての活動を、医者や弁護士のようにため込んだ知識を顧客に提供する助言者として、利害を超越した行動だとの外見の下に、覆い隠すことができるかもしれない。しかしそうだとしても、たとえば（生活扶助金や他の借入などの）先行債務を隠さないようにとか、あるいは一定の限界を超えた借金をしないようにとか助言して、顧客を顧客自身から守る時でも、実際は銀行の利益を守っているにすぎないのである。

販売員は、必要な融資を販売できなければ家も売れないという事実から、二重拘束《ダブル・バインド》の状態に置かれているが、この二重拘束は、銀行の戦略に内在する矛盾を極限にまで押し進める。すなわち販売員は、一商品の売り手としては、計算下手の性急さ、軽率さ、支離滅裂さを利用したいという誘惑にかられることもある。他方、融資の売り手としては、銀行の利益を守るために、顧客を過剰な借入れから守らなければならない。販売員はしたがって、できるだけ高い「返済割当率」（これは償還額と現行所得または生涯所得との関係で決まる）になるよう顧客の尻をたたく「追い込み」の誘惑と、破産や過剰債務の恐れ——これがあるから、顧客の財源や、場合によっては忘れられたり隠されたりしている他の支出などを綿密に検討しなければならなくなる——との間で、舵をとる必要がある。販売員は、パンフレットがやっているように、家族のしあわせ、未来の家の快適さなどに言及して、快楽原則を具現化すると同時に、あらゆる財務的制約を指摘することによって、現実原則も具現化しなければならないのである。

ほとんど自由裁量の余地のない制約と指令にしばられている販売員は、つまるところ、顧客を補佐して投資の撤退《デザンヴェスティスマン》〔熱の冷却〕に向かわせることを、おそらく主要な任務としているのであり、顧客はこれをなし遂げて、希望を能力に合わせて調整していかなければならない。つまり販売員は、有限の予算の範囲内で住宅購入計画を考えるように顧客を強制することによって、希望の家——それは夢想の論理によって魔法のごとく折合いがつけられている——がもつさまざまな特性はすべて相互に関係しあっていることを、また、非情な経済的最適計算の前では、ある一つの方面（たとえば居住面積）で夢を優先させれば必ず他の方面（一般に町や職場までの距離）にしわ寄せがくることを、顧客にわからせるのである。販売員は、顧客のいだく希望をすべて台無しにすることなく、この服喪作業を滞りなく執り行う顧客を効果的に支援できるのだが、それというのも、経済的・法的な必要性に完全に服従しながらも、自らの経済的・技術的能力の全資源を顧客のために役立てて、顧客の資力の範囲内で手の届く、夢の最大限を手に入れさせることが自分のためにもなるからである。

一戸建て住宅にあこがれる力は大変に大きい。だから、もし融資の販売員が借り手に、経済的制約を課して（合理的 rationnel というよりはむしろ）理性的 raisonnable な期待――たいていの顧客はこれを自発的に自らの経済行動のうちに取り入れる――を強めることができなければ、過剰債務という形の罰則が下される無分別な購入は、おそらくもっとはるかに増えることであろう。[2] 実際、販売員の命令と勧告は、顧客が前もって制度の期待に合わせてより完璧に調整されていればいるほど、最終的な同一化――それは契約の署名によって確立される――に到達する機会が多くなる。そういった「理想的顧客」は中小の公務員である。かれらは、十分な保証を与えるためにはどうにか十分な財源を有しており、将来が確実で先を見通すことはできるが、だからといって融資なしですますほど裕福ではない。また、かれら中小公務員は、どうにか十分な文化資源を有していて銀行の要求が理解でき、その銀行の要求を自分のものとするが、銀行の操作に対して組織だった抵抗を打ち立てるほどに十分な文化資源を有していない。まったく公務員の職業人生は、合理的と見なされている行動の二重の根――計算が立ち、しかも計算ができる人間という二重の根――をなしている。この二重の根によって、上述のとおり、その生涯所得――潜在的資本とも言えるもので、信用によって部分的にその現在価値を出すことができる――に、十全に保証された存在が与えられるのである。また、この二重の根によって、さまざまな性向の土台が築かれ、そうした性向に可能性が与えられてもいるのであり、まさにこうした性向があってこそ、このような融資形態の合理的な利用も存在しうるのである。[3]

ちなみに、この中庸の顧客を好むという銀行の性癖は、二つの対極的な顧客カテゴリー――方向は逆だがどちらも共通して過度という罪を犯している――に対して、銀行が（責任者と代理人の宣言を介して）はっきりと示す拒否の姿勢のなかに浮き彫りにされる。その二つのカテゴリーの一方は、「取るに足らない」顧客であり、これは経済資本も文化資本もともに貧弱で、夢を実現するためには何でもするつもりになっており、支えきれない責務（所得の四〇％以上に上ることもある、とする調査もある）を背負いこみかねない。顧客がこのように支えきれない責務を背負うことになるのは、とりわけ、銀行員の提供する情報を活用するために必要な最低限の情報をもっていないためである（および、ＡＰＬや漸増型貸付のメカニズムを理解できないためである）。他方、対極にある顧客カテゴリーは、いわゆる「小うるさい」顧客である。かれらは自らの利益や権利を知悉しすぎており、操られたりはしない。また、貸付の個人化《パーソナル》が提供する可能性を利用して、きわめて大きな保証を提供できる事実に関連する財務的利点を一つ残らず獲得しようとするのである。しばしば差し迫った事情にせかされた前者は、個人的資金がごく小額なものでしかなく、個人的保証も貧弱である。こうした顧客は、長期融資を希望するが、計算可能性の最低値に達しておらず、自分の価値を誤って見積もる結果、自分の価値以上のものを望むことになる。後者は住居事情がさほど悪くないので、待つことができる。かれらは、多額の個人的資金と物的保証〔担保〕を提供するので、どこにいっても受け入れてもらえるという確信を持つことができる。償還期間もあまり長くする必要がなく、知悉している切り札を最大限に利用するための知的手段を有している。

銀行の代理人はというと、顧客に「道理を言い聞かせる」ためのすべての手段を有している。個人融資の形式に従うことで、契約の作成手続きは、契約理論の用語を使えば「顕在化メカニズム」として働くこととなる。[4] 事実、契約作成手続きは、顧客に、（いくつかの例外的秘匿を除き）ほぼ全面的な情報の提供を義務づけているため、きわめて低廉な「真実抽出コスト」ですむ。銀行はしたがって、自らの利益のままに行動するためのあらゆる手段を有しており、「行為者間に差別を導入」して、各行為者にそれぞれ固有の契約を結ぶことができる。銀行は、いかなる秘匿瑕疵もあらわさない顧客を選択するために必要なすべての情報を、また、収益性のあるこれらの顧客から

――リスク過多という一線を越えることなく――利益を搾り出すために必要なすべての情報を、保有している。したがって、顧客に何らかの特性があれば契約の拒否だって当然ありうるのだが、そういった何らかの特性を知らなかったがゆえの「逆選択」からは、ほぼ全面的に守られている。借り手は、他の何らかの借入や責務――これは最終的には返済能力を脅威にさらす可能性がある――を隠したがるかもしれないが、銀行はこうして、借り手に理性を呼び戻させることができる。銀行はまた、モラルハザードからも守られているのであり、つまり、契約面ないし購入面――あるいはその両面――での隠された欠陥を発見した場合生じる絶望によって誘発される行動の変化など、行為者の行動の変化にかかわる不測の事態からも守られている。過剰債務というのは債務人口のごく一部でしかないことが、これでよくわかる。(5)

借り手は、融資契約の交渉において合理的であらざるをえず、融資契約は適正な願望の限界を定める。借り手はまた、あまり自覚もないまま背負い込む暮らしの管理においても、理性的であらざるをえない。たとえば、少なからぬケースで、一連の隠された影響（交通費の増大、二台目の車の購入など）をもたらすことになるような契約に署名したりしてはならないのである。売り手の補佐をえて、資金調達計画の議論を通して完成する、投資の撤退〔熱の冷却〕作業は、署名時に終わるわけではさらさらない（署名自体は多くの場合、あきらめを追認する行為である）。なぜならば、それまでに住んできた住居について尋ねると、しばしば長々とつづく理由づけに出くわすが（「でも、少なくとも、自分の家なんだから……」「平屋建てにまさるものはないね」など）、そういう理由づけほど理性的で現実的なものはない。そしてこうした理由づけは、自分が持っているもので我慢できるようになるためには、買い手がぜひとも成しとげなければならない、膨大な服喪作業の産物なのである。買い手は事実、自分の購買が包含するすべての事物に遭遇することになる。つまり週末の芝刈り機の騒音、犬の鳴き声、共同の義務に関する軋轢などに遭遇することになるのだが、そのなかでも特に日々の通勤に費やす時間コストがばかにならない。

住宅所有者のなかで、企業や官公庁の中間職、技術者、そして会社員が通勤にもっとも長い時間をかけ、自由業を営む者と企業主において、その時間がもっとも少ない。イル・ド・フランス地方に家を持つ公共部門中間職の一三・五%、企業の中間職と技術者の一二・五%、会社員の一一%が家と職場の往復に一日三時間以上をかけているが、通勤にそれほどの時間をかける企業主や自由業者は、一人もいない。通勤に二時間以上をかける者のなかにはさらに、公共部門の上級管理職の四八・五%、技師の三五・五%が含まれる。住宅を所有する工員のなかでは、職長と職工長が通勤にもっとも長い時間をかけ、単能工がもっとも短い。

このように議論と相談に長い時間をかけた後に、意に反して合理的な計算者となる買い手は、新しい財務支援の形態を通して不動産市場を統治する制約に従わざるをえない。買い手に残されたおもな選択の余地は、住宅の審美的・技術的なクォリティと住宅が立地する距離との間で、つまり、取りえはないが職場に近い家と広く快適だが職場から遠い家との間で、裁定を下すことだけである。買い手はそのため、決心の前も後も「あきらめ」が必要で、この種の運命愛 amor fati に尽くさざるをえない。自動車のブランドを選ぶ際の愛国心などはこの運命愛の別の形であり、これによって買い手は、どうせなら進んでそうしようという気になる。しかし特筆すべきは、買い手が大いなる賭けに出て、経済の世界にまつわるもろもろの未知の要素——解雇や配置転換など——や、家庭生活サイクルにまつわるもろもろの未知の要素——夫婦の永続性、離婚、子の定着や離別など——を捨象しなければならないということである。買い手は暗黙裡に、自らの「選択」のなかでそのような未知の要素を賭けているのである。

とはいうものの、どれほど必要性に迫られた取引であろうとも、ゲームの行方があらかじめ決まっていることは決してなく、売り手も買い手も、経済関係の構造によって与えられている自由を利用することができる。たとえば売り手は、構造上の制約を強めたり、あるいは逆に、戦略的にそのような制約を弱めたりできるが、後者のケースにおいても、制約を弱めるのは、最終的に制約をよりよく適用できるようにするためである。買い手の方は、抵抗したり逃げ出したりすることによって、そのような制約から逃れようとする。そして、一連の相互作用は予測不可能であると同時に偶然でもある（たとえば、自分たちの特性に応じた客観的機会にのっとった契約書にそこで署名している最中の夫婦も、そのブースの前を通り過ぎて別のブースに行ったり、また来ますと言って、立ち去ったりすることもできるわけである）。しかし、そうした一連の相互作用を通してはじめて、結局は、統計分析によって明らかになるような経済的・人口統計学的な諸要因の体系が「作用」するのであり、もっと適切には、現実化するのである。相互作用は、経済関係の構造のたんなる追認であるどころか、むしろその現実化なのであって、その展開においてはつねに不確定であり、その存在そのものにおいてはサスペンスと驚きに満ちている。こうして民族誌的な観察や描写によって、行為者の実際の体験において、諸要因の作用がとる形態を把握し復元するための唯一の手段が提供されるのであり、また諸要因は、そうした形態を通して自己実現する以外に作用しえないのである。売り手と買い手の間のやり取りは、買い手が——情報を引き出そうと躍起になる——売り手に無意識のうちに協力するといった、たんなる情報顕在化プロセスに矮小化することはできない。たとえば売り手は、借り手の返済能力を見積もり、その返済能力を作り上げるのに貢献すると同時に、買い手の必要性と嗜好を作り上げることに貢献しているのである。買い手の方は、自分自身や自分の嗜好・利益について知らされ、多くのばあい熟慮の末、願望と期待を制限するという対価を払って行動に移るために必要な心理的作業を行い、あるいは逆に、購入を延期したり断念したりするために必要な心理的作業を行う。要するに、こうした観察から指摘されるもの、そして純粋モデルの論理が忘れさせがちなものは、購入行為が、買うために満たさなければならないもろもろの条件総体のなかに論理的に組み込まれているのでもなければ、実際的に包含されているのでもない、ということである。もっと大きな物言いをすれば、作用や相互作用は、構造（ここでは、売り手と買い手の間の不平等な関係）のたんなる機械的現実化として理解すべきものでもなく、また——そこで表現される構造上の必然性を考慮することなく説明できるであろう——コミュニケーション作用として理解すべきものでもない。経済行為は、一言でいえば——機械によって交代可能な行為者を通して行われる——半機械的な必然性の結果ではない。経済行為は、特定の社会形態をとることによってはじめて実現されるものであり、その特定の社会形態は、交換にたずさわる行為者の社会的特性と結びついており、とりわけ、交換に由来する信頼できる親近性や敵対的な距離の効果とに結びついているのである。

S氏

一戸建て住宅見本市で、明らかに家を探している様子のS氏は、会場を行き来し、ブースの一つに立ち寄っては質問を投げかけ、別のブースで資料を集め、ついでC社のブースに近づいた。S氏がブースに到着すると同時に、ビジネススーツに身を固めた一人の若々しい男がS氏に近寄り、知りたいことがあるかどうか尋ねた。S氏が、そうだ、と答えると、ビジネススーツの男はS氏についてくるように声をかけ、少し離れた応接スペースで席をすすめ、自分はS氏に対面する形で腰を下ろした。

売り手　ご自分にどんなことができるか、多少はご存知ですね。本題に入る前に、そうですね、自己紹介をお願いしましょうか。何がお望みなのか、ちょっと知らなければならないものですから。ちょっと資料作りをしましょうか。

こうして、居住地、子どもの数と年齢、住居の賃貸または所有の別、賃貸料（「あとちょっとで、家が買えますね」）、夫婦両者の勤務地と職業、所有する交通手段、個人的資金、希望部屋数、希望する家の面積と場所に関する取調べが始まった。S氏は、質問が発せられるたびに、できるだけ正確に答えようとするのみであった。

売り手　そうですね、私の考えでは、家にお住まいになるのは、五人ですよね。五人であれば……、八〇……、ちょっと待ってください。間違えるといけませんので……。八八か九九平米、これぐらいですかね……。（手持ちの資料を繰り、読む）。融資を受けるためには五人＝最低八八平米……。（電卓を取り出し、夫婦の所得を尋ね、次のように結論づける）。ですから、月に一万三〇〇〇フランになりますが、そのうち三三％まで返済することができます。銀行がそのように決めているのです。つまり（電卓で計算し）……、四二九〇フラン返済できます。この返済額、どう思われます？

S氏　どっちみち、とにかく……、家を買うことに決めたんだから、犠牲を払う覚悟はできています。

売り手　わかりました。これまでの話を整理してみましょう。

売り手は、書類を取り出し、すでに確認済みの質問を再び発したが、今度は書面に書き残し、二種類の融資が受けられる旨を説明した。ＰＡＰ（持ち家獲得のための助成貸付）と協定貸付の二種類である。売り手は、その融資について、不明瞭で曖昧な説明に終始したが、権威だけは十分であった。

売り手　それでは、ご説明しましょう。ＰＡＰ貸付は、こう言ってよければ、つまり国の援助を受けた貸付なんです。最初は金利が有利ですが、融資を全面的にカバーすることはありません。つまり、このＰＡＰ貸付では、ＰＡＰ貸付を補完する、補完銀行貸付をつけなければいけないんです。もう一つ融資を受けることができるんですが、それは協定貸付です。これは最初、ちょっとだけ金利が高いのですが、二〇年間で見ると、補完付きのＰＡＰと結局同じことになるのです。ですから、ＰＡＰは不動産銀行で、ＰＡＰ補完貸付はお客様の銀行かどこかの金融機関か、あるいはやっぱり不動産銀行でもいいんですがね……。エー、で、協定貸付はどこかの金融機関かお客様の銀行です。

S氏　誰がその手続きをするのですか。お宅は何もしないのですか。そのような手続きを全部、私がすることになるのですか。

売り手はそこで、マニュアルにのっとり、「最初から最後までお客様の面倒を見ますよ」の説明手順を開始する。この説明は、売り手全員の戦略的武器の一要素であり、営業研修で明白に教え込まれる。

売り手　私たちは、こう言ってよければ、全部を引き受けるのです。お客様は、書類に目を通し、サインするだけで結構です。それ以外、何もありません。〔…〕最初から最後まで、お客様のお世話をさせていただきます。（そして、客に息を継がせる暇もなく、住宅メーカーの紹介に入り、二つ目の必須説明、「この分野ではフランス一です」の説明を始める）。ちょっと背景を説明させてください……。〔…〕高断熱を売り物にしたのは、当社が最初なんです……。〔…〕公共土木建築と高層ビルとビルの建設の分野では、当社が業界のリーダーです。〔…〕当社は、一戸建て住宅に関しては、フランス全土で年間、三五〇〇戸ほど建てていますが、トップ企業ではありません。トップは、一戸建て住宅を専門に扱っている会社ですから。当社は、ほかのことも手広く扱っているのです。ですから、トップにはなれないのです。でも、二番目です。（そして、期待している、客の質問を先取りして結論づける）。それで、家がどのように作られているか、という疑問がありますよね。こう言ってよければ、当社の家の壁は、コンクリートパネルでできています。このパネルは、一メートル四〇センチに、幅が七〇センチ、厚さが八センチです。その理由はですね、つなぎ石では建てたくないからです。当社では、つなぎ石は頑丈だとは評価していないのです。つなぎ石でできたビルなんて、一棟も、本当に一棟も見かけませんでしょう。全部、鉄筋コンクリートでできています。なぜって、それにはわけがあるからです。頑丈だからです。

S氏は、黙って聞いているのみであった。

第二段階　S氏は、商品の技術面の話が出たのをきっかけに、目立たないように気を遣いながら主導権を握った。会社が売り出している家について、もっと技術的な話を展開したかった売り手は、S氏がその面に関する質問を投げかけ始めると、その現実的な質問の一つひとつに答えなければならなくなった。「内側の断熱は、大丈夫ですか」。「それぞれの部屋に、窓はいくつありますか」。「で、電気暖房はどうなっていますか」。「床下の空きスペースは、確保されていますか」。「床は、リノリウムですか」。「そのためには、追加がありますが、料金を教えてくれませんでしたよね……」。

「ところで、台所は、設備がついているんですか」。「浴室に戸棚を入れられますか……」。

　S氏の質問に少々当惑させられた売り手は、答えながらも、時に話のやり取りの主導権を奪い返そうとする狙いの言葉をはさみ（「そこでですね、家がどんな風にできているかと言いますと」）、きわめて技術的な説明に入る。そのような説明が理解の限度を超えている様子の明らかなS氏は、ほとんど耳を貸さない。「断熱ですか。いやまったく、当社の外部断熱で十分です」。「床下の空きスペースを確保していないかというご質問ですが、それには割増料金がかかります」。「その件に関する情報は提供します、お客様。ご心配なさらないでください」。「台所に設備はついていませんが、冷蔵庫、冷凍庫、洗濯機のためのコンセントは全部設置されていて、全部そろっています。全部、準備されています。つまり、お客様が家具を据えつけて住めばいいだけになっているのです」。「浴室ですか。つまりですね、実際のところ、家に入って、上着を脱いで、歯ブラシを置いて、家の中に住む。それだけなんです」。

S氏　ところで、そのモデルは、私に合いそうでしょうかね。

売り手　合うかどうか、予算総額に合わせて決めることができますよ。

売り手は、電卓を手に取り、すべての計算をしなおし、ＡＰＬを加え、もう一度計算をしなおし、間違え、訂正し、次のように結論づけた。

売り手　これなら、余裕をもって、建てたいものを建てられる（onという形で主語が曖昧にされている）。ところで、土地もお望みですね……。

S氏　と言いますか、私にとって大事なのは、家なんです。土地の世話もするんですか。土地は、家とは別立てなんですか。

売り手　ええ、でも、大船に乗った気分（主語の曖昧化）。つまりですね、このような資金調達状況であれば……。毎日、お客様のような人ばかりだったら、うれしいでしょうね。でも、時にはいろいろと……。

　売り手はついで、さまざまな住宅のモデルが載っているカタログをS氏に見せる。どのモデルにも車庫がついている

(「でも、車庫は別料金です」)。「独立」のために二階建ての家がほしいんだが、と言うS氏に対し、売り手は答える。「平屋の方がうんと簡単です。二階をつければ、何から何まで変わります」。カタログには平屋建ての住宅しか載っていないが、「お望みでしたら、地下をつけることはできます」。

S氏　(土地の話に戻り)面積はどんなものですか。

売り手　どの程度の面積をお望みなんですか。

S氏　家を建てられるだけのスペースがあって、小さな庭がつけば、それで十分です。

売り手は、七〇〇から八〇〇平米の面積を提案した。「用意できる予算」に合わせて。

S氏　適切な面積なんでしょうかね。

売り手　まあ、これだけあれば、これだけあって、芝刈り機もかけられれば……。もちろんです……。いや、七〇〇から八〇〇平米の面積といえば、恥ずかしくないですよ……。つまりですね、ちょっとしたものです。

S氏　で、電気とか、水道とか、下水とかは?

すると売り手は、前もって準備済みの、新たな説明手順を開始する。「お支払いになる料金を一フランの誤差もなくお知らせします」の説明である(別のある売り手は、「お客様が後でびっくりすることが一切ないようにすべて計算してあります」という、異なった説明タイプを用意していた)。

売り手　家には、付属設備がついていなくて……、家だけの価格です。でも、資金調達計画のなかでは考慮の対象となっています。つまりですね、お客様がここを後になさる時には、いくら払うことになるのかを、一フランの誤差もなくお知りになっているはずです。

S氏　で、壁紙は選べるのですか。

売り手は、「三レベルの仕上げ」の説明を、長々と展開する。

売り手　当社では、装飾未完了住宅と呼んでいる家を用意しています。この家では、お客様が壁紙を張り、ペンキを塗るのです。お客様がそれをご自分でなさる家です。それが一つ目の家ですが、標準装備と呼んでいる家もあります。この家では、壁紙張りとペンキ塗りが行われて、寝室にはカーペットが張られます。それから、ハイクラス装備と呼ばれるのもあります。この家では、内部仕上げが全面的に施され、寝室には高級絨毯が、シンクの上面と浴槽の下には陶製タイルが張られ、屋内全体に壁紙が張られます。仕上げに三つのレベルがあるのです。

S氏　屋根は、瓦屋根なんですか。この家の中のどれがおすすめですか。

売り手　これですね。(売り手は、一つのモデルを示す。この売り手がすすめるのは決まって、最新のモデルである。雇い主の住宅メーカーが売り手にそのモデルの販売を奨励するのであり、売り手もそのモデルが気に入っている。このモデルでは、家中に戸棚や整理棚がついている)。この家には五室ありませんが、改装可能なモデルをご紹介します。当社では、何でも可能です。

S氏　お宅の保証は、どんなものなんですか。

売り手は、「保証」の説明手順にのっとって回答する(二年間の住宅機能保証、躯体に関しては一〇年間保証、および追加保証である)。

S氏　土地は、まったく別個なんですか、それとも分譲地のなかにあるんですか。

売り手　それは、ご希望しだいです。つまりですね、十分な資金力をお持ちですから、土地をお選びいただけます。

S氏　これは、いくらするんですか(S氏は、一つのモデルを指差す)。

売り手　完全仕上げ価格、つまり先ほど申し上げたとおり、コートを脱いで住めばいい状態に仕上げられた家の価格を申し上げましょう。

売り手は、価格を教えた。S氏は、その詳細を尋ねる。一括料金ですから、と売り手は答えるが、それと同時に、週末までには土地を見つけることができるだろうと伝え、その後再び、行政手続きには時間がかかる旨の、長々とした説明を浴びせた。

最終の第三段階。売り手は、再び主導権を握り、自分がもっとも得意とする分野に立ち戻って結論を導こうと準備する。こうして、取引の資金調達面に関する一連の説明を、矢継ぎ早に浴びせる。「あのですね、公証人手数料は三%で、どうしても個人出資の分からそれを支払わなければいけません」。「さまざまな値上がりに対処するために、現在価値費用を負担しなければいけませんが、価格は最終価格で、確定しており、訂正されることはありません」。「通りから家までの電気の接続をご自分でなされれば、節約も可能ですが、器具もご自分で手当てしなければいけません」。「車用に、車庫ではなく、ちょっとした置き場で済ますようでしたら、最初からそのようにおっしゃってください。建築許可に記載しなければいけませんので」。

売り手はついで、土地の説明を始め、その話に熱中した。

売り手　今のところ、興味をお持ちの県内にいくつかの土地を保有しています。実際、私も隣の県の責任者なものですから、あそこのコンティナン・ハイパーマーケットのことはよく知っています。田園地域にも近くて、とてもいいところで、よく知られてもいる……（町の名前）にも近いですね。［…］私も、四年前から（住宅メーカー名）社に勤めているのですが、実は（住宅メーカー名）社に家を建ててもらっている最中なんです。（売り手は、契約の最終結論を催促して話を終える）。それで、お客様、いつお決めになられますか。近日中にお決めになれば、お子様の次の新学期には家が間に合うと思いますが。

売り手は、家の見取り図、計画、料金表を補足したカタログをS氏に手渡した。そして、「それではまた近いうちに」と言って握手し、S氏が立ち去るのを見送った。

F夫妻

家を買おうとしていたF夫妻は、しばらく前からほとんどの週末を割き、フロレリート・ノール展示村に規則的に通っている。この展示村は、パリ郊外にあり、さまざまな住宅メーカーが集まっている。その日曜日、一一歳と七歳になる上の娘二人をともなった夫妻は、その時点では名前だけしか知らないG住宅メーカーの話を聞こうと決めていた。展示村の中央にある、G社の家を多少苦労して見つけると、家を見学し始めた。一つの部屋からもう一つの部屋へと足を進め、ガラス球のなかに吊り下げられた家の模型が展示されている台所で立ち止まった。そこにいた女性販売員は、ちょうど別の夫婦との話し合いを終え、F夫妻の方に向き直った。

F氏　子どもは三人なんですが、家の購入についていろいろと知りたいんです。

とてもくつろいだ様子で、シンクの縁に腰をかけた販売員は、F夫妻の要請の真剣さをすばやくテストしようと、最初の質問をいくつか投げかける。「どの場所に建てたいのかは、お決まりですか」。「土地と家にどのぐらいかけられますか」。「どちらにお住まいですか」。「パリでは、どの駅をご利用になりたいですか。北駅ですか」。販売員はついで、F夫妻の無秩序な質問に一つずつ答えていき、こう結論づけた。「協力者とお会いになりませんか。彼なら、いろいろなスタイルの家を紹介できますし、特に家を建てるための土地を紹介できると思うのですが」。F夫妻の同意を受けて、女性販売員は、事務室に改装された隣の部屋にF夫妻たちを案内し、席をすすめた。しばらくして、一人の男性が姿を現した。

売り手　いらっしゃいませ。いろいろと話を聞きたい、というわけでしょうか。(販売員は、机の向こう側に座る)。

F夫妻　ええ、家を買いたいと思ったものですから、この辺に、ここ、ここいら辺に……。先ほどの女の人の話だと、土地についてはあなたと話さなきゃだめだということですので。

売り手　いや、必要なのは、いっしょに考えることです、どんな家がほしいのか、使える予算はどのぐらいあるのか、どの土地に、いや、どの地区に……、いや、どの地域に家を建てたいのかを。

売り手はそこで、最初の質問をいくつか投げかけ始めた。「現在は、どちらにお住まいですか」。「パリのどの辺で働いていらっしゃるのですか」。しまいには、こんな質問をぶつけた。「かけられる金額についてですが、予算についてですが、土地と家の両方で、どれだけ融資を受けられるか、正確にご存知ですか」。

F氏 知ってます。……社に行ったことがあって（F氏は、別の住宅メーカー一社の名前を出した）、資金調達試算をしてもらいましたから……。

売り手 ……ライバル会社ですね。いいでしょう。予算総額はいかほどになりましたか。五〇ですか……、六〇ですか……。

F氏 六五万です。

売り手 土地と家の全部をひっくるめて、六五万フランですか。協定貸付や、PAP貸付を使った資金調達をしていますか。そんなことって、あるんでしょうか。

F氏 あちらの人がいろいろと計算してくれて、そうなったのですが……。

売り手はそこで、簡潔をきわめる説明を始めた。

売り手 現在のところ、二種類の資金調達方法があります。一つは、ご家族状況、つまり扶養家族の人数、そして課税状況に応じて、PAP貸付という国の融資が利用できます。つまり、ご家族状況の面と課税状況の面から、金利が九・六%の国の融資を利用できますが、そうでなければ、協定貸付を利用することになります。これが二種類の資金調達方法なのですが、資金調達の面で違いがあります。

ついで、売り手は、尋問ばりの質問を開始し、F氏と夫人が交互に答える間、その答えをすべて、書類に転記していった。「お客様の当初資金は」。「家屋は所有ですか賃借ですか」。「お子様の数は」。「お客様の所得は」。家族手当に関しては、「ご注意ください。銀行は、それを考慮に入れません」。そして、ライバル住宅メーカーの計算を確認し（「一万二〇〇〇フランの三分の一は、四〇〇〇フラン。そう、合っています」）、質問を続ける。「雇用主から融資を受けられますか」。「納税証明書はお持ちですか」。「その会社にどのぐらいの期間、お勤めですか」。売り手は、ライバル会社がＰＡＰ貸付を利用しなかったかどうか尋ね、次のように決める。「それでは、二〇年間のＰＡＰ貸付と補完融資を利用することにしましょう（主語はon）……。それがいいですね、割り増しＰＡＰ貸付を利用しましょう。何も問題はありません……」。

Ｆ夫妻は、同意するしかなかった。売り手は、説明を続ける。「それですね、今度は家の話なんですが、何をお探しですか。どのような家でなければだめなんでしょうか」。Ｆ夫妻は、「少なくとも」子ども一人に一部屋割り当てられ、「面積は一〇〇平米かその程度」で、「平屋」で「車庫付き」の家を希望していると伝えた。売り手は、同意する。「そうですね。で、私は今、そんな感じだと、何が提案できるんでしょうか」。そう言って、売り手はカタログをめくる。

Ｆ氏　台所に張られてあるポスターのなかに、いい感じの家を一つ見たんですが……。

Ｆ氏は、その住宅メーカーの最新作である住宅の一つを名指ししたが、それは、販売員たちが声を一にして販売不可能の烙印を押す住宅であった。その家が複雑すぎて、一般的に顧客の要求に適合していないと判断しており、決して顧客に提案することがなかったのである。

売り手　（何事もなかったかのように、カタログのページを繰りながら）一〇〇平米で、車庫付きで、可能性のある家はというと……。可能なのは、いくつかありますね……、（ページをめくる）……、たとえば、こんなのはどうでしょう。（売り手は、見取り図を見せる。それは、その住宅メーカーが出した最新モデルであり、前述の家と逆に、販売員によって受け入れられた家であった）。ここに車庫をつけ加えましょう……。いろんな手が打てるものでしょう！　何でもできるんですよ。

Ｆ夫妻は、カタログを繰りながら、売り手にほかのモデルについても話させようとしたが、不首尾に終わった。売り手は、書類に必要事項を記載しつづけ、車庫の資金調達計算をし（「いくらいくらになります」）、ＡＰＬとＰＡＰ貸付の金額を加算することで満足しており、F夫妻が投げかけようと試みる質問、特に家の技術面に関する質問に上の空で答えていた。

F夫人　で、そこのお宅のお客さんたち、この間の寒さは我慢していましたか。

売り手　(この機会をとらえ、自分の話を持ち出す)もちろんです。私は、ちゃんと我慢しました。私も、G社の家を持っているんです。

それから、G社の住宅に関する技術的説明が長々とつづけられた。

F夫妻はその時、自分たちの受けようとする融資が漸増型だということを知ったが、そのような条件の説明はなされなかった。

F氏　どっちみち、ほかにも出費は当然あるだろうが、自分たちの家に落ち着いていられるんだから、そんなこと全部、犠牲にできる。問題ない……。

売り手　(反論する)それは、いけません。よく言うじゃないですか、人にはそれぞれの仕事があるって……。質問するのは、私で、そうすることで、資金調達でみんなの意見が一致できたのですから……。

売り手は、計算した末に得られた総額を伝え、ライバル社から教えられた数字も同じかどうか、F夫妻に尋ねた。F氏がより多額な数字だったことを伝えると、売り手は、また計算に没頭し、最終的に笑いながらこう言った。「いやあ、まさか……。数学的に、それは不可能です」。そして、「土地のために残っている分」の割引計算を行った。

F夫妻は、土地に関して、一定の面積を望んだが、売り手は、所定の用地を売ろうとした。「この分譲地のなかの、この一区画が残っています。それ以外は……。その区画は、保留が解除されたばかりなのです。ほかは全部、売り切れで……」。そして、「駅が現地にあって」「小さな分譲開発地区で」「各種の学校もあり」「裏はすぐに畑ばかりで……、五〇〇平米もそんな感じ」だ、と宣伝にこれ努めた。売り手は、推奨した家を、その分譲区画に建てさせようとしたが、思いどおりにはならなかった。そこで、別の土地を提案するが、それはシャルル・ドゴール空港の裏手にあたり、F夫妻は、「遠くないところを飛ぶ飛行機の騒音があるから」と拒否する。売り手はしまいに、少しばかり遠く、より高価な三番目の土地をすすめると、F夫妻の気に入ったようであった。売り手はそこで、こうつけ加えた。「気をつけてください。これは、最後の区画ですよ。すぐに売れると思います。この区画の建築許可はもう受けています」。

　第二段階。F夫妻は、質問を投げかけ、売り手は、その質問一つひとつに答えながら、前もって準備済みの説明文をところどころにはさんだ。

F氏　建築許可とか手続きとか、それはお宅がするんですか。

売り手　ええ、最初から最後まで。お客様は、何もしなくて結構です。これは、私たちの仕事ですから。お客様は、のんびり構えていてください。時々、電話で話し合う程度で……。

F氏　分譲地の全体を開発したのも、お宅の会社ですか。

売り手　当社だけではありません。でも、当社は、明確な製造方法を持っていますので［…］、つまり、下請に出したり、職人に任せたりしませんので、はっきりとクラスが上の厳密な製造ができるというわけです。

F夫人　そういうことでしたら、問題があれば、お宅の会社に電話すればいいんですね……。

売り手　問題は、ありません。いや、そうですよ、本当に……。当社の資材は、ダム建設のために開発されたものですから。ですから、私たちの仕事は確かなんです。これほどの保証は、またとありません。（売り手はここで、「保証」の説明手順を展開する）。それに、こんなわけですから、外側については、家を三〇年間も保証できるのです（そのほかに、納入品については、納入業者保証と呼ばれる三年間保証がついている）。

F夫人　で、窓については？　窓がきちんと閉まらない時は？

売り手　（技術説明手順）そんなことは……。それに、当社には四〇年の実績の裏づけもあるのですから。……（売り手はメーカーの名前を挙げる）のことを扱う専門部署もあります。後で家の模様替えもできまして、その場合には住宅改善課が担当します。そこでは、家に関するモニターも行います。担当人員も……。

F氏　（住宅メーカー名）クラブは、ありますか。

売り手　いいえ、（住宅メーカー名）クラブは、ありません。でも、たしかに、クラブを作ることもできますね、これまでに建てた家が一五万戸もあるのですから。

［…］

第三段階。売り手はもはや、F夫妻の言うことに耳を傾けていないが、最後の主張を展開するために主導権を握り直し、強引にF夫妻に決定を下させようと試みた。

F夫人が投げかけた、「車庫の隣に小さな差掛け屋根をつけることはできますか」という現実的な質問に対し、売り手は、「計画の全体像」という観点で答えた。「もちろんです。土地の形態にもよりますが……」。そして、すぐに説明をつづけた。「ちょうど土地の話が出たついでですが、お客様の資金にぴったりのこの場所にこの提案をしたいと思います」。F夫妻はそこで、「帰り道にちょっとのぞくために」寄ってみようと申し合わせると、売り手は、急いでいる様子を見せた。

売り手　もし、土地を見るためでしたら……、もっと急がれた方がいいと思います……。ええ、そうです。一つしか残っていないのですから。

F夫妻は、そのようにせかされ、ためらう様子を見せた。売り手はすると、少なくともF夫妻の興味を引くことができたかどうかを探ろうと試みた。

売り手　反対に、資金調達の面と家の面では、お探しになっていたものと一致していますか。

F夫妻は、うなずく。売り手はそこで、F夫妻のファイルを作ろうとした。

売り手　……。エー……、つまりですね、手続きを踏むということなんです……。もし、お客様が興味を持たれている家がこの家でしたら、その価格を確定するためです。この家についてのファイルを作って、家の基本価格を固定できるのですが、それを基にして、私が資金調達計画を練り上げ、土地を探せます。私が……。［…］もし、お望みなら、今日、建築ファイルを作って、家を予約することができます。そうすると、家は保留されます。もっとも、そのためには、当社はお客様から二〇〇〇フランのお支払いをいただかなければいけませんが。問題があれば、支払ったお金は戻ってきますが、そうすることで、私が土地を探せるようになります。

　ためらった様子のＦ夫妻を前にして（「気候がもっとよくなるのを待って、見にいくかもしれません」）、売り手は、なおも執拗に迫った。「せっかくその気になっていらっしゃるのなら、家の基本価格を逃すのは、お客様にとって残念なことです。［…］急いでいるわけではありませんが、保留条件がいろいろとあるものですから……」。そして、こう主張する。「一度に全部、片付けることはできません。少しずつ、進んでいかなければいけないんです」。Ｆ夫妻は、答える。「ゆっくりと見ていきたいと思います。［…］もしかしたら、また週末に見学にくるかもしれません」。売り手は、Ｆ夫妻に自分の連絡先を伝え、先ほど行った資金調達試算に、住宅のさまざまなモデルが載っているカタログも加えて手渡し、話し合いを終えた。そして、Ｆ夫妻を隣室までエスコートした。

■付属資料

I　販売マニュアルとその利用

全国規模の住宅メーカーで営業秘書を務めている、若いA夫人は、電話応対と、販売員のアポ取りを任務としている。「会社が送ってきた……、と言うか、社員教育担当者が送ってきたマニュアルです」。そう言って、A夫人は、経営本部から送られてきた、ほぼ一〇枚つづりのホッチキス止め資料を、引き出しから取り出す。第一ページの上部には、「販売マニュアル」と書かれている。A夫人は、その資料を目の前に置き、発生しうるシチュエーションごとに遵守すべき指示を、大きな声で読み始める。

A夫人　電話応対にあたって[6]　**ええ、そうですとも。お名前は、何とおっしゃいますか。ご住所は。電話番号は何番でしょう。私の答えでは、ご満足いただけないかもしれません。たぶん、正確な価格をお知りになりたいのでしょうから……。**（A夫人は、ここで注釈を入れる）。こんなわけで、大した意味のないことを言っているんです。ほんの少し……、お金の話をしようとしているだけ……。（A夫人は、再びカタログを読む）。**資金面での質問に関する詳細　資金面のことをお知りになりたいのですね。当然です、とても大事なことですから……。**この二つの文は、私も利用してます。**当社の専門家が、ご質問にすべてお答えします。いかがでしょう、……日か……日に当社の専門家とお会いになってみませんか。**

価格の問い合わせ　価格のことを聞かれたら、わたし、いつでもぼかします。いくらいくらから、いくらいくらの間だって言って。はっきりした価格は、言いません。お客さんが曖昧な考えしかなく、ほかの人に会って別の情報を手に入れたい、と思わせるためにね。もし、価格を言っちゃったら、お客さんは「さよなら」てことになるでしょう。ほかのメーカー数社にも電話してから、自分で選別しちゃうでしょうから……。

――でも、ご自身では、価格をご存知なのですね……。

A夫人　もちろんよ、もちろんです。価格表を持ってますから、もちろん知ってます。［…］でも、全部のモデルで、二五万フランから三〇万フランの間です、て言います。たまには、三五万フランまでの間、て言うことも。「五部屋ある家はいくらか」って聞かれたら、「ええ、五部屋は大丈夫です。でも、九〇平米のもあれば、八〇平米のもありますし、ほかにもL字型のや二階建てのもありますから……。それが全部、五部屋の家なんです」と答えます。するとお客さんは、「それは大したもんだ」と頭のなかで考えて、家を見たくなるでしょう。そうやって、お客さんの連絡先を聞き出すんです。

顧客の追跡　お客さんが答えそうなせりふもあるんです……。**しばらく前にご連絡をいただいていましたので、こうしてお電話を差し上げているしだいなんですが、家の建築計画はどうなっていらっしゃいますか。**

――すると、お客さんは、何と答えるんですか。

A夫人　客は、言う。「あきらめました」。すると、わたしは、言うんです。「なになにさん、計画を延期なさるということですが、それはまた、どんな理由からなんでしょうか」。そこで、もし金銭的な理由であれば、「以前、当社の専門家とお会いになりましたが、資金調達計画を作ってもらいましたか」。もし、答えがイエスであれば、「どんな風だったんですか。その計画を作った後で、経済的な状況が変わったのでしょうか」。もし、答えがノーであれば、わたしは、話を続けます。「この問題で、少し質問させていただいてよろしいでしょうか。お子さんは、いらっしゃいますか。何歳ですか。ご家族の月収は、いかほどですか」。すると、第一のモデルケースでは、評価額が設定金額と同額かそれ以上であれば、「ご家族から資金援助をいただけるような何かがありますか」。もし、答えがイエスであれば、「もう、土地はお持ちですか」。もし、答えが肯定的であれば、「どこでしょう」。もし、答えが否定的であれば、「家は、どの地区にお望みですか」。第二のモデルケースでは、評価額が設定金額以下であれば、「お家の建築計画をスタートさせる助けとなるような金額をご用意できますか」。答えがノーだと、私は、とりあえずカタログをもう一度、お送りしましょうか、と言う。そして、数ヵ月後に連絡を取る。しかし、その間、客が知りたがっている質問があれば、いつでも答える。［…］先月、音沙汰がなくなっていたお客さんの追跡を、片っ端からやってみました。四〇人ほどのお客さんと連絡をとって、アポを取り付けたのは三件。少ないでしょう。まあ、それで二件の契約につながったんですが、それにしても……、お客さんの数と比べたら、少ないですよね……。お客さんの話って、ほんと。［…］反対に、わたしたちのよく働いたこと。それに、悪い働きじゃなかったですよ。その証拠に、ある一人の人が担当して音沙汰なしになったお客さんに、わたしがアポを取り付けて、別の人の担当にしたんです。そしたら、その人が契約に成功しました。

アポの取り消し　これは、とっても大変……、挽回するのがとっても大変なんです。お客さんは、こう言ってきます。**「いやあ、とても困っているんですがね、実を言うと、お宅のセールスマンがくる時間に留守をしなきゃいけないんですよ」**。そんなケースですね、その日の約束だったりすると、いろいろと知恵を働かせるのは。たとえば、夕方の六時とか八時とかに約束があって、お客さんが朝、アポの取り消しの電話をしてくるとするでしょう。すると、わたしは、知恵を働かせて、アポを残すために、セールスマンは外に出ていて、今日はもう会えないと答えるんです……。申し訳ありませんが、セールスマンは会社に戻ってきません……。いざとなれば、それが前の日でも、こう言います（A夫人は、資料を読む）。**まことに申し訳ありませんが、これから今日の夕方にかけて、たぶん明日の夕方まで、担当のセールス技術者に会えません……**。そうね……。**それに、担当のセールス技術者は、お客様の件で大事な話があると言っていましたが……**。そうね、ここではわたし、こんな風に言うわ。「そうですか、残念ですね。昨日、ちょうどお客様の話が出て、担当のセールス技術者は、提案したいことがある、と言っていたんですが」。これはね、うまい手なんですよ。お客さんは、「それは悪くない。おれのことを話してるんだ」と思うでしょう。お客さんの印象に残るのよね。

A夫人は、マニュアルを再び手に取り、読み始める。**契約の解消**――これもね、とても大変なんですよ……。

――そうなんですか。

A夫人　（マニュアルを読む）**なになにさん、契約を解消して、お支払いいただいた内金の返却とお客様のファイルの無効化もできるんですが、その手続きをとるためには、一刻も早く、担当の（セールスマンの名前）と会わなくてはなり**

ません。（セールスマンの名前）が、どうすればいいのかをお教えして、手続きをとってくれるはずです。これは、わたしもやってみます。こうすれば、セールスマンは、次のアポを取れることになるのですから。

――その手は、うまくいくものですか。

A夫人　［…］ええ、うまくいきます。内金は支払済みですし、そうでしょう、給与明細書や納税証明書なんかを提出してもらっていますから、お客さんに関する個人的な証明書を持っているので、それに賭けます。でも、これはね、迅速に事を運ばなければいけないんです……。

――そうなんですか。

A夫人　遅くても四八時間以内ですね。二四時間以内なら、最高ですけど。お客さんが電話してきたら、ほとんど全部ペンディングにして、それに集中します。挽回しなきゃいけない契約なんですから……、特にどこかの競争相手がからんでいるなんて話を聞かされたら……。

――で、それは、うまくいくんですか。

A夫人　そうね……、場合によりけりですね……。いえ……、どっちつかずって感じかしら。うまくいく時もあれば、うまくいかない時もあるんですから。先月もね、解約の申し出があったから、挽回しようとしたけど、挽回できたのは、ゼロ。失業や、申告していなかった離婚なんかが理由だったんです。とりあえずは挽回不可能だったんですよ、一年後にはどうだかわからないけど。

失われた取引（顧客が住宅メーカーとの契約を解消する）。

A夫人（資料を読む）**当時、当社の専門家の誰かとお会いになったことはございますか。なになにさん、ひとつ、お願いがあるんですが。ほかでは手に入ったのに、当社では残念なことにご提案できなかったのは何だったのか、教えていただけませんでしょうか。**

――そうしたら、どんな答えが返ってくるんですか。

A夫人　そしたらね（笑）……。何でもありですよ。セールスマンが寄ってくれなかっただとか……、これこれのことを教えてくれなかっただとか……。

――ご自身では、マニュアルをどう考えていらっしゃいますか。

A夫人　エー、そうね……、こんな感じのものには、あまり賛成ではありません……。先週にね、そのこと、上司に話したんです。お客さんが、電話の向こうでどんな印象を受けるか知りませんけど、わたしの方は、書いてあるように言うと、ものを読んでいるような感じを受けるものですから。そんなわけで、居心地が悪いんです。お客さんの話し振りと比べて、不自然なんです。資料を読んでみますね。（A夫人は、自分の資料を読む）**ええ、そうです。お好みの地区がございますか。**これだったらね、会話の中でも言います。でも、一度こういう風に言ったら、マニュアルから離れると、どうしたらいいか、さっぱりわからなくなるんです。わかるでしょう。でも、こんな風にむずかしいのは、その時々にお客さんが尋ねてくることに左右されるからでもあるんです。つまり、こう言ってよければ、お客さんたちのマニュアルとずれがあるんです。そんなわけで、ちょっと居心地がよくありません。読んでいるって感じが強すぎて……。

――マニュアルの中で、自然に言いそうなこととは逆のことを言うように何か指示されていますか。

A夫人　エー……。（A夫人は、目の前の資料を読む）**もしもし、Xさんのお宅でしょうか。ご主人、または奥様でいらっしゃいますか。こちら（住宅メーカー名）です。お手紙をくださいまして、まことに感謝しております。ありがとうございます。ご記入くださった情報に、目を通させていただきましたが、一つだけ、確認させていただきたい点がありま す。地所についてですが、土地をお持ちでないとのことですが、家はどの地区に建てたいとお望みですか。**そうね、これだったら、スムーズに言えます。**お気に入りの場所はございますか。**わかるけれど……。これね、**お気に入りの場所はございますか、**これは、あまり聞かないようにしています。なぜって、ムードンに住んでいる人たちはムードンに、一六区に住んでいる人たちは一六区に住みたいと言うんじゃないかと思うもんですから……。そこで……、エー……、問題は……（笑）、そこには宅地がないっていうことと、それから、庶民には高嶺の花だってことです……。ですから、お客さんに、無理です、と言うかわりに、まあ、どっちみち、それはわたしの役目ではないんですけどね。それは、セールスマンたちの役目です、後でそうするのは。わたしの目的は、アポを取り付けることです。ですから、**お気に入りの場所はございますか**と言うかわりに、どの地区に家を建てたいか尋ねることにしています……。

——曖昧にしておくんですね。

A夫人　そうです。曖昧にしておく方が好きです……。本当にそう。その言葉、わたしの考えでは、**どの場所がお気に入りですかなんて**、自分ではまったく言いません……。その言葉だと……、つっかえちゃいます……、どこかほかの場所に土地を手に入れるように、お客さんを説得するのが、わたしたちの仕事ですから。

——ほかにもありますか、つっかえてしまうような言葉。

A夫人（笑いつづけながら）**そうしますと、こうなさったらどうでしょう。もちろん、お客様に一切責務は生じませんが。**これは、言います、もちろん。お客さんはいつだって、びくびくしているんですから。**当社の専門家とお会いになる、ということです。ご質問にすべて答えてくれるはずです。まずは、資金面についてですが、どんなメリットがあって、どんな種類の融資を受けられるか、説明してくれます。**これについては、たいがい、お客さんは知っています……、エー……、ほかの会社にもいくつか当たっているんですから……。**それから、土地面についても説明してくれます。どんな土地がいいかとか、どんな用心が必要かとか説明してくれます。**これは、わたしは、まったく言いません……。

——そうですか。なぜですか。

A夫人　理由はですね……、理由は……、お気に入りの場所と同じで、どんな土地でどんな用心が必要かって言ったって……、本当のところ、議論できないからなんです……。なぜって、お客さんは、「それ、どういう意味なんですか、どんな用心が必要かって」と聞いてくるでしょうから。でも、わたしには、わかりません。

——その代わり、どう言うんですか。

A夫人（笑）そのせりふを、単純に飛ばします……。土地についての話は、基本的に……、エー……。そうね、わたし、話するのは、家についてだけ。土地の話は、しません……。（A夫人は、また資料を読み始める）。**それで、これは申し上げるまでもありませんが、家について話してみてください。ご自分ならこちらを選ぶ、というような話をしてみてください。当社の専門家は、ご質問に全部答えてくれると思います。そのようなわけで、専門家に……日か……日にお会いになったらいかがでしょう。**（その時、仮にアポイントメントの時間が遅い場合）。それよりも早い時間で、ご主人とお話できる日はございますか。（そして、先ほど見た、アポ取りに立ち戻る）。それでね、チーフたちがこれをテストしたら、一〇本電話して……、エー……、五件、アポを取ることができたんですって、午後の早い時間に。疑うつもりはないけど、わたしはだめね。午後のアポなんて、めったにない。お客さんは、働いているんですもの。わたしがアポを取るのは、夕方の六時以降か……、そうね、八時以降ね。[…]でも、一般的に言って、もし仮にお客さんが週の初めや週末に時間が取れて、家にきてほしいと思っているんだったら……、午前中か午後の早い時間でいいか、聞いてみるわ。でも、わたしの場合は、そう言っても、お客さんは夕方の六時以降って言うの。[…]目的は、後でどちらか一方がその場にいなかったことを口実にさせないように、ご主人と奥さんの二人がそろっていることだから、二人ともその場にいることになるかどうか、尋ねるようにもしています。[…]

――マニュアルの中で、ほかに言えないせりふがまだありますか。

A夫人　ありますよ。（A夫人は、資料に目をやる）。**……顧客の反論……「もしもし、資料がほしいんですが」。**そうしたら、アポを取り付けようとするんだけど、取り付く島もなくて、お客さんは「ちょっと資料がほしいだけ」だと言う。そうしたら……、エー……、いつもマニュアルを読むんだけど……、エー……、いつもちょっとつっかえてしまいます。**ええ、それはそうです、なになにさん。よくわかります。ですが、家を建てるというのは、そんなに大事な……、エー……。**（A夫人は、読み直す）**……家を建てるというのは、大事なことなんです。今後、長年にわたって、人生設計に影響を与えることになりますから、十分に検討しなければなりません。**（住宅メーカーの名前）**社は、真剣に取り組んでいる者ばかりですから、当社の専門家とお会いになる方が、お客様の……、エー……、お客様への回答として、ずいぶんメ**

リットがあると考えているしだいです。とは言いましても、もちろん、お客様には責務は一切生じません。そんなわけですので、……日か……日に当社の専門家とお会いになることをおすすめするのです。これはね……、エー……、こんなこと全部は言いません……。

――そうですか。では、その代わり、どう言うのですか。

A夫人　お客さんは、わたしの考えですけど、わたしの長広舌なんか、きっと聞きたくないでしょうから。で、こう言います。「そうですか。エー、情報をですね……、本当に……、知りたいとお思いになっていることやお探しになっていることについての情報を手に入れるためには、お会いした方がよいと思うのですが……」。こんな感じでも、アポ取りにはあまり苦労しません。お客さんが電話してきたってことは、本当に何か知りたいと思っているわけなんですから。ですから、この文章は、基本として利用するだけです……。

――この文章の中で、使っているのは、たとえばどんな言葉ですか。

A夫人　そうね、そう言われても……、エー……、**(住宅メーカーの名前)社は、真剣に取り組んでいる者ばかりですから。**この言葉は、使います。当然ですけど……(笑)。それ以外は、要約します。(A夫人は、資料を読み続ける)。**顧客から寄せられる可能性のある質問：家はどのような造りになっているのですか。**これね、この後につづく言葉は、利用しています。**技術面のことが気になっていらっしゃるんですね。当然です。とても大事なことなんですから。**この言葉は、言います。とってもよくできているんですもの。逆に、その次の言葉はね。**そうしたご質問全部に、当社の専門家が答えられます。そのようなわけですから、……日か……日に当社の専門家とお会いになるようにおすすめしているのです。**これも言います。短い言葉ですから。これは、端的です。ですから、このままの方が通りがいいので、何も変えません。[…]反対に、取り消しについてのこれ、これは反対に、絶対言いません。**なになにさん、お願いしようとしているのは、どうにかちょっとだけ時間を割いていただきたい、ということなんです……**。これは、絶対に言いません。**電話をしてくれた**でしょう。お客さんが取り消しの電話をしてくれたのに、時間を割いてくれなんて頼むのは、ばかげてると思うんです。

そんなこと言っても、相手にされないに決まっています……。

——つまり、マニュアルをそっくり全部言ったことはないんですね……。

A夫人　ええ、試したことがありません。それに、結構長い文章が多いですし……、わたしは、電話応対をしているのですから、手短にしたいんです、実際のところ。できるだけ早くするように、長話をしないようにしています。長話を始めようものなら、エー、わたしは秘書で、何も知らない……なんて話になるでしょうから、曖昧でなきゃいけないんです。わたしは、秘書であって、販売員ではないんですから……。わたしが自分の人生についてちょっと口に出したって、こう言われるのが関の山です。「ああ、そうですか。ところで、私にはなにが可能だと思いますか」とか「ああ、そうですか。ところで、あそこに、あの価格で土地を手に入れることができると思いますか」とかね。早い話、お客さんは、いろんなことを聞いてくるんですよ。ですから、できるだけ漠然としているように努めるんです。そんなわけですから……、早い話、マニュアルの目的は、それはそれで当然なんですけど、「ええ、そうです」と言うことなんです。お客さんが「急いでいません」と言うと、「ええ、もちろんです。よくわかります」と答えるようになっています。そうすれば、お客さんは、大満足で、こう頭のなかで言います。「電話に応対してくれた人、わかってくれた」（A夫人は、噴き出す）。いつでもこのマニュアルを使うようにしなければいけないんだけど、でも、よくね、そのたびごとに地の性格が顔を出して、どうしてもマニュアルをちょん切っちゃうんです。

II　二つのインタビュー

「苦難の道」

L氏とその家族は、家を買うことに決めた。L氏は、三二歳。コンピュータ関連会社でオペレーターを務めている。L

夫人は、三〇歳で、相互保険会社で会計オペレーターとして働いている。夫妻には、七歳と三歳になる二人の子どもがいる。L氏は、自宅の建築を思い出して、こう言う。「ひどい目にあいました。苦難の道もいいところです。心底から家を建てたいと思っていなければ、あんなのには耐えられません。そうですよ、本当、気違い沙汰です。何と言ったらいいかわかりませんが、車を買うためのローンは簡単になっている世の中だというのに、何と言うんでしょうね、家を建てるとなったら、信じられない量の書類を用意しなければいけないし、連携もとれていなし……。この件ではですね、最終的に、私が自分で手続きを取りました。普通だったら、住宅メーカーがローンやその他の手続きを取ってくれるんですが。たしかに、私が物事を面倒にした面があったかもしれませんが、それにしても、書類に関しては……、みんなが他人に頼っているんです。このケースでは、何ヵ月もむだにしてしまいました。まず、土地に電気や水道などの施設が整備されていないという問題があります。そこからしてもう予算を組まなくちゃいけなくて、いくら出せるかという話になるんです。最初から問題があるんです。どうやったらいいのか、何から始めればいいのか、わからないのですよ。第一、住宅メーカーに足を運ばなければいけないんでしょうか。でも、住宅メーカーでは、土地を持っているか聞かれます。最初に土地を探して、それから住宅メーカーのところにいくべきなんでしょうか。そのためには、いくら出せるか知っていなくてはいけません。

最初の頃は、右も左もわかりません。実際、問題を逆にたどっているのです。私の場合は、そうでした。住宅メーカーを訪ねたら、土地を所有しているか聞かれました。持っていないんですか、というわけです。住宅メーカーは土地を持っていますが、その土地がこちらの希望と合致するでしょうか。そうとは限りません。ほかで土地を見つけられるかもしれません。ま、そんなわけで、大きな問題が横たわっています。その後では、融資を探して、全部調整しなければいけません。最初から最後まで、悲惨なものです。たとえば、ある一時期、建築許可がなくて身動きがとれなくなります。で、建築許可待ち状態になると、一%融資や雇用者融資などを申し込むことができるようになります。公証人の事務所で、サインもしなければいけません。何も、物事が簡単にすむようにはなっていないのです。最初から最後まで、家を建てるのに一年半かかることになります。ひどいものです。家を建てるのと同じぐらいの時間が、書類作りやら何やらにかかります。まともではありません。

それから、建築現場の監視があります。ここでも、几帳面な性格なものですから、自分で監視して、ずいぶんと時間を割きました。それに、きちんとした仕事でないと気がすまなくて、いったり、きたり、どうなっているか見にいったりしましたから、それ以上の時間を費やしました。希望どおりに仕事が行われているかどうか、確認したかったのです。それに、いつもきちんと仕事が行われるのは、まれですから。家を見れば、わかりますよ。

［…］完成しないんではないかという感じは、ずっとありました。ちょっとした給料をもらっていたり、資金源があったりすれば、話は別ですけれどね。私たちは、家族からの資金援助をあてにできないんですから、いつだって自分たちで何とかしてきました。この場合はね、問題が山ほどあって、最後には絶望的になっていきました。最初の頃は、元気なものですよ。でも、後で絶望的になっていって、「こんなことってあるんだろうか、家はきっと建たないんだろうな」と思い始めるんです。そういう一面もあるんです、絶望的になるって。ある一時期ですよ。こんなことってあるんだろうか、家はきっと建たないだろうな、と思うのは。で、家を建てようと思って、家を建てたかったものですから、いらいら、むかしましたよ。最終的に家を建てることができて、満足しています。私が会った、家を買った人たちはみんな、最初の二年間ほどは、生活のリズムをつかまなければいけないものですから、結構つらいらしいのですが、その後はそんなに……。どっちみち、いまの世の中では、家賃だって……。でも、万難に立ち向かったという財産が、私には残るでしょう。まったく、気違いじみていましたから。物事が進んでいないような印象を受けるのには、いらいらさせられます。本当、資金がなければ、思いのままにできないこともあるものです。私の持っていた夢、最初、こういう風にしたいと思っていたもの、夢の一部を実現するのはとてもむずかしい、ということがわかりました。実際、この家は、私にとって、狭くなっていて、思い描いていた家ではありません。大きな家、広い部屋、大きな暖炉、そんなものを思い描いていたものですから……。それに、若い頃、アンギャンに住んでいた友だちが大勢いたんですが、その友人たちは結構きれいな家に住

んでいました。そんなわけで、自分にいつもこう言い聞かせていたのです。すてきだなあ、こんな家がほしいってね。まあ、悲しき現実ってわけですよ（笑）」。

（工業生産された家の購入者とのインタビュー抜粋、ヴァルドアーズ県タヴェルニ、一九八七年末）

「熱を下げる……」

売り手　あなたがお客さんで、売り手との間の契約にサインして夕方、家に帰るとするでしょう。そしたら、それから二日間、不安でおちおち眠れません。ですから、安心感を与えるために、「順調にいっています。融資申請を出しました。申請は、これこれしかじかの金融機関に提出しました。責任者と会いましたが、もう色よい返事をもらっています……、申請は受理されそうです」と連絡するんです。ああ、そうですか……。それを聞いてすっきりしました……、となるでしょう。それから、熱がまた上がります。ですから、また介護の手を差し伸べて、融資承諾のニュースを持って会いにいくんです……。その時は、熱はまだ、上がりっぱなしです。その後で、建築許可にまつわる問題が出てきます。ローンは手に入れたけれど、自分たちが本当に望んでいるとおりの家を建てることができるのだろうか。なぜって、基準ってものがあって、エー、県設備局の承認を受けなければいけないんですから。ええ、たしかに、その時の緊張は融資申請の時ほどではありません。でも、やっぱり不安はあります……、特に変更に関して。建築上の変更を実施したいと思っている者にとって、特に建築家に承認してもらえるかどうか、不確かなんですよ。[…]でも、そこでは、プレッシャーはそれほどでもありません。プレッシャーは、融資申請の時が一番強くて、計画がぎりぎりの線の時には、大変です。でも、融資が承諾されると、もう、状況はずいぶん好転します。資金が手に入るので、どんなことがあっても、家は建てられるとわかったわけですから。

――それでは、そのような段階で、ご自身のお仕事はどういうものなんですか……。

売り手　お客さんの気を安らげることです。お客さんに……、受け入れさせることです……、お客さんの考えを支持して、正しい選択をしたと励ますことです……。

――具体的にはどうするのですか。

売り手　たしかに、いますよ、資金を……、一五年だとか二〇年だとかのローンで調達することを怖がるお客さんは。融資契約を受け取ってみると、その融資契約が言ってみれば二〇年間の償還金一覧表をはっきりさせるわけですが、返済しなければいけない、その金額ときたら！　実際、仮に利息が一〇%だとしても、それは年利が一〇%なのであって、二〇年間では二〇〇%になるのですから。家が三倍の価格になるのです……。まったく、気違いじみています。それで、まず……、本質的にお金の価値について、お客さんの心を安らげます。でも、これは、抽象的な概念ですからね。家を買うために二〇年間かける義務があると思ってはいけない、と言うことの方が、お客さんの心をよっぽど安らげることができます……。

――家を買うために二〇年間かける義務があるとは思ってはだめなんですか。

売り手　もちろん、だめです……。お客さんは、家を売りに出せばいいのです……。不動産として……、不動産で損をした人を、私は一人も知りません……。二〇万フランの家を買ったとするでしょう。たいした譲渡益を取らなくたって、一〇年後には四〇万フランか五〇万フランで売ることができます……。そうしたら、入手した個人的資金源を元に、また新しい拠点を求めることができるというわけです……。[…]一生涯に一軒の家、というのは、昔の話です。[…]まだ若い夫婦、まだほんの小さな子どもが一人の若い家庭でも、五部屋から六部屋ある家をほしがります。自分たちの買い物ですから……。それで、資金調達計画の話になって、予算が許せば、事は順調です。でも、順調にいかなくても、問題を大げさに考えてはいけません。三人家族なのに、どうして六部屋もほしがるのですか。六室も、とりあえずどう使うつもりですか。手持ち資金がこれだけあって、所得がこれだけありますから、一戸建て住宅を買うことができます。でも、その根拠は何なんでしょう。[…]

――それを、販売の説得手段として使うとは知りませんでした……。

売り手　本来的な説得手段ではありません。反論に対する反論とでも言えばいいでしょうか。仮に、価格や期間や空間や大きさに反論された時に反論するための。売るために、この……、言い方を……、エー……、使うこともできますよ……、もちろん。

――「反論のための反論」とおっしゃいましたが……。

売り手　……それに、家を夢見て、家をほしがる人は、家を頭のなかなんかで見ているんです。それで、自分が望んでいるもの以下の計画を受け入れさせるのは、簡単ではありません。その逆は、いつだって簡単なんですが。

（一九八四年一〇月にパリで行われた一戸建て住宅見本市における、全国規模住宅メーカー販売員とのインタビュー抜粋）

注

＊本章は、次の文献にもとづいている。P. Bourdieu (avec la collaboration de S. Bouhedja et C. Givry), « Un contrat sous contrainte », *Actes de la recherche en sciences sociales*, 81-82, mars 1990, p. 34-51.

（1）医療チーム（多様なレベルの医師や看護婦など）のメンバーは、日常語と使い分けて技術言語を用いるが、それは本質的に、これと同じモデルに従っている。

（2）一九六三年、銀行会社の係争は、融資件数の〇・〇〇六%を占めるにすぎなかった。さまざまな調査によれば、不動産債務過剰が数年前から著しく数を増してきているのが明らかである。そのおもな要因の一つとして、ディスインフレーションが挙げられる。ディスインフレによって、構造――これとの関係で性向や戦略が形成される――の変化が決定的となり、一九八一年から八四年にかけて契約された漸増型返済貸付の借受人の返済能力が悪化したのである（cf. Comité consultative, *Rapport du groupe de travail sur l'endettement et le surendettement des ménages*, Paris, juillet 1989）。

（3）計算性向が出現する条件としての、職業人生にかかわる計算可能性と予測可能性（これはとりわけ下層プロレタリアの人生の不安定性や不確実性に対比できる）に関しては、次を参照のこと。P. Bourdieu, *Algérie 60, op. cit.*〔前掲『資本主義のハビトゥス――アルジェリアの矛盾』〕

（4）契約理論や「逆選択」ないし「モラルハザード」の概念に関しては、特に以下の資料を参照されたい。O. Hart and B.

Holmström, « The Theory of Contracts », in T. Bewley (ed.), *Advances in Economic Theory*, Fifth World Congress, Cambridge University Press, 1987.

（5）マコン家族手当公庫の分析によれば、援助を受けた住宅所得者のうち、所得に対する返済割当率が三〇％以上の件数は、一九八五年の三〇％から一九八七年の二〇％へとわずかに減少した。しかしながら、一九八七年においても、総件数の七％近くで、返済割当率が四〇％以上となっており、一九八八年二月には、総件数の一〇・五％で、返済割当率が三七％以上となっている（cf. Comité consultative, *op. cit.*, p.17）。

（6）販売マニュアルからの引用とA夫人自身の言葉を区別するために、前者には太めの活字を用いる。

結論　小市民階級の困窮の基盤

以上の分析において終始一貫して言及してきたのは、小市民階級の困窮の主要な基盤の一つについてである。あるいは、より正確にいえば、もろもろの些細な困窮、さらには自由・希望・欲望へのもろもろの侵害の主要な基盤の一つについてである。そのような困窮によって、生活は、心配・絶望・制限・敗北のみならず、ほぼ不可避的に憂愁や遺恨でいっぱいになる。だがこうした困窮は、無産者階級や下層無産労働者階級が遭遇する過酷な条件とは異なり、共感・同情・義憤を自然発生的にかもし出すことはない。その理由はおそらく、小市民階級はすぐれて象徴暴力の被害者であるのだが、その小市民階級の不満・幻滅・苦痛の根源にある熱望には、つねに、そのような苦痛にさらされる者との共謀に由来する何かがあるように思われるからであり、また、欺かれ、ゆすり取られ、疎外された欲望に由来する何かがあるように思われるからである。そうした欲望を通して、『自虐者』〔テレンティウス作〕の現代的化身である小市民階級は、寄ってたかって自分たち特有の不幸へと陥っていく。自らの可能性よりもむしろ野望に添おうとして、しばしば大きすぎる計画に身を投じる小市民階級は、不可能な制約のなかに自ら身を閉じ込めることになる。そのかれらは、張りつめた緊張という代価を払って自らの選択の結果に直面する以外に道はなく、同時にまた、現実によって制裁を受けた期待と呼ばれるもので我慢するように努める以外に道はない。小市民階級はこうして、自らの目や身近な人々の目から見れば失敗に終わった購入、不幸なアプローチ、一方だけが得をする契約などを正当化することに努めて一生を送ることもできるし、また、かれらの優先的な投資分野である教育分野においては、失敗と不完全な成功、あるいはひどい場合には、にせの成功を正当化することに努めて一生を送ることもできる。にせの成功の例としては、学校がしばしば選ばれた学生に用意する完璧な袋小路が挙げられるが、その袋小路の最たるものはおそらく、構造的衰退を宿命づけられた、教授としてのキャリアそのものである。

狭量であると同時に得意気な様子のあるこの「民衆」には、民衆幻想に迎合するものは何もなく、そこから近すぎると同時に遠すぎて、評論家たちからの嘲弄や指弾を招く。評論家たちは、その「ブルジョア化」を非難し、またブルジョア的「自由」を手に入れようとする努力の失敗を非難する。評論家たちはまた、小市民階級の欺かれた熱望と、見せかけでもあり嘲弄にも値する満足以外の何物ももたらさない無能ぶりとを、あわせて非難する。要するに、「一戸建て住宅崇拝神話」の告発のうちに凝縮されているもの、あるいは「消費社会」に関する尊大な言説——いいかげんな社会分析しかしない何人かの「哲学者」や「社会学者」はこれを専門としている——のうちに凝縮されているものすべてを、非難するのである。しかしながら、ローンを利用して、自らの資力以上の生活を送るように誘導されているために、小市民階級は、とりわけ銀行——銀行にはかつて奇跡が期待されていたのだ——からの制裁という形を通して現れる経済的必然性の厳格さを、別の時代の産業労働者が感じたのとほぼ同じ強さの痛みをともなって発見することになる。このことによっておそらく、小市民階級が一方で、自由主義——それは財産の絆によってかれらを既成秩序に縛りつけようとする——の産物でありながらも、投票においては、社会主義を標榜する政党に信頼を置きつづけているわけが説明できる。小市民階級は一見、全般的な「ブルジョア化」プロセスの一大受益者であるように見えるのであるが、かれらは、ローンによって家に縛りつけられている。そしてその家は、仮にライフスタイルなどの面で負担や責務の遂行が不可能になっていない場合でも、売却不可能になっていることが多い。そのような負担や責務は、当初の選択のなかに暗黙裡に組み込まれているはずであるが、本人にとっては曖昧なことが多いのである。「契約においては、すべてが契約で定められるわけではない」とデュルケームは言う。家の購入ほど、この言葉がぴったりな分野はない。家の購入においてはしばしば、人生とライフスタイルに関する計画全体が暗黙のうちに組み入れられる。署名するという行為が大いに不安をそそるのも、それがつねに運命的な何かをともなうからである。契約に署名をする者は、その大部分が未知である運命を背負い込むことになり、エディプスよろしく、（特に売り手の行動によって）隠されていた一連の結果の幕開けを告げるのである。それは、法的規制網——契約はそこに依拠しているが、署名者はそれを意識していない——のなかに組み込まれている結果であり、売り手との共謀の下に署名者が目をそむけるすべての結果である。この署名者が目をそむける結果は、署名者の恐れとは逆に、商品の「隠された欠陥」のなかにあるのではなく、署名者が背負い込んだ暗黙裡の責務のなかにある。署名者はその責務を、最後の最後まで、つまり最後の手形の最後の期限を超えてまで、履行しなければならないことになる。

どれもがみな悲壮な多くの証言が、倦むことなくそれを物語っている。

四〇歳になるベアトリスは、セルジー・ポントアーズのＤＤＥ〔県設備局〕で事務職に就いている。（再婚した現在の）夫は、工員で、パリのある庁舎の維持保全を担当している。ベアトリスは、一二人兄弟の長女である。二人の子どもをもうけた前夫といっしょに、フライドポテトとワッフルの屋台を、パリ北部の森で開いていた。当時、ベアトリスにとって、商売は順調で、「屋台を開くにはいい場所」を確保しており、住宅は賃貸であった。離婚後、国有財産局が徴発した家を、今の雇用主が廉価で貸してくれた。「とっても古い家で、本当に立派なの……。とても広い庭がついていてね……。でも、修繕がね……。屋根なんかは、つぶれているし……。自分のものでもない家のために修繕工事するのも……」。それでも、望めば、「ずっと」住みつづけることはできた。ベアトリスは、四人目の子どもを妊娠していた。GMF社がセルジー・ポントアーズで販促キャンペーンを行うと、広告に気をそそられたベアトリス夫妻は、自分たちの家を持つ夢をいだくようになる。二人は、決心する前に、その地区の別の分譲地を見にいった。「セルジー近くのピュイズーで、フランス・コテージというブイグの家がわたしたちの気に入ったの。でも、高すぎて。わたしたちの分際じゃ、むりなのよ、金銭的に……。手持ち資金がまるでなかったんだもの」。GMF社が、通常必要となる頭金をカバーする「特別融資」に同意してくれた。二人は、ためらったが（「遠かったから……、特に主人にとって」）、販売員に「尻を押されて」、ベルヌ・シュール・オアーズの分譲地に六室の家を買うことに決めた。「すてきだった」。そして、「販売の人たちも、全部面倒を見てくれて、問題は何もなかった」。

二人は、納税証明書に記載されている所得に応じて融資金額が設定されるので、多額のPAP貸付〔持ち家獲得のための助成貸付〕を受けることができた。その実、一九八一年に結婚している二人には扶養すべき三人の子どもがいて、ほぼ課税対象外であった。「APL〔住宅個別扶助〕は途方もなかった」ので、月々の返済は巨額のものとなった。そのほかに、あの「特別融資」もあった。この「特別融資」は、いつ、どうやって返済するのか、よくわからない代物であった。「利息が二〇年間にわたるんだから。〔…〕教えてくれてもよかったのにね、あの女の人。わたしたち、そうね、そこまで考えなかった……。家を買う時って、何かボーとしちゃってるのよ。頭のなかはわき道にそれてて、家を夢見て、子どもたちがその家のなかにいる様子なんかを思い描いている。でも、最終的には正気に戻るものなのよ」。

二人は、決心する前に、助言を求めた。たいていの助言が、GMF社に好意的であった。夫は、情報を集め、『五〇〇〇万人の消費者』誌に頻繁に目を通した。「フェニックスとソコヴァとGMFの間で、選択の幅はあまりなかったけど、主人はGMFがいいって決めたの」。家の建築が始まると、「すべきことをちゃんとやっているかどうか」見にいった。「それで、びっくりすることもあったわ。たとえば、断熱や衛生設備なんか。〔…〕訴えることができるのかしらね。でも、訴えるっていったって……、そうよね……、お金もかかることだし」。

家は、少しばかり大きすぎる（「最初、一室多すぎると思ったんだけれど、子どもが四人いるんだから、これにしなさい、こっちの方がいいよ、と言われて……」）。「それを除けば、家は、すてきだわ。つまり、主人が言うように、最低限はクリアしているのよ。家の中にいれば、何でも聞こえる。仕切り壁が薄っぺらでね。でも、わたし、この家が気に入っている」。しかしながら、ベアトリスは心配している。「何にも後悔してない……。でも、今では返済が一苦労。大変なんだから……。月賦を払えるように、いろんなところで倹約してるわ」。購入から二年経ったというのに、二人は、資金調達計画をいまだに受け取っていない。「わたしたち、これからどうなるか、見当がつかない……。ちょっとしたパニック状態なの……」。

この分譲地の他の住民の多くも、似た状況にある。「てんやわんやの大騒動よ……。住んでいる人の半数以上が、立ち退かなければいけない羽目になっちゃった。［…］そんな人たちも、わたしたちといっしょで、暖房費も払えなくなっていたし、何もできなくなっていたの。［…］不注意な工員さんもたくさんいて……、何か共同負担があると、そんな人たち、わけがわからなくなるの」。住人の多くは、「ＨＬＭ〔低家賃集合住宅〕から引っ越してきた、オーベルヴィリエのね。一軒家に住み慣れていなくてね。［…］最初の年は、叫び声も聞こえてきた……。あの人たち、家のなかから窓越しに話してたのよ」。

ベアトリスは、六時に起床し、子どもたちの身支度を整え、末っ子を預かってくれる個人宅に連れていき、八時半の列車に乗る。その結果、「九時ではなく、九時半に職場につく」ので、同僚たちとは軋轢がある。夫は、通勤に毎日、四時間かけている。「ペルサン＝ボーモン線はね、最低の路線よ」。ベアトリスは夕方、「帰りがけに、預かってくれていた個人宅で末っ子を引き取る」。保育所に、受け入れ能力はない。「これぐらい小さな町だと、こんな風にやってくる人たちを予定していないのよ」。

毎年、家族は、ベアトリスの義母が住むペルピニャンでバカンスを過ごすが、今年は「バカンスなし」。庭に、柵を設置しなければならないからである。「柵を作るだけで、八〇〇〇フランもかかるのよ」。ベアトリスは、アメリカ風の白い柵が好きだ。「扉だけで、五〇〇〇フランするんだから」。
「二〇年経って、今と同じ状態だったら、むだな骨折りなんか、やめるわ。何もかも、失うことになったって。掘っ立て小屋のために、六〇歳で墓穴には入りたくないし、その掘っ立て小屋のために、子どもたちが骨肉の争いをすることになるなんて……」。

右の例よりもさらに悲壮で、極端な例を取りあげる必要はなかろう。右の例にあっては、物事と人の——そして物事と人の関係の——安定性や恒常性への賭けは、家を買うという選択において暗黙裡に前提とされているが、強制移住、解雇、離婚、離別などによって、そうした賭けの間違っていたことに気づかされるのである。この例のほかには、たんに、いわゆる住宅地区の一戸建てプレハブ住宅に住む全住人の、統計的にみて平凡なケースに言及するだけでよかろう。一戸建て住宅とはいっても、(分譲地の連続住宅はＨＬＭに存在する拘束のほぼすべてを含むために)偽物にすぎないが、その蜃気楼に招き寄せられた一戸建てプレハブ住宅の住人は、古い町工場地区にある連帯感の恩恵にも浴さないし、裕福な地区にある隔絶状態の恩恵にも浴さない。日々の通勤に数時間もかかるといったように職場から遠いので、そこで結ばれる人間関係——特に組合の要求による組合の要求のためのそれ——からは縁が切れているが、かといって、かれらは自分たちの居住地において、余暇共同体という選択的な関係も築けないでいる。この居住地に集まる個人は、社会的にはきわめて均質的だが、利益共同体を欠き、同一職場への所属ゆえの親近性も欠いているのである。

一戸建て住宅はこうして、罠として機能し、しかもその機能の仕方は多様である。後掲のインタビューのなかでも明白に見て取れるように、家は徐々に、あらゆる投資を固定する場になっていく傾向がある。たとえば、現実はしばしば予想からは隔絶しているのだが、その現実のなかで家を容認するために必要な——物質的・精神的な——

作業に関連する投資。また、昔は政治闘争という共同計画があって、それは家庭内の世界に閉じこもろうとする誘惑に対抗していつも勝ちとられるべきものであったのだが、それとは反対に今では、熱望や計画は境界線に仕切られ私的領域に閉じ込められている。そして、そのような熱望や計画をいわばどう手なずけるかを決定するのは所有感情であるが、その所有感情を通して家が呼び起こす投資。また、自身に対する（社会的に成形された）イメージのレベルに達しているつもりの者の目には、家が含みもつ要求があるように映るのだが、その要求のなかに組み込まれている新たな欲望の体系を、家が押し付けることによって誘発する投資などである。

ドニーズは、三〇歳を若干超えている。職業は、秘書。夫は、UAP〔パリ保険連合〕で経理を担当している。ドニーズは、セルジー・ポントアーズに近い、ヴァルドアーズ県エラニーの九七戸からなる分譲地に、工業生産された家を買った。そこに引っ越してきたのは、七年前である。ドニーズは、「パリにもっと近いパリ地域圏で、マンションの値段がここいら辺の一戸建て住宅と同じぐらい高かった」のを見た時、「一戸建て住宅を選んだ」。引っ越してくる前は、賃貸の「にせの三部屋住宅」に住んでおり、「窮屈」を感じていた。「家族が四人になろうとしていたの。それなのに、寝室が一つでは ね」。ドニーズは、「子どもがちょっとばかり早く生まれたので」、積立預金を短縮しなければならなかった。「だから、手持ち資金がちょっと限られていたってわけ。貯蓄金庫の融資を受けられなかった。〔…〕だからまあ、新築を探すしかなかったの。それに、協定貸付は、銀行で受けられる融資よりも条件がよかった」。資金が不足していたことから、ドニーズたちは、「本当のところ、気に入ってはいない、オードセーヌ県のこの郊外」で家を探さなければならなかった。また、できることならば、古い建物に住みたかったが、「この地方でも、中古住宅用のローンの利率は抜群に高かったから、それにには問題が多かった」。「そうでなかったら、二人ともちろん、新市街地のこの家よりも、実際のところ、もっともっと人の息づかいが感じられる何かを選んでいたと思うわ。新市街地だと、みんな似たような歳で、みんな大体同じようなレベルだから……。均質すぎるのよ」。

ドニーズと夫は、「距離は離れているけれど、パリへの交通の便がもっともよい地域の一つだから」、ここを選んだ。二人とも、パリで働いているのである。心を決める前、二人は、頻繁に広告に目を通した(「価格は見ても、古い家を見にはいかなかった。気持ちを惑わされたくなかったもの……」)。二人は、建築現場を見て回ったり、分譲地を見学したりした。

二人は、家を買ったばかりの友人たちに連れ出された。「わたしたちをあちこち連れ出してくれたのは、あの人たちよ。あの人たちは、新しく、別のが建てられる前に見学していたんだから」。実際のところ、二人が決心したのも、やめるように忠告する者が、身辺には一人もいなかったからである。それに、「理想の家を見つけられなくても、後でもっとよい家を探す時[…]、交換材料にはなる」と考えた。たぶん「完全に一戸建て」の家か、あるいはこれほど新しくはない地区で家を探すことになるかもしれない。二人が選んだ家は、もっとも安価なもので、「すぐに住める状態で引き渡され」た。

住み始めた当初は、落胆が多かった。「仕上げは、ぶざまでね」。選択の幅は、とても狭く、壁紙は三種類か四種類しかなく、「そのうえ、その壁紙ときたら、まったくHLM仕様なんだから」。二人は、一階のタイル張替えをさせなければならなかった。「少しずつ」、いろいろな作業もした。「毎年、何ができるか、計画を立てたわ」。そして、週末には芝刈り機の音が聞こえてくるのに気づいたが、これは条件明細書で禁止されるようになって、止んだ。「それに、二軒の家に挟まれているものだから、衛生設備と台所が隣の家と直に向かい合っていて、隣の家の水の音が全部聞こえてしまう」。「不動産会社とぐるの会社」が作った暖炉は、とても高かった。

二人は、『サントラル・デ・パルティキュリエ』紙や『ル・ビショ』紙などの新聞を頼りに連絡を取った個人から、「少しずつ」家具を買った。「書棚は、二年間も探したわ。一ヵ月前に見つけたのよ、『ル・ビショ』紙で」。二人は、蚤の市や地方の古道具屋をのぞく習慣がついた。「売っているものだったら何でも……、と言うか……、古いものね……。以前とは比べものにならないわ。以前はね、こんなこと、考えなかったもの。今じゃ日曜日ごとに、パリから遠いせいで、催し物がうんと少ないものだから……。だからね、日曜日になって、外出したい気分だったら、喜んで地方セールを見にいったり［…］、プロや個人所有のものを見にいったりするわ。それが、散策の目的になることもある」。

二人は、一〇〇平米の小さな庭に、「それでもやっぱり、ちょっとした緑と果物がほしくて」、木いちご、二株の梨の木、そして一株の桜桃の木を植えてみた。「でも、みんな若くて、まだたくさん収穫したことがない」。「植物のよさは、大きくなって、隣近所に家の立ち並んでいることが前ほど気にならなくなったことね……」。

ドニーズは毎日、六時半に起きる。夫の起床時間は、五時四五分である。いっしょに朝食をとった後で、ドニーズは浴室にこもり、夫はバスに乗って出勤する。ドニーズは、八時頃、車で娘たちを学校まで送り、それからコンフラン駅で列車に乗る。職場には、九時半頃に到着する。夕方、ドニーズが帰宅するのは、決まって七時一五分を過ぎている。週末、ドニーズたちには、またパリに出かけるだけの元気はない。「週末にパリにいくのは、暮らしてみてわかったんだけれど、あんまりないわ」。外出する機会が少なくなったこと、ドニーズにはそれが一番寂しい。「映画がとても好きなの。主人は、『アマデウス』が見たいと言うけれど、無理なのよね……」。通勤にかかる時間が長いとはいえ、ドニーズはこの家を買ったことを後悔してはいない。分譲地のよさは、子どもたちにとって危険がないことである。自転車遊びもスケートもできるし、互いの家に遊びにいったりもする。しかし、子どもたちが一五〜一六歳になった時も、同じ状況であろうか。「長男は、美術館に行ったりね、外に出ることが好きなの。エラニーじゃ、外出先があんまりないわ。スポーツだったら、問題ないけれど。スケート場もプールもあれば、ダンスなんかもできるから」。

ドニーズは毎日、通勤に三時間かける。ドニーズは、その「通勤の時間を利用して、編み物をする。列車の中で編み物に精を出す女性は、多い。あまり疲れていなければ、読書も可能ね。でも、疲れている時もあって、そんな時には編み物が機械的だから。編み物は、考えなくていいのよ。読書は、それよりもむずかしい。列車のなかで読めるのは、雑誌か単純な小説ぐらいね」。

——今は、何を読んでいらっしゃいますか。

——いいえ……、今は何も……。（沈黙）

――最後に読まれたものは？
――最後に読んだのは、あの本、何というタイトルでしたっけ、『イオカステの子どもたち』だったかしら……。まだ、読み終えていないけれど。フロイトの理論にもとづいた本よ。

ごくありきたりのこうした談話をここに選んだのは、それがまさに代表的なものだからである。そして、そこから浮かび上がるのは、所有地に縛りつけられる所有者を作り出すことにより、住宅メーカーに市場を提供しようとする政策の効果である。この政策は、ある一面では成功している。しかし郊外住宅の所有者となった者たちは、ほとんどの場合、きわめて高価な代価を支払わなければ住宅所有に由来する満足を得られない。それゆえ、たしかに自由主義政策は、社会秩序の根本的な――しかも自分たちの希望に根本的に沿った――転換を成功裏になし遂げたとはいうものの、自由主義政策の推進者はおそらく、そうした政策に期待していた政治的利益を手に入れていない。子どもの教育――それは個人的出世の道と見なされている――を中心として、家族という細胞は今では、一種の集団的エゴイズムの場となっている。この集団的エゴイズムは、家庭生活崇拝のうちにその正統性が付与されており、家庭生活の崇拝は、家庭用品の生産と流通を直接間接に生きる糧とする者みなによって絶えず祝福されているのである。そして、そのような指標に与えるべき重要性については誇張しないとしても、テレビによるイメージの生産と放送が今日、企業と企業家の手に落ちたという事実のなかに、時代の特徴と時に呼ばれるものを見ないわけにはいかない。企業と企業家は、譲渡可能な資産に対する――連綿とつづく野望に執着した――私的な小さな幸福への熱望を、誰よりもよく利用するすべを知っているのであり、それによってかれらは、郊外一戸建て住宅の小市民階級を次のような世界に閉じ込めることができる。すなわち、家庭用商品に関して不純な広告を展開するまことしやかな世界、家庭用商品をたたえるゲームの世界、キッチュな文化の周囲で虚構の親密性が作り出されるショーの世界に、である。要するに、プロのエンターテイナーによる文化産業が大量に生産する、きわめて家族的で巧妙に手なずけられた娯楽のなかに、閉じこめるのである。(1)

注

（1）最高の視聴率を得ているテレビ第一チャンネルのＴＦ１は、一九八七年、フランシス・ブイグによって買収された。この局は娯楽番組が大当たりして、きわめて重要な位置をしめるようになった。その娯楽番組とは、たとえば、家庭用設備財を賞品とするテレビゲームとか、大衆に大変人気のある司会者が進行役となったショービジネスの見せ物とかである。

■付属資料

略号表

ADIL	県住宅情報協会	Association départementale information logement
AFTRP	パリ地域圏土地技術局	Agence foncière et technique de la région parisienne
ANAH	全国住宅改善協会	Agence nationale pour l'amélioration de l'habitat
APL	住宅個別扶助	Aide personalisée au logement
BEC	商業教育免状	Brevet d'enseignement commercial
BNP	パリ国立銀行	Banque nationale de Paris
BTS	高等技術者免状	Brevet de technician supérieur
CAP	職業適性証	Certificat d'aptitude professionnel
CAUE	建築・都市計画・環境評議会	Conseil en architecture, urbanisme et environement
CEP	初等教育修了証書	Certificat d'études primaires
CIC	工業商業銀行	Crédit industriel et commercial
CIMINDI	一戸建て住宅全職種委員会	Comité interprofessionnel de la maison individuelle
CNAB	全国財産管理人会議所	Chambre nationale des administrateurs de biens
CNAF	全国家族手当公庫	Caisse nationale des allocations familiales
CNAM	国立工芸院	Conservatoire national des arts et métiers
CNL	全国住宅連盟	Confédération nationale de logement
Credoc	消費に関する調査資料研究センター	Centre de recherche pour l'étude et l'observation des conditions de vie
DAFU	土地開発・都市計画局	Direction de l'aménagement foncier et de l'urbanisme
DATAR	国土開発地方振興委員会	Délégation à l'aménagement du territoire et à l'action régionale
DBTPC	建築・公共土木・建設局	Direction du bâtiment, des travaux publics et de la construction

DDA	県農業局	Direction départementale de l'agriculture
DDASS	県衛生社会行動局	Direction départementale à l'action sanitaire et sociale
DDE	県設備局	Direction départementale de l'équipement
ENA	国立行政学院	Ecole nationale d'administration
ENS	高等師範学校	Ecole normale supérieure
FMI	国際通貨基金〔IMF〕	Fonds monétaire international
FNAIM	全国不動産業者連盟	Fédération nationale des agents immobiliers
FNB	全国建築連盟	Fédération nationale du bâtiment
FNPC	全国開発建設連盟	Fédération nationale des promoteurs-constructeurs
GEP	調査計画グループ	Groupe d'étude et de planification
GIP	非衛生住宅の段階的解消のための常設グループ	Groupe permanent pour la résorption de l'habitat insalubre
GRECOH	建設と住宅のための研究調査グループ	Groupe de recherches et d'études sur la construction et l'habitation
HEC	高等商業専門学校	Hautes études commerciales
HLM	低家賃住宅	Habitation à loyer modéré
IEP	政治学院	Institut des études politiques
INED	国立人口統計学研究所	Institut national d'études démographiques
INSEE	国立統計経済研究所	Institut national de la statistique et des études économiques
PAP	持ち家獲得のための助成貸付	Prêt pour l'accession à la propriété
PDG	取締役代表	Président directeur général
PME	中小企業	Petites et moyennes entreprises
POS	土地占有計画	Plan d'occupation des sols
SAEI	国際経済部	Service des affaires économiques et internationales
SARL	有限責任会社	Société à responsabilité limitée
SCIC	貯蓄金庫中央不動産会社	Société centrale immobilière de la Caisse des dépôts
SMI	一戸建て住宅建築会社組合（UNCMIの前身）	Syndicat des constructeurs de maisons individuelles
SOCOTEC	建造物技術検査会社	Société de contrôle technique du bâtiment

UCB	銀行会社建築融資連合	Union de crédit pour le bâtiment de la Compagnie bancaire
UDAF	県家族手当連合	Union départementale des allocations familiales
UNAF	全国家族手当連合	Union nationale des allocations familiales
UNCMI	全国一戸建て住宅建築会社連合	Union nationale des constructions de maisons individuelles
UNPI	全国不動産連合	Union nationale de la propriété immobilière
UNSFA	全国フランス建築組合連合	Union nationale des syndicats français d'architecture
X	理工科学校	Polytechnique
ZAC	商業活動地区	Zone d'activités commerciales

II部　経済人類学の諸原理

支配的なパラダイムと断絶するためには、ある広がりをもった合理主義のヴィジョンに立って、行為者やその行為空間をつくっている歴史性をしっかりと確認しつつ、経済的理性についてのリアリスティックな定義を構築するようにしなければならない。そうした定義は、(ある界との関係のなかで) 社会的に形成された性向と、それ自体が社会的に形成されたものであるこの界の構造とが出会ったものという形でなされる。

界の構造

行為者――つまりこの場合は企業――は空間すなわち経済の界を創造する。他方、経済の界はひとえに、この空間を自分たちの近辺で変形しこれに一定の構造を与える行為者によってこそ存在する。言いかえれば、界やそれを特徴づける力関係が生み出されるのは、さまざまな「界の源泉」、つまりさまざまな生産企業の間の関係においてなのである。[1] もっと具体的にいえば、行為者を規定する界の構造――すなわち類似の財の生産にたずさわる諸企業全体のうえに行使される力の状態――を規定するのは、行為者すなわち企業なのであり、その企業は、それが所有する特殊な資本の分量と構造によって定義される。企業は潜在的な効果――その強度や方向は変わりうる――を行使するのであるが、その資本が大きければ大きいほど、それだけ大きな界の分け前 (マーケットシェア) を支配する。消費者に関していえば、仮に消費者が界と一定の相互作用をもったとしても、消費者の行動は界の効果に完全に還元されてしまうことだろう（消費者の惰性が大きくなるにつれて完全に極小となる）。行為者は界を受容すると同時に界を構造化していくのであるが、その行為者にかかわる重量（ないしエネルギー）は、他のすべての諸点や諸点間の関係に、つまりは空間全体に依存する。

ここでは不変なものが強調されているが、かといって各々の下位の界 sous-champ（通例、産業「部門《セクター》」とか産業「分野《ブランチ》」とか呼ばれているものに対応する）の特殊性を無視しているわけでない。この下位の界は、当該産業の発展状態（そしてとりわけ集積度）や製品の特殊性に依存する。アメリカの各種産業における価格設定（pricing）の慣行についてなされた膨大な研究[2]を結ぶにあたって、ハミルトンは、さまざまな分野（すなわちさまざまな界）の特異な性格を、それらの分野が登場した歴史の特殊性と関係づけている。各分野を特徴づけるものは、各分野固有の機能様式であり、特殊な伝統であり、価格設定を決めるまでの特定のやり方なのである[3]。

ある行為者に付与される力はその者のさまざまな切り札〔決定的手段〕に依存し、これは時に戦略的市場資産と呼ばれ、成功（または失敗）を差別化する要因であり、その者に競争優位を保証しうるものである。つまり要するに行為者の力は、その者が所有する資本の分量と構造に依存し、その資本とは以下の諸種類からなる。すなわち、金融資本——現実的であれ潜在的であれ——、文化資本（「人的資本」と混同しないこと）——これは技術資本、法的資本、組織資本（ここには当該の界についての情報資本が含まれる）として特定化される——、商業資本、社会関係資本《カピタル・ソシアル》、象徴資本である。金融資本は、金融諸資源を直接ないし（銀行へのアクセスを介して）間接に支配することであり、この金融諸資源は、他のすべての種類の資本を蓄積し維持するための（時間と並ぶ）主要な条件である。技術資本は、製品の構想や製造において役立ちうるような、科学的諸資源（研究ポテンシャル）や技術的諸資源（人手や資本の支出を削減したり収益を高めたりしうるような、独自かつ一貫性のある技法、能力、ルーティン、ノウハウ）のポートフォリオである。商業資本（販売力）は、流通網（倉庫や運輸）、マーケティング、アフターサービスの支配にかかわる。社会関係資本とは、多少とも広範で多少とも動員可能な関係ネットワーク――これによって投資に対するより高い収益が保証されて競争優位がもたらされる――を通して動員された諸資源（金融資本だけでなく情報資本なども）の総体である。[4] 象徴資本は、ブランド・イメージ（goodwill investment）やブランド・ロイヤルティ（brand loyalty）などのように、認知と承認に立脚した象徴的資源を支配することのうちにある。象徴資本はある種の信用 crédit として機能する力であり、これを受け入れる人びとは信用を与えたいと思っているのだから、そうした人びとの間に信頼 confiance と信認 croyance が存在することが想定されている（行為者がそう信じるならば貨幣の注入は効果がある、とケインズが主張した時、彼が引き合いに出したのはこうした象徴的権力である）。[5]

資本配分の構造やコスト配分の構造は、それ自身、主として垂直統合の規模や程度と結びついているが、こうした構造が界の構造――すなわち諸企業間の力関係――を規定する。つまり、資本（地球エネルギー資本）の決定的シェアを支配すれば、事実上、その界――したがって（相対的に）ごくわずかな資本しかない諸企業――への権力が与えられる。こうした支配はまた、その界への参入権や利潤機会の配分をもたらす。さまざまな種類の資本は、価格を通して間接的なやり方で作用するだけでない。それらはある構造効果を及ぼすのである。というのも、新技術を採用したり、さらに大きなマーケットシェアを支配したりすることによって、他企業がもっているあらゆる種類の資本の相対的位置やパフォーマンスが変更されるからである。

相互作用論的 interactionniste な見方によれば、ある企業（あるいは企業代表資格のある個人）が何らかの形の「相互作用」を通して他企業に直接行使する「影響力」以外には、社会的に有効な形態は何ひとつ存在しないという。これとちがって構造論的 structural な見方は、およそ相互作用なるものの外部で行使される効果を重視する。

つまり、資本——すなわち特殊な武器（ないし切り札）——の不平等な配分によって定義される界の構造なるものが、いっさいの直接的な介入や操作の外部にあって、その界にかかわる行為者全体のうえに重くのしかかっているのであり、かれらが資本配分において不利な位置にあればあるほど、開かれている可能性の空間はそれだけ制約されている。支配者とは、構造のなかで、自分に都合よく構造が作用するといったような位置を占める者のことである。支配的企業が被支配的企業やその戦略に自分たちの圧力を行使するのは、こうした構造のなかで支配的企業がもつ重圧感を介してであって、それが行使しうる直接的介入（とりわけ、その多少とも変形された表現たる取締役会への相互参加網——兼任重役会 interlocking directorates——を通してのもの）[6] によってではない。支配的企業はゲームの規則性 régularités を、時にはゲームの規則〔ルール〕règle を定義するのであり、自分たちの利益にとっていちばん都合のよい切り札の定義を押しつけるのであり、他企業の環境全体を変更し、また自分たちにのしかかる制約の体系や自分たちに開かれている可能性の空間を変更するのである。

　構造を再生産する傾向は、界の構造それ自身に内在している。すなわち切り札の配分は、多様なメカニズムを通して成功や利潤の機会を左右する。多様なメカニズムとは、たとえば規模の経済とか、「参入障壁」——これは新参者が直面せねばならない永続的不利益や、支払わねばならない開発コストに由来する——とか、賃金契約・債務契約・管理価格・貿易協定といった——ヤン・クレーゲルの表現に従えば——あらゆる「不確実性の削減を目指した諸制度」[7]（uncertainty-reducing institutions）に向けての行動とか、あるいは、「他の経済行為者の潜在的行動に関する情報を提供するメカニズム」とかである。それゆえ、界で展開される繰り返しゲームのうちに刻まれる規則性がますにつれて、界は予見可能で計算可能な未来を指し示し、そこにおける行為者たちはノウハウや伝達可能な性向《ディスポジシオン》〔能力〕（時に「ルーティン」と呼ばれる）を獲得し、これらが少なくとも大まかには根拠のある実践的期待を基礎づけるのである。

経済の界は、計算的視野や戦略的性向――この両者は不可分だが――を正当化し優遇するからといって、純構造論的な見方と戦略的な見方とのどちらをとるかといった選択をすべきではない。きわめて意識的に仕上げられた戦略といえども、それが実行されうるのはひとえに、構造論的な制約とか、この制約に関する実践的ないし明示的な知識――それはつねに不平等に配分されている――とかによって行為者に割り当てられた限界や方向性のなかにおいてなのである（とりわけ取締役会への参加を通して、あるいは銀行の場合には信用需要者から提供されたデータを通して、支配的位置を占める者に保証される情報資本は、たとえば、最良の資本運用戦略を選ぶことを可能ならしめる資源の一つなのである）。新古典派理論は、構造効果や、まして客観的権力関係を考慮することを拒否するので、資本にいちばん恵まれた者に与えられる利益をどう説明するかというと、それは――かれらがより多面的であり、より多くの経験とより大きな名声（したがって失うべきより多くのもの）をもっているので――かれらは最低限のコストで資本を提供してもらえる担保を差し出しているという事実によるのだという説明であり、要するにたんなる経済計算上の理由によるのだということである。加えておそらく、（諸個人は、違反すれば排除されるという条件のもと、自らの選択を利潤最大化のロジックにゆだねるという制約を受けているがゆえに）諸選好の最適な調整を保証する機関として市場の「規律づけ」的な役割を、あるいはもっと単純に価格効果を引き合いに出すのは、はるかに経済的で厳正なことだといった口実が持ち出されるだろう。

さて、界《シャン》という概念が表わしているのは、価格は束縛なき競争にゆだねられた市場で自動的・機械的・瞬間的に決定されるという、抽象的ロジックからの断絶である。(8) 行為者が（材料や労働などの）購買価格および販売価格を決める（あるいは交渉する）に至る条件を規定するのは、まさに界の構造であり、すなわち企業間の力関係（ないし権力関係）の構造なのである。ついでに言っておくと、「構造主義」は「全体論《ホーリズム》」――これはラディカルな決定論への固執を意味する――の一形態だと考えられているが、行動に関する以上のような見解は、構造主義について懐かれているイメージを完全にひっくり返しているのであり、つまりは行為者に一定のゲームの自由を取り戻させているのである。とはいっても忘れてならないのは、意思決定なるものは、界の構造によって定義された諸可能性の間の——その限界内での——選択でしかないということであり、行動の方向性や有効性は、それに打ち込む人びととそれに付き従う人びとの間の客観的関係の構造いかんによるということである。諸企業は価格を介してたんに間接的に相互作用しあっているのでなく、企業間の力関係の構造が本質的なところで価格決定に一役かっているのである。その際、価格設定を左右するさまざまに異なった可能性は、力関係の構造のうちで占める位置を通して決定される。たとえば、サプライヤーとの交渉における力は企業規模が大きいほど増大するという事実や、総生産能力が増加すると単位能力当たりの投資コストは減少するという事実の結果としての、規模の経済効果を通して決定される。そして、こうした特殊な社会的構造こそが、界のメカニズムに内在する諸傾向を支配するのであり、同時に、行為者の戦略に残された自由の余地を支配するのである。価格が全体をつくるのでなく、全体が価格をつくるのである。

というわけで界の理論は、原子論的で機械論的な見方に対立する。この見方は価格効果を実体化し、ニュートン物理学のように、行為者（株主、経営者ないし企業）を置換可能な質点に還元する。行為者の選好は、外生的な効用関数のうちに、また（とりわけゲーリー・ベッカーによって定式化された）最も極端なヴァリアントにあっては何と不変の効用関数のうちに示されており、それによって機械的に行動が決定されるというわけである。界の理論はまた、これとちがった形ではあるが、相互作用論的な見方にも対立する。この見方によれば、計算するアトムという行為者の表象は機械論的な見方と共存できるのであり、そこでは経済的社会的秩序は、多くの場合契約によって相互に作用しあう無数の個人に還元されてしまう。利潤最大化を目指す孤立した意思決定者として企業を自由意志的に扱おうと主張する公準[9]をはじめとして、影響力の大きな一連の公準があるので、産業組織の理論家のなかには、利潤最大化を目指した意識的な――そして意識的に方向づけられた――計算結果としての個人的意思決定のモデルを（たとえば企業とは契約の束 nexus of contract だと認めつつ、このモデルの非現実性を言い立てる者がいるかもしれないが、そう言ったからといって大した影響はない）、企業（現実には企業自身が一つの界として機能する）といった集合的なもののレベルへと移し変える者もいる。こうして相互作用論的な見方は、界を構成する力関係の構造を、瞬間的に対応しゲームの理論の言葉で描写しうるような人びととの関係のなかで、およそ超越性を剥ぎとられた相互作用の総体へと還元することを正当化してしまう。新古典派理論は、その基本公準において主知主義哲学と完全に一致し、またこれを自らの基礎としている。新古典派理論は、選好の体系はすでに形成されており他動的であることを要請する公準がそうであるように、およそ人類学的基礎を剥ぎとられた公準のうえに立脚しているのである。[10] 忘れられがちなことだが、新古典派理論は、実践《プラチック》のロジックと明々白々に対立する形で構成されているのであり、こうしてこの理論は、暗黙のうちに、経済の界が磁場となった諸効果を、相互期待ゲームへと還元してしまうのである。

同様に、「狭い自己利益の追求」に閉じこめられた利己主義的なモナドとか、「あらゆる社会的制約の外で意思決定するアトム化されたアクター」といった経済的行為者の表象から逃れるために、マーク・グラノヴェッターのように、経済行動は社会的諸関係のネットワークのうちに埋め込まれている（embedded）のであり、このネットワークが「信頼を生み出し悪事を阻んでいるのだ」（generating trust and discouraging malfeasance）[11] と考える人たちがいる。しかし、かれらは「方法論的個人主義」と別れたのはいいが、今度は相互作用論的な見方に落ちこんでしまっている。この見方は、界の構造論的な制約を無視するので、各行為者は自らの行動の効果を他の行為者に及ぼすはずだ（これ自身は、アンセルム・ストラウスのような相互作用論者が覚醒文脈 awareness context の名で言及していたものである）[12] という、意識的かつ計算された期待の効果しか知ろうとしない（か、それしか知りえない）。あるいはそれは、他の行為者であれ社会的ノルムであれ、社会的ネットワーク（social networks）が行為者に及ぼす効果──「影響力」と考えられている──しか知りえない。このように多くの解決策が出ているが、それらはあらゆる構造効果やあらゆる客観的権力関係を消滅させており、結局のところ、個人主義と全体論《ホーリズム》の二者択一──これ自身が間違いであるが──の間違った乗りこえが提案されている[13]。経済の界が機能するに際して、「ネットワーク」（あるいは社会関係資本といった方がよい）がもつ経済的有効性を否定する必要はないとしても、行為者の経済的実践や、かれらの「ネットワーク」──社会関係資本として厳密に定義された概念が想起させるもの──の力能そのものは、何よりも、経済の界という構造化されたミクロコスモスのなかで行為者が占める位置《ポジション》に依存するのである。

というわけで、「ハーバードの伝統」（つまりジョー・ベインとその仲間たちによって基礎を与えられた産業経済学）と呼びならわされているものは、「産業組織の理論家」がこの伝統に与える少々あつかましい眼差し以上のものではないという議論があるが、それも疑わしい。というのもおそらく、「エレガントで一般的な分析」を出そうという関心から、厳密性の装いをこらして袋小路に迷いこむよりは、産業諸部門《セクター》の経験的分析に強調をおきながら、ルースな理論loose theoriesでもって適切な方向に進んだ方がよいからである。ここでジャン・チロルを引いてみよう。彼は言う。「第一の波はジョー・ベインやエドワード・メイソンの名とかかわり、しばしば『ハーバードの伝統』と呼ばれているが、これは本質的に経験主義的であった。それは有名な『構造《ストラクチャー》‐行動《コンダクト》‐成果《パフォーマンス》パラダイム』を展開した。それによれば、市場構造（市場における販売者の数、製品差別化の程度、コスト構造、サプライヤーとの垂直統合の程度、等々）が市場行動（価格、研究開発、投資、広告、等々からなる）を決定し、市場行動が市場成果（効率性、限界費用・価格比率、製品多様性、イノベーション比率、利潤、配当）を生み出す。こうしたパラダイムはなるほどと思わせるものだが、しばしばルースな理論に立脚していたのであり、各種産業の経験的研究を強調するものであった[14]」。

事実、エドワード・メイソンの功績は、経済の界の機能に関して（相互作用論的分析に対立して）真正の構造論的分析の基礎を樹立したことにある。彼はまずこう主張する。ゲーム理論の信奉者にあっては、各企業の構造——界の特定の構造に反応すべき性向の原理——も、各セクター（産業）の構造も、どちらも無視されているが（付随的に彼はゲーム理論を前もって批判して、「Aのありうべき行為は、Bがある一定のやり方で行動するであろうという仮定のうえに立っているという洗練された思索は、ことのほか無意味に思われる」という）、しかし、その両者をともども考慮しうるような分析のみが、競争実践に関する企業間の全相違——なかでも各企業の価格政策・生産政策・投資政策における相違——を説明できるのだ、と[15]。つぎにメイソンが努力したのは、界のなかでの企業の相対的力を決定する諸要因——絶対的規模、企業数、製品の差別化——を理論的かつ経験的に確定することであった。最後に彼は、界の構造を行為者に現れるがままの可能性の空間へと還元しながら、「諸状況」——これは「販売者がその政策や実践を決定するに際して勘案する考察」の総体から明らかになる——の「類型論」を描く（「ある販売者の市場の構造には、彼がその政策や実践を決定するに際して勘案するこれらすべての考察が含まれる[16]」）。

闘争の界としての経済の界

力の界はまた闘争の界でもあり、社会的に形成された行為の界でもある。そこでは各種の資源を賦与された諸行為者が、交換にアクセスするために、また現行の力関係を維持したり変容させたりするために対峙しあう。ここでは企業が行為するのだが、その行為は、目的および有効性の点で力の界における企業の位置に依存しており、つまり構造のなかでのあらゆる形態における資本の配分に依存しているのである。企業は、重しも制約もない宇宙——そこでは企業はきっと自分たちの戦略を心ゆくまで展開できることだろう——と向き合っているのでなく、自らの位置に刻まれている制約や可能性によって方向づけられており、自己や競争相手の位置から生み出されうる表象――これは企業の情報や認知的構造に応じて変化する――によって方向づけられているのである。プレーの仕方に残された自由の割合は、おそらく他の界におけるよりも大きい。というのも、行為の手段、目的、それゆえ戦略が明示され、告白され、明言され、おまけに臆面もなく宣言されるほどに、きわめて高度なものとなっているからである。それはとりわけ、戦略行為の「特殊的諸理論」(management)の形で存在し、明らかに意思決定する行為者――とりわけ経営幹部――を助けるために生み出され、こうした経営幹部が教育される学校たる主要なビジネススクールで公然と教えられている[17](マネジメントの理論、すなわちビジネススクールのためのビジネススクール文献は、一六、一七世紀ヨーロッパの法学者が書いたものときわめてよく似た役割を果たしており、後者は国家を描写するという見せかけのもと国家を形成するのに貢献したのであった。経営者が利用できるようにと考えているので、マネジメントの理論は、実証的なものと規範的なものとの間で不断に揺れており、構造論的制約や経営幹部の性向と対比するとき、意識的戦略が担うべき役割を基本的に過大評価することのうえに立脚している)。

この種の臆面なさ《シニスム》は、象徴的生産の世界にあっては不可欠な否認や純化といったものと真っ向から対立しているのだが、それが確立した結果、この場合、現場的表象と科学的描写の間に線を引くことはますますできなくなる。たとえばこの手のマーケティング概論は、製品市場の戦場について語っている[18]。価格が賭け金でもあり武器でもあるような界においては、諸戦略は――それを生み出す者にとっても他の者にとっても――自然発生的に透明性をもつのであり、この透明性は文学界、芸術界、科学界といった世界では決して達成できないものである。後者の界においては、評価《サンクション》は大部分象徴的なものにとどまり、つまりは不鮮明でもありまた主観のちがいに曝されやすくもある。加えて実際、時に「価格の真実」と言われるものを消すため贈与のロジックで行われているはずの仕事が証明しているように(たとえば、贈物に付された値札は必ず注意深く剥がされる)、貨幣での価格は一種残酷な客観性と普遍性をもっており、主観的評価の余地をあまり残していない（もっとも、たとえば「物の割には高い」とか「値段だけのことはある」とか言いうるとしても）。そこから言えるのは、意識的であれ無意識的であれ、はったり戦略――たとえば純粋なる思い上がりの戦略――は、経済の界ではうまくいくチャンスはないということである。なるほどはったり戦略の余地があるにはあるが、それはむしろ威嚇戦略として、そして稀には誘惑戦略としてである。

戦略は第一に、権力の特定の構図に依存するのであり、権力は、界にその構造を授与するのであり、また集中度――つまり多少とも多数の企業の間のマーケットシェアの分布――に規定されて、完全競争と独占という両端の間で変化する。この点、アルフレッド・D・チャンドラーを信ずるならば、一八三〇年から一九六〇年にかけて、工業諸大国の経済は（とりわけ合併運動を通して）集中の過程を経験し、これによって古典派経済学者が参照基準としていた競争的小企業の世界が消滅した。「マクレーン・レポートやその他の資料が示すところによれば、アメリカの製造業は多数の小さな生産組織からなり、各組織が雇うのは五〇人以下であり、伝統的エネルギー資源を利用していた［…］。長期投資であれ短期投資であれ、その意思決定はアダム・スミスが描いた図式のままに、市場シグナルに反応する数百の小生産者が行っていた[19]」。これ以降、とりわけ一連の長期にわたる合併を特色とする推移の果てに、また企業構造が根本的に変容することによって、ほとんどのセクターの界で、闘争は競争力のある少数の強力な企業に限定されるに至ったことが観察された。こうした企業は、「市況」に対しておよそ受動的に調節するのではなく、積極的に市況を作りだすことができるのである。

これら諸セクターの界は、ファースト・ムーバー〔第一原因者〕とかマーケット・リーダーと時に呼ばれる者と、挑戦者《チャレンジャー》との間の主要な対立を中心にして組織されており、この点はあまり変化しない[20]。支配的企業は通常、価格の改定、新製品の導入、流通や販促の行動においてイニシアティブをとる。それは、然るべきプレーの仕方やゲームのルールについて、したがってゲームへの参加やゲームの継続について、自分の利害にいちばん都合のよいイメージを押しつけることができる。支配的企業は、競争者にとっては強制的な参照点をなすのであり、競争者は何をするにせよ、能動的であれ受動的であれ、支配的企業との関係でスタンスをとるよう強いられる。支配的企業のそれを押しのけうるような新製品が出現することであれ、支配的企業のコストが過大に上昇し利潤が脅かされることであれ、とにかく脅威が不断にのしかかっているので、支配的企業はつねに警戒していなければならない（とりわけ、競争の制限を目的とした調整が重きをなす分割支配の場合はそうである）。こういった脅威に抗して、支配的企業は、大きく異なる二つの戦略をとることができる。総《グローバル》需要を増大させながら界の総体的《グローバル》な位置の改善に努めるか、または、界のなかで獲得した自分の位置（マーケットシェア）を守ったり高めたりするかである。

というのも支配者たちは、界の総体的な状態と固く結ばれているからである。界の総体的状態はとりわけ、界が提供する平均的な利潤機会によって定義され、またこの利潤機会は、（他の界とくらべて）その界が与える魅力を定義する。支配者たちは需要増大に努めるのが得策であり、そこからかれらは、新規のユーザー、新規の利用法、あるいは自ら提供する製品のもっと集中的な使用法を喚起することによって（場合によっては政治権力に働きかけながら）、格別に大きな利得――というのもそれは、自分たちのマーケットシェアに比例するから――を得る。だが何よりも、支配者たちは、不断のイノベーション（新製品、新サービス、等々）や価格引き下げによって、挑戦者に対する自分たちの位置を防衛しなければならない。競争において支配者たちが手にする各種の優越性（そのなかで最大のものは、企業サイズが大きいがゆえの規模の経済である）のゆえに、かれらは自分たちのマージンを低下させることなくコストを低下させ、また、これと並んで価格を低下させることができ、そのせいで新規参入者の出現が難しくなり、いちばん力のない競争者たちが排除される。要するに、支配者たちが界の構造（および界の構造の表現たる価格の決定）――この構造の効果は参入障壁とか経済的制約といった形で表現される――にもたらす決定的役割のゆえに、ファースト・ムーバーは、既存の競争相手に対しても潜在的な新規参入者に対しても、決定的な優越性を手にしているのである(21)。

界の力に方向づけられて、支配者たちは、自分たちの支配を永続し倍加することを目的とした戦略へと駆りたてられる。こうして、かれらはその優位性や古参性のゆえに象徴資本を手にしており、これによって首尾よく、競争相手の威嚇を目的とした戦略に訴えることができる。たとえば、(価格を下げるぞとか新工場を設立するぞといった話題をちらつかせながら)競争相手が攻撃をしかけるのを断念させるべく、各種シグナルを送るといった戦略である。これはまったくのこけおどし戦略であるが、かれらの象徴資本のおかげで信憑性をもち、それゆえ有効な戦略となる。かれらは自分たちの力に自信があり、長期にわたる攻撃に耐える力をもち、したがって時間は自分たちに味方することを知っているので、あらゆる反撃をあきらめさせ、敵対者にコスト高で失敗に終わる攻撃を強いる道を選ぶ。一般的にいえば、ヘゲモニー企業は、生産、マーケティング、研究などといった各種分野での変化のテンポを押しつける能力をもっているのであり、時間をこのように差別的に利用することは、そうした企業の権力の主要な手段の一つである。

新しい有能な行為者が出現すると界の構造が修正される。同じく、新しいテクノロジーが採用されたり、もっと大きなマーケットシェアが獲得されたりすると、他の諸企業が所持するあらゆる種類の資本の相対的位置や、資本からの収益が変化する。だが、ある界における第二級の位置にある諸企業もまた、あるいは正面からのやり方として、とりわけ技術的イノベーションを利用して、たとえば自らのコストや価格を引き下げようと努力する形であれ、あるいは側面からのやり方として、支配的企業の行為の穴を埋めたり自分たちの生産を特化させてニッチを占めようとしたり、また支配的企業に対抗して自分たち自身の戦略をひっくり返したりする形であれ、とにかく支配的企業(や他の競争者)に攻勢をかける可能性がある。この場合、成功は資本配分の構造に依存し、同じく界における相対的位置に依存するように思われる。巨大企業は規模の経済のおかげで大きな利潤を実現しうるし、小企業は制限された市場セグメントに専念すべく自らを特化させて高利潤を得ることができるが、他方、中規模企業は、標的をしぼった生産から利潤を得るには大きすぎ、もっと大きな企業が享受する規模の経済から利益を得るには小さすぎるがゆえに、しばしば低利潤を甘受する。

界の力が支配的位置を強化する傾向にあるとすれば、界の内部における力関係の本格的な変更はいかにして可能かが問われてよい。実際のところ、技術資本が決定的な役割を演じるのであり、技術転換——これによってコストが削減され、もっと小さな競争者が有利となる——のせいで支配的企業が押しのけられたというケースを、いくつか挙げることができる。しかし、技術資本が有効なのは、それが他の資本種類と結びついている場合においてのみである。おそらくそういうわけで、新生の小企業が勝利する挑戦者になることはめったにないということや、そうした挑戦者が既存諸企業間の合併から出てくるのでない場合、それは他国に、またとりわけ他の下位の界《ス・シャン》に、出自をもつということが説明できる。事実、革命はほとんどの場合、大企業の肩にかかるのであって、大企業は自らを多様化しながら、新しい界のなかで供給競争力をもって登場するために、自らの技術能力を利用することができる。このように界の内部の変化は、しばしば、界の外部との関係における変化と結びついている。

フロンティアの越境に加えて、さまざまな界の間のフロンティアの再定義ということがある。界のなかには、もっと限定された諸セクターに分割されているものもあり、航空産業は、たとえば定期便の飛行機、戦闘機、旅客機といった各種メーカーに分かれている。あるいは反対に、技術変化は、それまで分離していた諸産業間のフロンティアを弱めることがある。たとえば情報、通信、オフィスオートメーションの諸産業はますます混同されるにいたり、その結果、これまでこれら三つの下位の界のどれかにしか存在しなかった企業が、ますます、形成された新しい関係空間のなかで競争することになってくる。たとえばオーディオヴィジュアル〔AV〕企業の界は、通信・

情報産業出自の新規参入者が侵入することによって激変しており、新規参入者の資源には伝統的な行為者のそれと共通する尺度がないのである。この場合、ただ一つの企業が、その界の他の諸企業とだけでなく、それとは別の界に属する諸企業とも競争するにいたるかもしれない。ついでに見ておけば、経済の界においては、他のあらゆるカテゴリーの界におけると同様、界のフロンティアは、（とりわけ、ありうる代替品や導入される競争の問題を通して）界の内部自体での闘争課題をなし、また、それぞれのケースにおいて、ひとり経験的分析のみがフロンティアを決めることができるのである（珍しいことでないが、界は専門家組織をもつ活動分野といった形態のもと、半ば制度化された存在を与えられている。この専門家組織は、産業の指導者クラブや現行フロンティアの擁護グループとして、それゆえそれらの基礎にある排除の原理として機能すると同時に、公権力、労働組合、恒久的な行動・表現機構をそなえた他の類似諸機関に対する代表機関としても機能する）。

だが、界の外部とのあらゆる交換のなかで最も重要なのは、国家が創設する交換である。諸企業間の競争はしばしば、国家権力上で――とりわけ規制権力や所有権の面で[22]――権力を求める競争といった形をとり、またさまざまな国家介入――特恵関税、事業免許、研究開発への信用供与、設備の公的発注、雇用創出・イノベーション・近代化・輸出・住宅等への助成――によって保証された利益を求める競争といった形をとる。被支配的企業は、現行の「ゲームのルール」を自分たちに都合のよいように修正し、こうして新しい界の状態のなかで資本として機能しうるような自分たちの属性をいくつか強調しようとするが、そうした企てのなかで被支配的企業は、国家に対して圧力を行使し、国家に自分たちに好都合な形でゲームを修正してもらおうと、かれらの社会関係資本を利用することができる。[23]たとえば、市場と呼ばれるものは、競争におかれた諸行為者間の交換関係の総体である。この競争という直接的相互作用は、ジンメルが言うように「間接的コンフリクト」に依存しており、つまり社会的に構成された力関係の構造に依存している。この構造に貢献しているのは界に入る各種行為者であり、かれらは、なかでも自分たちが統御し方向づけうる国家権力を使いながら、さまざまな程度において、うまく国家に押しつけることのできる諸変更を通して、これに貢献しているのである。まったくのところ国家は、通例そう見られているように、たんに秩序や信頼を維持すべき調整者とか、諸企業やその相互作用を「コントロール」すべき調停者とかではないのである。ごく一例にすぎないが一戸建て住宅建設の界の場合、他の多くの界と同様、国家は需要形成ならびに供給形成に決定的なやり方で寄与するのであり、いちばん直接に利害関係のある当事者の直接間接の影響下で、あれこれの形で介入するのである。[24]

界のなかの力関係の転換に貢献しうるその他の外部要因としては、供給源の転換（たとえば二〇世紀初頭における石油の大発見）とか、人口（出生率低下や長寿化など）や生活スタイル（たとえば女性労働の増加は、伝統的な女性役割の定義と結びついた用途の製品をいくつか凋落させ、たとえば冷凍食品や電子レンジといった新興市場を生み出す）の変化によって規定された変化とかがある。事実、こうした外部要因がその効果を界の内部の力関係に及ぼすことができるのは、もっぱらこの力関係のロジックを通してなのであり、つまり挑戦者に利益をもたらすかぎりにおいてなのである。外部要因が加わることによって挑戦者は、特殊化された市場たるニッチで創業することができる。ファースト・ムーバーはもっぱら標準化された大量生産をしているので、こうした市場のごく特定の要求を満たすことができない。そうした特定の要求は、ある部類の消費者やある地域の市場の要求であるが、また、後の発展のための橋頭堡となるかもしれない要求でもある。

界としての企業

明らかなことだが、価格その他の分野に関する意思決定はただ一人の行為者に依存しているのではない。そう考えるのは神話であり、これでは一個の界として機能する企業の内部――もっと正確には各企業に固有な権力の界の内部――における権力の作用や争点《アンジュ》が覆い隠されてしまう。換言すれば、企業がつくっている「ブラックボックス」に分け入るとすれば、それは諸個人を発見するためでなく、ふたたび構造を、企業という界の構造を発見するためであり、このとき企業は、諸企業からなる界におけるその企業の位置《ポジシオン》にかかわる束縛からは相対的に自律している。包みこむ側の界〔産業部門〕が企業の構造に影響を与えるとしても、包みこまれる側の界〔各企業〕は、特殊なゲーム空間ならびに力関係として、闘争の条件や争点そのものを定めるのであり、その結果、各企業は、外からちょっと見ただけでもそれと分かるユニークな様相を帯びることになる。

企業戦略（とくに価格に関する戦略）は界の構造のなかで企業が占める位置に依存するとしても、企業戦略はまた、企業の内部統治を構成する各種権力的位置の構造にも依存するのであり、もっと正確にいえば、企業内権力の界ならびに企業総体の界といった制約のもとで行動する経営幹部の（社会的に形成された）性向にも依存するのである（それは、労働力の階層構成、幹部の学歴資本とりわけ科学資本、官僚的差別化の程度、労働組合の比重、等といった諸指標を通して特徴づけることができる）。こうした制約や引力の体系は、界における位置のうちに含まれており、支配的企業をして、その支配を永続させるのにいちばん好都合な方向へと行動させるものであるが、しかしそれは宿命などでは全然ないし、まして一種絶対的な天の恵み――それによって諸企業やその経営幹部は既得権益の維持に最も好都合な選択へと向かうはずだという――などではない。よく引かれるのがヘンリー・フォードの例である。彼は生産・流通面での華やかな成功によって、世界でいちばん安価な自動車生産者となったのち、第一次世界大戦後には自らの企業の競争能力を失った。それというのも彼は、最も経験豊富で有能なマネージャーたちを解雇してしまったのであり、彼の競争相手が成功したのもこれらのマネージャーがいたからであった。

そのうえで、界の諸力から相対的に自律しているとはいえ、企業内部における権力の界の構造は、それ自身、界のなかでの企業の位置と緊密に相関している。これを媒介するのはとりわけ、一方、企業の資本の分量（それ自身、企業の古さやライフサイクル上の位置と結びつき、それゆえ大まかには、企業規模や統合度と結びついている）やその資本の構造（とくに金融資本、商業資本、技術資本の相対的比重）と、他方、企業の各種指導者——すなわち所有者 owners や「テクノクラート」managers——の間の資本配分構造と、この両者の間の照応関係である。そしてこの後者にあっては、金融・技術・商業のどれを基調としたものであれ、各種の文化資本の所持者相互間の照応関係であり、フランスの場合、各種のグラン・コール〔エリート官僚集団〕の間なり、かれらの母校たる各種のグランド・ゼコール〔エリート高等教育機関〕（ＥＮＡ〔国立行政学院〕、Ｘ〔理工科学校《エコール・ポリテクニーク》〕、ＨＥＣ〔高等商業専門学校〕）の間なりの照応関係である。(25)

　企業における権力の界の主要な行為者の間で、その力関係が長期的に変化していく傾向ははっきりと識別できる。とりわけ確認できるのは、最初は新技術を支配しそれを適用するに必要な資金を集めることのできる企業家が優越すること、次いで銀行家や金融機関がますます介入するのは避けられないこと、さらには経営者《マネージャー》が興隆してくることである。(26)それぞれの界のそれぞれの状態のなかで、諸企業間の権力分配の構図がとる特定の形態を分析する必要があるのはもちろんだが、しかし、各企業ごと各瞬間ごと、企業に対する権力の界の内部で諸権力がどういった形の構図をとっているかを分析することによってこそ、闘争——そのなかで企業の諸目的が決定される——のロジックを理解するための全手段が与えられるのである。実際、こうした諸目的こそ闘争の争点であることは明らかであり、また、分別ある一人の「意思決定権者」に代えて、諸行為者間の政治闘争をもってこなければならないことも明らかである。その際、諸行為者は自分たちの特殊利益（企業内におけるかれらの位置やかれらの能力と結びついている）を企業の利益と同一視しがちであり、またかれらの権力はおそらく、よくも悪くも（ヘンリー・フォードの例に示されるように）企業の利益を、企業内でのかれらの利益と同一視する能力によって測られるのである

（付属資料参照、本書三〇一ページ）。

構造と競争

界の構造を重視するということが意味するのは、顧客との交換にアクセスするための競争は、ハリソン・ホワイトの定式――「生産者たちは市場内部でお互いを観察しあう」(27)――に言うような、直接の競争相手を、あるいは少なくともそのなかで最も危険な競争相手を、意識的かつ明示的に参照基準とするだけの競争だとは理解できないということである。あるいは、マックス・ウェーバーはさらに明確に、市場のうちに「他人も欲するような機会や特権」を入手しようとする「平和的コンフリクト」を見いだして、「潜在的な当事者たちは、たんに交換当事者の潜在的行為だけでなく、他の多くの競争相手――現実のであれ想像上のであれ――の潜在的行動が変化するにつれて、漠然とではあるが自分たちの供給の方向を決めていく」(28)、という。マックス・ウェーバーはここで、ある形の合理的計算のことを述べているのだが、しかし正統派経済学がいう合理的計算のロジックとはまったく異なったそれである。つまり、価格情報にもとづいて自らの選択をする諸行為者ではなく、競争相手の行為や反応を考慮し「これとの関係で自らの方向を決める」ような諸行為者であり、したがって、そうした行為や反応をする主体に関する情報をもち、それと同調したり反発したりしうるような諸行為者である。それはたとえば、値切り行動――「市場形成の最も重要な形態」――や、それを終わらせる「利害妥協」行為のうちに見られる。だが、生産者総体との関係を、たんなる当事者――顧客――との取引に置き換えてしまうことにうまみがあるとしたら、それはこの関係を、同じ対象にかかわる諸競争者（「交換における全利害関係者」）の間の意識的で反省された相互作用に還元してしまうということである。ハリソン・ホワイトにあっても同じことが言えるのであって、彼が市場のうちに

「自己再生産的な社会構造」（self-reproducing social structure）を見るとき、生産者たちの諸戦略の原理は、かれらの構造論的な位置に固有な制約のうちにでなく、他の生産者たちの行動によって発せられたシグナルの観察と解読のうちに求められている。「市場とは、企業その他のアクター――かれらはそれぞれ他人の行動の観察から自らやるべきことを引き出している――といった特殊なサークルの間の自己再生産的な構造である」[29]。あるいは言う、「市場とは互いに見張りあう生産者たちの有形のサークルである。買い手側からの圧力があると、それは生産者たちが消費者をでなく自分自身を見る鏡となる」[30]。生産コストの知識をもった生産者たちは、「他のすべての生産者たちの位置を観察することのうえに立って」（on the basis of observed positions of all other producers）適切な生産量を決定しつつ、自らの所得を最大化しようとし、また市場でのニッチを追求する、と。

そうではなく、諸戦略のこうした「相互作用論」的な叙述を、諸条件――ありうる諸戦略の空間はこれによって限定される――の構造論的分析のもとに置くことが重要なのである。少数の行為者は、ある特定部類の顧客との交換にアクセスするために（それができるのはかれらの一部であるが）戦略的に相互作用しているのであるが、かれらの間の競争はまた、何よりも、生産者たちと顧客たちとの出会いなのである。ここに生産者たちは、（さまざまな種類の）特殊な資本の構造のなかでさまざまな位置を占めており、顧客たちは、生産者たちが界のなかで占めるのとよく似た位置の社会空間のなかにいる。一般にニッチと呼ばれるものは、構造論的な相同性によってさまざまな企業――とくに副次的な企業――に割り当てられた顧客部分以外の何ものでもない。文化的な財や、服飾・住宅のような象徴的要素の大きな財について見たように、各々の界において、生産者（および製品）の空間と、適当な差別化の原理に従って分布した顧客の空間との間に相同性が見られてもおかしくない。ついでながらこれが意味するのは、支配的生産者が現実的・潜在的な競争相手に押しつける制約――これは時に致命的なものである――は、界を媒介にしてはじめて行使されるということであり、それゆえ、競争はたんに（ジンメルのいう意味での）「間接的コンフリクト」――これは競争相手に直接差し向けられるものではない――であるのでは決してない。他と同じく経済の界でも、闘争は、破滅的結果をもたらすために破滅させるといったような意図で動かされる必要はない（ここから、界としての生産の世界のヴィジョンにつき、ある「倫理的」な結果を引き出すことができる。ハリソン・ホワイトとともに、界のなかの位置――空間のなかの点――として、「企業は差異的〔卓越的〕である」firm is distinctive と言うことができる。もっとも、あらゆる企業戦略は差異化〔卓越化〕distinction の追求に動かされていると考える必要はないし、同じことは、たとえば芸術家・作家・社会学者といった文化生産の企てについても真実である。いずれにしても「企業は差異的である」と言いうるのと同じように、およそある界に身を捧げている行為者は、同じゲームに参加するすべての人との「間接的コンフリクト」にかかわっていると主張しうる。そしてその行動は、参加者たちを絶滅させるとか、まして凌駕したり張りあったりするとかいう意図がまったくなくても、結果として参加者たちを破滅させうるのである）。

経済のハビトゥス

正統派経済学が（暗黙的ないし明示的に）想定しているようなホモ・エコノミクスは、一種の人類学的怪物である。理論家の脳中にあるこの実践家は、すぐれてスコラ的謬見――主知主義的あるいは知性中心的な誤謬――の形式を体現している。これは社会科学（とりわけ言語学や民族学）ではよくあることだ。こうしたスコラ的謬見によって、研究者は、行為者の実践《プラチック》〔慣習行動〕を説明するために自ら作り上げたはずの理論的な考察や構築物を、研究対象たる行為者――主婦や家計、企業や企業家、等々――の脳中に置きいれてしまうのである。(31) ゲーリー・ベッカーは、市場モデルと新古典派的企図の――いっそう強力で効果的だと想定された――テクノロジーを、あらゆる社会諸科学へと輸出するために大胆きわまる試みをしている張本人なのだが、そのベッカーの功績はといえば、科学的ルーティンの暗黙の前提のなかで時に覆い隠されてしまうものを明晰判明に宣言したことである。「経済学的アプローチが今日想定しているのは［…］諸個人は基本的な諸選好——これは時を隔てても急変しない——のうちから自らの効用を最大化させるということであり、さまざまな諸個人の行動は明示的ないし暗示的な市場によって調整《コーディネート》されているということである［…］。経済学的アプローチは物的な財や欲望に限定されるものでないし、貨幣取引をともなう市場に限定されるものでもなく、概念的にいえば、大きな意思決定か小さな意思決定か、『感情的』な意思決定かそれ以外の意思決定かの区別とは関係ないのである。実際［…］経済学的アプローチは、あらゆる人間行動——あらゆるタイプの意思決定やあらゆる活動分野にいる人びと——に適用しうるフレームワークを提供するのである」[32]。最大化する行為者 agent maximisateur という説明からのがれるものは、もはや何ひとつなくなってしまう。組織構造や企業や契約であれ、国会や市町村議会であれ、結婚（生産サービスと再生産サービスの経済的交換と理解されている）や家族であれ、親子関係や国家であれ、何ひとつこの説明からのがれない。（個人の選好は外生的で、秩序があり安定しており、それゆえ偶発的に発生することも変転することもないという）それ自身普遍的な説明原理による、こうした普遍的な説明様式は、もはや際限ないものとなる。ゲーリー・ベッカーはもはや、パレートが創始的テキストで設定せざるをえなかった限界さえも理解しない。そのテキストのなかでパレートは、経済的諸行動の合理性と合理性そのものを同一視しながらも、固有に経済的な行動——これは経験にもとづく「ロジカルな推論」の到達点である——と「慣習によって規定された」行動——たとえば室内に入るとき帽子をとるといったような事実——を区別していた[33]（つまり彼は、慣習・伝統・習慣といった、方法論的個人主義とは異なるもう一つの行為原理を知っていたのである。ところがこの方法論的個人主義は、意識的で熟慮された選択——これは一定の効率性および一貫性の条件を満たす——と、「社会的ノルム」——その効率性もまた選択を経ることになる――との交替ということしか知ろうとしないのである）。

経済的秩序は市場の効率性の論理によって支配され、もっぱら論理的な行動を扱うのに対して、「社会的なもの」の不確実な秩序は、慣行・情熱・権力の「非論理的」な恣意を免れない。そうした経済的秩序と「社会的なもの」の不確実な秩序とが、出発点において区別されているという恣意性を想起しよう（この区別は今日なお、経済の作用にとっての珍奇物や障害物を社会学者に任せてしまおうとする経済学者の脳中にある区別である）。おそらくこれを想起することによってこそ、経済学と社会学という劇的に分離された二つの学問の統合や「ハイブリッド化」に向けて最大限貢献できるのである。たとえばパレートやシュンペーターは社会学の方向へ、デュルケーム、モース、アルヴァックス、そして何よりもウェーバーは経済学の方向へという形で、何人かの偉大な創始者たちが分離とは逆向きの努力をしたにもかかわらず、両者は分離されてしまったのである。[34] 人為的に分離された一個の社会科学を再統一できるとしたら、それはひとえに、経済的構造や経済的行為者――もっと正確にはかれらの諸性向――が社会的な構築物であり、社会的秩序を構成する社会的構築物の総体と不可分であるという事実を自覚することによってである。だが、こうして再統一された社会科学は、各種のモデル――それが経済学的か社会学的かはもはや分からない――を構築することはできるが、しかしおそらく、政治的な理由ならびに科学世界固有のロジックによる理由のため、多大なる苦難を強いられることであろう。というのも、経済政策とその社会的帰結の間の連関を、もっと正確にいえば、いわゆる経済政策――それが社会的なものを考慮するのを拒否するという事実そのもののうちにその政治的性格が表わされている――と、政策の短期的・長期的効果がもつ社会的ならびに経済的なコスト――少しでもその気になれば、これを数字化するのはそれほどむずかしいことでない――との連関をつけない方が都合のよい人びとが多数いるのは、確実だからである（私の念頭にあるのは、たとえば、新自由主義《ネオ・リベラル》政策の実施にともなう経済的・社会的不平等の増大とか、この不平等が健康・非行・犯罪などに及ぼすマイナスの影響とかである）。しかし、社会学者や経済学者は今日、認知上の半身不随に陥っていると断罪されているが、そこから脱出しようとする試みはますます増えているにもかかわらず、そうした認知的半身不随がいつまでもなくならない理由があるとすれば、それはつぎの理由による。すなわち、とくに学問的収入や閉鎖的階層性などに体現された賞罰制度を通して、社会的諸力が純粋かつ完全だと思われている科学の世界にのしかかっており、この社会的諸力のおかげで、分離された諸空間がうまく再生産されているからでもある。そしてこの諸空間は、利潤機会の諸構造や、当初の切断に起因するさまざまな——そのうえ両立不可能な——諸性向と結びついている。

ハビトゥス habitus 概念の第一の役目は、意識に関するデカルト哲学から断絶し、ついでに機械論 mécanisme と目的論 finalisme の非生産的な二者択一から逃れる点にある。つまり、原因による決定と理性による決定との択一、さらには、いわゆる方法論的個人主義と（「個人主義者」の間で）全体論《ホーリズム》と時に呼ばれるものとの択一から逃れる点にある。これは表面的な対立であって、おそらく政治秩序の最も強力な二者択一たる、個人主義ないし自由主義——そこでは個人は基本的・自律的な究極の単位と考えられている——と、集団主義ないし社会主義——そこでは集合的なものに優位があると想定されている——との択一の婉曲な形態でしかない。

社会的な行為者は、ハビトゥスを付与されているかぎり集団的な個人 individuel collectif であり、また、客観的構造を身体化しているという事実によって個人化された集団 collectif individué である。個人的なもの、主観的なものは社会的、集団的なのである。ハビトゥスとは社会化された主観性であり、歴史的に先験的なものであり、これを知覚し評価するシェーマ（選好体系、趣味）は集団的かつ個人的な歴史の産物である。理性（あるいは合理性）は限定され bounded 制限されているが、それというのも——ハーバート・サイモンが信ずるように——類としての人間精神が制限されているからというだけでなく（これは発見でも何でもない）、それが社会的に構造化され、規定され、それゆえ限界があるからなのである。発見でも何でもないと言ったが、これに真っ先に反対しようとする人びとは、こうした人類学的に確実な事実からの警告を経済理論がかくも完全に無視していられる理由について、自問してみるがよい。たとえばヴェブレンはすでに、経済的行為者は「欲望の束」（a bundle of desires）などでなく、「諸性癖や諸習慣のまとまりある構造」（a coherent structure of propensities and habits）だという考えを弁護していた。[35] ジェームズ・S・デューゼンベリーもまた、消費決定の原理は合理的計画（rational planning）の側からでなく、学習や習慣形成（learning and habit formation）の側から研究されるべきことを見ていたし、また、消費は現在の所得と同時に過去の所得に依存するということを明らかにした。[36] ヴェブレンはさらに、相互作用的需要 interactive demand の考えを先取りしつつ、ジェヴォンズやマーシャルと同じように、欲望の決定に対する、それゆえ需要の決定に対する構造――ないし構造のなかの位置――の効果を以前から表明していた。要するに、何らかの普遍的特性があるとすれば、それは行為者は普遍的でないということである。というのも行為者の特性――とくにその選好や趣味――は、社会空間におけるかれらの職業 placement や異動 déplacements の産物だからであり、それゆえ集団的ならびに個人的な歴史の産物だからである。社会的に合理的だとされる経済行動は、一定の社会的経済的諸条件の産物なのである。経済行動をその個人的・集団的な生成過程に関係づけてこそ、可能なことの経済的社会的諸条件を理解することができ、それによってまた、経済的理性や欲望・計算・選好といった一見無制約な概念が、必要であると同時にまた社会学的な限界を有することを理解しうるのである。

　つまりハビトゥスとは、行為 action ないし――より正確には――（反射弓ばりの）反応 réaction の機械的な原理などではまったくない。それは限界づけられ条件づけられた自発性である。ハビトゥスはこうした自律的な原理であって、この原理によって、行為というものが、たんに生《なま》の現実に対する無媒介な反応でなく、現実から積極的に選択された一側面に対する「知的」反撃となるのである。つまり、ハビトゥスはありうべき未来の大まかな歴史と結びついており、慣性――過去の軌道の足跡――であり、行為者はこの慣性と界の無媒介的諸力を対置させるのであり、それゆえ行為者の戦略は、その無媒介な位置からも状況からも直接には引き出せないのである。ハビトゥスは反撃を生みだすが、その反撃の原理は刺激といったものではないのであって、それは絶対に予測不可能であり、たんに状況を認識すれば予測できるといったものではない。それは現実の一側面に対する応答である。そして、この一側面が識別されるのは、一定の刺激を選択的、部分的 partiel、かつ一面的 partial（だからといって厳密な意味で「主観的」とは言わないが）な形で理解することによってであり、事物の特定の局面――これについては、この局面は「興味を引く」とか、これは興味から生まれたとか、無差別に言うことができる――に注意を向けることによってである。ハビトゥスは、規定されていると同時に自発的な、と矛盾なく言いうる行為である。というのもこの行為は、条件づけられ慣習化された刺激によって規定されており、そういった刺激がそれとして存在するのは、ひとえにそれを知覚しようとする心構えと素質をもった行為者においてだからである。

　ハビトゥスは歴史に由来していないながらも、相対的に不変で持続的であり、それゆえ歴史から相対的に自由であるかぎり、刺激と反応の間にハビトゥスが導入する幕は時間の幕である。過去の経験や集団的・個人的なあらゆる蓄積の産物であるので、ハビトゥスは、集団の歴史ならびに個人の歴史に発生論的な分析を加えるだけでは、適切に理解することはできない。集団の歴史とは、たとえば嗜好〔味〕の歴史であり、これはシドニー・ミンツが例証したように、最初は特権階級にのみ許されたエキゾチックな奢侈品だった砂糖に対する嗜好《グー》が、やがて少しずつ庶民階級の日用食品の不可欠な一要素となっていった[37]、といったものである。個人の歴史とは、食べ物、装飾、服装や、さらには歌謡、演劇、音楽、映画、等々に関する個人的趣味《グー》が生まれる経済的社会的諸条件[38]、もっと一般的にいえば、ある経済秩序に適合した経済的行為（たとえば計算、貯蓄、投資など）を遂行すべき性向（能力と性癖の二重の意味で）が生まれる経済的社会的諸条件の分析にかかわる。

　ハビトゥスの概念はまた、目的論と機械論の二者択一から逃れさせてくれる。目的論によれば、行為とは、熟慮の末に設定された目的に対する意識的な参照によって規定されたものと定義され、したがってあらゆる行動は、純粋に道具的な——破廉恥なとは言わないが——計算の産物だと考えられている。他方、機械論にあっては、行為は無差別な諸原因に対する純粋な反応に還元される。正統派経済学者や合理的行為理論擁護の哲学者は、時には同じ文章のなかで、論理的に両立不可能なこの二つの理論的選択肢の間を秤にかけている。つまり一方は、目的論的な決定論であり、それによれば、行為者は原因を十分に知りつつ振舞う純粋に合理的な意識であり、理性ないし各種の機会を合理的に評価することによる合理的意思決定をその行為原理とするという。他方は物理主義であり、これは行為者をして、諸力の組合せに対して機械的かつ即時的に反応する慣性なき粒子にしてしまう。だが、この二つの選択肢は、あの二者択一の二項〔目的論と機械論〕が一項しか選ばせなかったのにくらべれば、和解不可能なものを和解させる点でそれほどまずいものではない。どちらの場合も、スコラ的謬見に引きずられて、原因や機会に関する完全な知識を具えた博識ある主体が、行動する行為者のうちに投影されてしまう。そこでは行為者は、原因によって割り当てられた機会を自らの目的として設定するよう、合理的な傾向をもつと想定されている（経済学者が「抽象の権利」の名のもとでこの偽推理に引きずられるのは原因を十分に知っているからだという事実は、もちろん、こうした結果を帳消しにするのに十分でない）。

ハビトゥスはきわめて経済的〔節約的〕な行為原理であって、これによって計算（とりわけ探索や測定のコスト）が大いに節約され、また行為において格別に稀少な資源たる時間が大いに節約される。だからハビトゥスは、通例の生存状況に格別に適応しているのであり、そうした状況にあっては、緊急のためであれ必要な知識の不足のためであれ、利潤機会に関する意識的で計算された評価の余地はあまりないのである。実践から直接に由来し、その構造および機能において実践と結びついているので、こうした実践感覚 **sens pratique** はその実行上の実践的諸条件の外では測りえない。ということは、「意思決定のヒューリスティック[39]〔簡便な方略〕」によって主体が服するテストは二重に不適切だということである。というのもこのテストは、機会に関する意識的で計算された評価に対する素質を、人工的な状況のなかで測定しようとするからであり、人工的状況を作ることはそれ自身、実践感覚の気質からの切断を想定しているからである（事実、蓋然性の計算は最初の直観がもつ率直な傾向に反して作られたということが忘れられている）。

現実にはハビトゥスの関係は漠然としているが、それというのも、それが主体と客体、能動性と受動性、手段と目的、決定論と自由といった二元論にまで至っていないところに位置しているからである。ハビトゥスは界のなかで、自らを規定するものを規定しつつ規定されているのだが、その界におけるハビトゥスの関係は、計算者なき計算、意図なき意図的行為なのであり、これについては証拠に事欠かない[40]。ハビトゥスがその機能諸条件とよく似た客観的諸条件の産物であるという、特定の（だがきわめてよくある）ケースにあっては、ハビトゥスは、意識的かつ意図的に適応を追求した結果でもないのに、これら諸条件に完全に適応した行為を生み出す（まさにこの意味において、ケインズ的意味での「適応的期待」を「合理的期待」だと取り違えないよう注意せねばならないのであって、その際、たとえ十分に調節されたハビトゥスをもった行為者が、合理的期待をもった生産者としての行為者のいわばレプリカであったとしても、取り違えてはいけない）。この場合、ハビトゥスの効果はいわば目に見えないのであり、ハビトゥスによる説明は、状況による説明とくらべて冗長に見えるかもしれない（退屈なロジックの、その場かぎり《アドホック》の説明でしかないといった印象さえ持たれかねない）。だが、ハビトゥスに固有な有効性は、ハビトゥスが自己を現実化する諸条件の産物でないようなあらゆる状況（これは諸社会が差異化されるにつれてますますよくあることとなる）のもとで明瞭に見られる。つまり、前資本主義的経済で育った行為者が資本主義的宇宙《コスモス》の要請にぶつかり、武装解除させられる時は、このケースである[41]。あるいはまた、老人がドン・キホーテ流に場違いで調子はずれな諸性向をつづけている時とか、社会的構造のなかで出世したり没落したりしている行為者――ニュー・

リッチ、成り上がり、脱落者――が自ら占める位置との不協和音を起こしている時とかである。そういった履歴《ヒステリシス》、適応の遅延、反適応的なずれといった諸効果への説明は、ハビトゥスの相対的に持続的な性格――不変的を意味しない――のうちに見いだされる。

　性向というのは（相対的に）不変なものだが、これに照応して社会的ゲーム――そのなかで性向が形成される――も（相対的に）不変である。あらゆる社会的ゲームと同じく、経済的ゲームは賭博《ジュ・ド・アザール》「偶然のゲーム」ではない。つまり経済的ゲームは規則性をもち、有限個のよく似た構図の反復を示すのであり、これによって経済のゲームは一定の単調さを与えられる。その結果として、ハビトゥスは道理にかなった **raisonnable**（合理的 **rationnel** ではない）期待を生み出すのである。この道理にかなった期待は、不変的ないし反復的な状況の経験をゆっくりと合体することによって形成された諸性向の産物であるので、新しい――がしかし、根本的に新奇なところはない――状況に対して直接に適用される。行動性向 **disposition à agir** は、よく似た状況に関する以前の経験の産物であるが、そういう行動性向としてハビトゥスは、不確実性といった状況を実践的に制御しうるようにする。ハビトゥスはまた未来 **avenir** への関係を築くが、それは――同じように起こる **advenir** かもしれないし、起こらないかもしれないといった可能性に照準を定めたものとしての――計画という関係でなく、実践的期待という関係である。世界の客観性それ自体のなかにあって、おのれに生じたことをなすべき唯一のこととして発見し、また来るべきこと **l'à venir** を半ば現在のこととして（不慮の未来としてでなく）捉えるのであるから、来るべきことへの期待というのは、リスク計算という純粋に思弁的なロジック――これは対立しあったさまざまな可能性にそれぞれ意義を認めることになる――とはきわめて縁遠い。しかし、既述のように、ハビトゥスはまた差異化と選別の原理であって、この原理は自らを堅固にするものをとかく維持しがちであり、こうして自己自身が実現される諸条件が確保されるような潜在的可能性として現れてくる。

正統派経済学の主知主義的ヴィジョンにあっては、不確実性という状況の実践的な制御はリスクの合理的計算ということに還元されてしまうが、それと同じくこのヴィジョンでは、ゲーム理論を武器にして、他者の行為に関する予想は、敵対的意図についての一種の計算――これは仮定によって、とりわけ自分の意図に関して騙すという意図と考えられている――として構築されている。実際には、正統派経済学が共有知識 common knowledge（私が知っているということを君が知っているということを私は知っている）という超主知主義的仮定によって解決する問題は、実践のなかでは、各種ハビトゥスの交響組織化 orchestration des habitus によって解決されているのであり、この交響組織化がぴったり一致するにつれて、他人の行動が相互に予想できるようになるのである。集団的行動がもつパラドクスは、他人も責任あるやり方で行動するだろうという暗黙の公準に立った実践のうちで、また、自分自身に対するこの種の不変性や忠実性――これはハビトゥスの持続的性格の一つである――とともに、答えを見つけるのである。

根拠十分な幻想

このようにハビトゥスの理論は、それが否認する理論がもつ見せかけの真理を説明することができる。行為理論や合理的期待理論の基礎にある仮説と同じくらい非現実的な仮説が事実によって妥当性があるように見えるとしたら、それは以下の理由による。すなわち、性向 dispositions と位置 positions の間の統計的な――経験的に確立された――照応関係に比例して、ほとんどの場合（いちばん顕著な例外はルンペン・プロレタリア、脱落者、脱走兵であり、これについては別のモデルによって説明できる）、行為者は道理にかなった――つまり客観的な機会に適合した――期待を形成していく。この道理にかなった期待は、たいていの場合、集団的なコントロール――とりわけ家族が行使するコントロール――の直接の結果によってコントロールされ強化されている。さらにハビトゥスの理論は、「代表的行為者」といった理論的人工物が事実によって完全には否定されないということさえも理解させてくれる。この「代表的行為者」というのは、同一カテゴリーのさまざまな全行為者――たとえば消費者――の選択は、それらがきわめて異質であるにもかかわらず、自己の効用を最大化するとされた標準的な「代表的個人」の選択として扱いうるという仮説に立脚している。たとえば、アラン・カーマンが示したところによれば、このフィクションはきわめて厳格かつ特殊な諸仮定のうえに立っているだけでなく、諸個人がみな最大化する諸個人だったとしても、諸個人の集計総体そのものは自分の効用を最大化する個人のように振舞うなどとは言えないのであり、また逆に、集団が一定程度の合理性をもつという事実があるからといって、諸個人が合理的に行動しているとはかぎらないのである。カーマンはこう言った後に、総需要関数は諸行為者の同質性でなく異質性のうえに導かれうるのであり、きわめて分散的な個人的需要行動がきわめて統一的かつ安定的な総需要という総体行動へと至りうるのだと示唆した。[42] ところで、この仮説がその現実主義的な基盤を見いだすのは、ハビトゥスの理論においてであり、また消費者を、諸行為者の総体として表象することにおいてである。ここに諸行為者は、性向・選好・利害――これらは（かれらの存在条件と同じく）きわめてさまざまである――の点で異質であるが、各ケースごと、さまざまな機会を含んだ存在条件に適応しており、それゆえ、界の構造――総体としての経済の界の構造――のうちに含まれる制約に服しており、また多少とも制限された下位空間――そこでは行為者は限定された下位グループと相互作用している――のうちに含まれる制約に服している。経済の界では「狂気」の余地はあまりないのであって、狂気に身をゆだねる者は、多少とも長期間にわたる滅亡や挫折の形で、経済秩序の内在的な規則や規則性に対する自らの挑戦の代価を支払うことになる。

合理的行為理論の信奉者（そこにはゲーリー・ベッカーのような何人かの経済学者が含まれる）や方法論的個人

主義の信奉者（たとえばジェームズ・コールマン、ヤン・エルスター、およびフランスにおけるかれらのエピゴーネンたち）は、正統派経済学がたいていは暗黙のうちに受け入れる行為者および行為の哲学に、明確かつ体系的な形を与えた（というのはとりわけ、選好や合理的選択といった概念でもって正統派経済学が行ったのは、意思決定に関する常識を「理論」へと合理化することでしかなかったからである）。それによってこの信奉者たちは、おそらく研究へのすぐれた貢献をしたことになるのかもしれない。しかし、かれらの狭く主知主義的（ないし知性中心的）な超合理主義は、そのあまりの合理主義それ自身や経験への無関心によって、人間的実践に関する歴史諸科学の最良の成果と直接に矛盾しているのである。経済科学の多数の知識が行為者・行為・時間・社会的世界に関する哲学――これは大部分の経済学者がふつうに生産し受容する哲学とはまったく異なる――と完全に両立しうることを示す必要があるように思われるのだが、その場合、それはある種の哲学的面目に身を捧げるためでなく、もっぱら、経済学に歴史科学としての真実を取り戻させながら、社会諸科学を再統一するためである。

■付属資料

企業の界――ケーススタディ

一九八六年、私はセメントを生産するある大手企業で調査を行った。この企業は、それまでパリにあった業務の一部を「海外移転」させる機会に、(とくに内部セミナーを組織する形の)職員「参加」のもと、社の財務・営業政策を見直そうとしていた。さて、この調査の途上で観察できたことだが、さまざまな役員メンバーは、企業やとりわけ企業の将来について、企業内におけるかれらの位置やかれらの学歴資本に依存した狭い見方をしていた[43]。社長は伝統的にポリテクニシアン〔理工科学校卒〕であり、副社長は観察時点ではＨＥＣ〔高等商業専門学校〕出身者であって、財務管理に関する能力で知られていた。副社長代理はいわゆる営業担当役員でもあったが、これもポリテクニシアンであり、その年功と人事担当責任者という役目のゆえに、巨大な情報資本や関係資本をもっていた。工業設備部長はポリテクニシアンであり、販売部長は、その肩書きとは裏腹にあまりＰＲ好きではなかった。最後に、研究開発部長は若手のポリテクニシアンであった。こうしたさまざまな「役員」メンバーの間の対立は、たいていは間接的で和らげられたものだが、結局はつねに、定義の問題に及ぶことになる。

定義をめぐる闘いは、もちろん優先権をめぐる闘いと結びついているのであり、つまりは、かれらが指揮する将来のプロジェクトや事業再構築のなかで、たとえば財務・営業・「ＰＲ」といったあれこれの役目や責任者のどれを優先するのがよいかをめぐる闘いと結びついている。一方の者は、セメント市場がきわめて特殊な性格をもつことを引き合いに出し、それは複占状態であって価格戦争が存在せず、流通の性格が大変に特殊であり、本来のＰＲ政策はいらないという。他方の者は、財務戦略――たとえばこの部門での企業の買収――とか、産業戦略――といっても新型の、すなわち化学分野への投資を出発点とした市場の拡大と多様化といった戦略——とかに立脚した企業の発展を擁護する（このことは、セメントという製品の定義のちがいにかかわっているのであって、つまりセメントを、相対的に単純な伝統的製品であって、一種の「料理」にも似た技術操作の対象をなすものと考えるか、それとも、ある種の「糊」みたいなもので、化学の側に位置し、商業化可能なあらゆる派生商品と結びついていると考えるかにかかわっているのである）。ありうる選択は決して完全に排他的だというわけでなく、部分的に組み合わせることもできるので、可能な競争者の誰それに結びついた利害を通すため、さまざまな同盟、多くは暗黙の同盟が結成されうる。かれらが自分たちの「意見」を通すために行う闘争を、キャリア的利害をめぐる紛争に還元してしまうのは愚直（ないし間違って過敏）なことであろうが、いずれにしてもこの闘争のなかで、各人はいわば自分が占める位置の「存在に固執する傾向」——コナトゥス **conatus**〔スピノザ哲学における、自己の存在を維持しようとする傾向を示す語〕——を具現するようになり、そこにおいて各人の全社会的存在すなわちハビトゥスが表現され実現されるようになる。そうなるにつれて中心人物たちは、かれらがもつさまざまな種類や状態の資本を投下することになる。つまり、かれらは特殊な官僚資本——これはヒエラルキーにおける位置や企業内の年功に結びついている——を動員し、情報資本——これは営業上のノウハウ、化学や情報学の修士号から企業やその各メンバーの過去に関する知識にまで及ぶことがある——を動員し、最後に有益な社会関係資本を動員する。

もちろん、機密の保持ということを尊重しなければならないので、無数にある介入、「急襲」（とりわけ、ある情報提供者が「玉突き」と呼ぶ急襲）、折衝、さらには——とくに社長の決定を引きこみながらある政策を押し通すために——実行中の戦略目録などなど、——そういったことのうわさについてこれを詳細に明らかにすることはできない。にもかかわらず少なくとも、企業内での権力の界の内部における闘争のロジック、すなわち権力の所持者の間での競争を想起することはできよう。すべては、さまざまな対立に応じてあたかも各時点ごとに権力の界の構造が組織されるかのように進行し、この対立は危機の瞬間にはとりわけ、各種の権力形態の所持者たちの間での戦略同盟に結晶することがある。たとえば、われわれの観察時点で、副社長は同じ業界の小企業の買収による拡張的財務政策の擁護者であり、彼は若い研究開発部長の支持を受けていたが、この部長は（「糊」や「化学」に与えられた優位を基礎とした）製品多様化政策の推進者であった。さて副社長は、新プラント設置の技術責任者の一人たる公共事業技師の抵抗にぶつかった。この技師は、情報処理部長や副社長代理――企業や従業員に関する一種の情報独占に支えられたポリテクニシアン――の未来志向型の企業ヴィジョンに勇気づけられて、新しい産業用地のうちにシリコンバレーのようなものを見ていた（これは全面的熱中の典型例であって、単純な出世主義的機会主義に還元できない）。この両極の間に、とはいっても後者の極により近いところに、「セメント屋」と呼ばれる連中、すなわち生産に一番直接につながる部長たちがおり、かれらは「多様化」政策には同意しているが、そのポイントは「工業ノウハウやノウハウ製品を売る」ことにあった。

企業――その目的や将来――の定義を目指したこうした闘争のなかでは、三つの正当化原理が対立している。まずは、社内用語で言う「セメント屋」的正当性をめぐる二つの形態がある。第一は伝統派であり、これはセメントに、つまりどちらかというとルーティン的な料理技術に従って生産された原始的な形態の糊に優位を与える。第二は、やはり技術派であるが近代派でもあり、もっと「コンクリート」の方に眼を向けている。コンクリートは、セメントよりも標準化されておらず使用者の要求に対応できるので、営業上のノウハウに高い価値が与えられることになり、また、とりわけ「糊」という化学研究の産物にして、あらゆる種類の派生製品への扉を開くものに高い価値が与えられることになる。最後に、第三のものとして、HEC出身の副社長が懐く財務的な正当性の形態があり、この副社長は企業の正統性の観点から、簒奪の嫌疑をかけられていた（「本当ならわが社を指揮するのはX氏――ポリテクニシアン――なのだ」）。まさに同じ動き（あるいは同じコナトゥス）によって、この副社長は社長職（当時はいささか信用を落としたポリテクニシアンが就いていた）を狙うようになり、前任者の財務・営業政策を変更するようになった。分離不可能で客観的に識別不可能なこの二つの目標を真に達成できるのは、もっぱら二人のポリテクニシアンの支持が保証されるかぎりにおいてである。すなわち一方のポリテクニシアンは、有機化学の技術的近代性を熱狂的に持ちこもうとし、他方のポリテクニシアンは、企業人事に対する自らの影響力を脅かすような革新プロジェクトに対して、粘りづよく抱き込みと毒消しの惰性を対置しているのである。実際、この後者の人物は、副社長が企図する転換努力に反対するとは決して公言しないが、企業的惰性の化身として、つまり制度構造や行為者の性向に内在する諸傾向の化身として登場している（未来予測セミナーの機会につくられた各種の作業委員会に全階層の全労働者がどう配分されたかを分析した結果によると、「生産過程の再編成」問題を中心としたグループを選んだ者は、企業内の古参者で、学歴資本がなく、多くのばあい本社出身者でなく工場出身者であり、他方、製品差別化の将来といったような明確に未来展望的なテーマのための委員会を目指した者は、もっと高い学歴——とりわけ有機化学修了証書——をもっていた）。

　こうした方向性の相違は、同じ「多様化」の語を使っても、そこにおける無意識の模倣や裏での抵抗意図によって表現されうるのであり、日常的に対立しあっている。そしてこのような相違は、常務委員会の公然たる対立や——イニシアティブをとる革新的な責任者たちによって多少とも方向づけられた——各種の検討委員会での討議のうちに見られるだけでなく、ある情報提供者が言ったように、「人びとの頭や相互討論のうち」にも見られる。そして、まさに各種決定機関や——それを作り上げる——各種行為者の間での力関係の構造によって常時方向づけられたこうした無数の相互作用からこそ、最終的には、経営陣——これは一人の合理的行為者と同一視される——によって自由に討議され決定された政策と見うるものが出てくるのである。

注

（1）こうした原理に従った定式化がなされるまでの間、経済の界の構造——すなわち経済的実践の真の説明原理——を明らかにするためには、コレスポンデンス分析〔多変量解析の一つの分析方法〕（その理論的基礎はきわめて似ている）の助けを借りることができる。

（2）W. H. Hamilton, *Price and Price Policies*, New York, Mac-Graw Hill, 1938.

（3）M. R. Tool, « Contributions to an Institutional Theory of Price Determination », *in* G. M. Hodgson, E. Screpanti, *Rethinking Economics, Markets, Technology and Economic Evolution*, European Association for Evolutionary Political Economy, 1991, p. 29-30.

（4）こうした社会関係資本の概念は、その後アメリカの社会学や経済学で展開された定義とは以下の点で異なる。すなわちこの概念は、たんに関係ネットワーク——その拡がりと持続性によって特徴づけられる——だけでなく、人を介して動員できる各種資本の分量（また同時に、職業的昇進、プロジェクトへの参加、重要決定へのアクセス、金融投資その他の機会など、入手しうる各種の利得も含まれる）をも考慮に入れているのである。（cf. P. Bourdieu, « Le capital social. Notes provisoires », *op. cit.*)

（5）文化資本、技術資本、商業資本は客観化された形（設備、用具など）で存在すると同時に、身体化された形（能力、手先の器用さなど）でも存在する。客観化された資本と身体化された資本という二つの資本状態を区別せよという期待はヴェブレンのうちに見られるのであって、彼は資本に関する正統派理論を非難して、それが無形資産を無視して有形資産を過大評価していると言っている（T. Veblen, *The Instinct of Workmanship*, New York, Augustus Kelly, 1964.『ヴェブレン 経済的文明論』松尾博訳、ミネルヴァ書房、一九九七年）。

（6）B. Minth, M. Schwartz, *The Power Structure of American Business*, Chicago, University of Chicago Press, 1985.

（7）J. A. Kregel, « Economic methodology in the face of uncertainty », *Economic Journal*, 86, 1976, p. 209-225.

（8）R. H. Coase がいみじくも示しているように、取引費用ゼロ（zero transaction costs）の仮定——正統派理論は暗黙のうちにこれを想定している——という名のもとではじめて、さまざまな交換行為が同時化されうるのである。「取引費用がゼロという仮定のもう一つの帰結は、通常気づかれないのであるが、取引を行うのに費用がかからないのであるから、それをスピードアップするのにも費用がかからないということになり、永遠が一瞬のうちに経験されることになるのである」（R. H. Coase, *The Firm, the Market and the Law*, Chicago, University of Chicago Press, 1988, p. 15.『企業・市場・法』宮沢健一他訳、東洋経済新報社、一九九二年、一七ページ）。

（9）J. Tirole, *The Theory of Industrial Organization*, Cambridge, The MIT Press, 1988, p. 4.

（10）Amos Tversky と Daniel Kahneman の古典的な仕事は、確率論や統計学に関して行為者が犯しがちな過失や誤謬を明らかにした（A. Tversky et D. Kahneman, « Availability, a heuristic for judging frequency and probability », *Cognitive Psychology*, 2, 1973, p. 207-232. 以下も参照。S. Sutherland, *Irrationality, the enemy within*, London, Constable, 1972）。こうした研究を支える主知主義的前提には、ある現実の状況から導かれる論理的問題は行為者によってはそのようなものとして想定されないということを（社会関係としての友情は「私の友の友は私の友だ」という原理を知らない）、また諸性向の論理によって、行為者が抽象的には解決できない機会への期待の問題を想定する状況に現実に対応できるようになるということを、無視してしまうリスクがある（cf. P. Bourdieu, *Le Sens pratique*, Paris, Editions de Minuit, 1980.『実践感覚』1・2、今村仁司他訳、みすず書房、一九八八年、一九九〇年）。

（11）M. Granovetter, « Economic action and social structure, the problem of embeddedness », *American Journal of Sociology*, 91（3）,

November 1985, p. 481-510.

（12）A. Strauss, *Continual Permutations of Action*, New York, Aldine de Gruyter, 1993.

（13）Cf. M. Granovetter, « Economic institution as social constructions : A framework for analysis », *Acta Sociologica*, 1992, 35, p. 3-11. この論文のうちには「個人主義」か「全体論」かという二者択一の変形された姿が見られる。これは経済学（および社会学）の正統派のなかでは、Dennis Wrong（« The oversocialized conception of man in modern sociology », *American Sociological Review*, 26, 1961, p. 183-196）の言葉を借りれば、過小社会化的見地――これは正統派経済学におなじみのもの――と過剰社会化的見地との対立という形で流行した。過剰社会化的見地が想定するのは、行為者は「他人の意見に大変敏感（sensitive）なので、一般に認められた行動規準に自動的に従う」ということであり、あるいは、行為者は規準や制約をきわめて深く内面化しているので、もはや現実の諸関係には影響されないということである（こうして時々、ハビトゥスの概念がまったく誤解される）。ここから結局、過剰（over）と過小（under）は、社会諸関係の具体的な進行中のシステムや社会的ネットワークの「影響」に対して閉ざされたモナドとして行為者を見る点で、同じことになってしまうと結論することが許されよう。

（14）J. Tirole, *op. cit.*, p. 2-3. 著者はコストや利潤に関してもっと深い描写をしている。このコストや利潤は、経済科学の市場――これによって「ハーバード的伝統」と彼が擁護する新しい「産業組織論」との将来比較が可能となった――における各種の生産物カテゴリー（理論的およびとくに経験的な）と関連している。彼は言う。「一九七〇年代までは、経済理論家は（少数の例外はあるが）ほとんど産業組織論を無視してきたのであり、それは、競争的一般均衡分析の理論が行ったようなやり方で、エレガントで一般的な分析の役に立つものではなかった。しかしその後、かなりの数の一流理論家たちが産業組織論に興味をいだくようになった」。

（15）E. S. Mason, « Price and production policies of large-scale enterprise », *The American Economic Review*, XXIX, I, supplement, March 1939, p. 61-74（notamment p. 64）.

（16）*Ibid.*, p.68.（強調は私のものであって、構造および構造論的制約の言語と、意識および意図的選択の言語との間の揺れに注意するためである。）

（17）マックス・ウェーバーはこう言っている。商品交換は、あらゆる行動形態のうちで最も道具的で最も計算的なものを代表しているという点で、きわめて例外的なものであり、この「合理的行動の原型」は「およそ友愛的倫理の制度に対する嫌悪」をなす、と。（M. Weber, *Economie et Société*, Paris, Plon, 1971, p. 633.）

（18）P. Kotler, *Marketing Management : Analysis, Planning, Inplementation, and Control*, Englewood Cliffs, Prentice Hall, 1988 (1967), p. 239.〔『マーケティング・マネジメント』小坂恕他訳、プレジデント社、一九八三年〕

（19）A. D. Chandler, *La Main visible des managers*（trad. F. Langer）, Paris, Economica, 1988, p. 70-72.〔『経営者の時代』鳥羽

欽一郎／小林袈裟治訳、東洋経済新報社、一九七九年〕

（20）危機とともにヒエラルキーが不断に転変し、また吸収合併によって小企業が大企業を買収できる——あるいは大企業と競争できる——ようになったという事実のゆえに、こうした見方は数年来しばしば異議を申し立てられているが、にもかかわらず世界の二〇〇大企業がしっかりと安定していることが観察されている。

（21）A. D. Chandler, *Scale and Scope : The Dynamics of Industrial Capitalism*, Cambridge, Harvard University Press, 1990, p. 598-599.〔『スケール・アンド・スコープ』安部悦生他訳、有斐閣、一九九六年〕

（22）Cf. J. Campbell, L. Lindberg, « Property rights and the organization of economic action by the State », *American Sociological Review*, 55, 1990, p. 634-647.

（23）Neil Fligstein が明らかにしたところによると、企業が国家と織り上げる諸関係の状態を長期にわたって精査することなしには、企業統治の変化を理解することはできないのであり、自由主義理論に最も有利な場合これはアメリカであって、そこでは国家は、産業や市場を構造化するに際して決定的な行為者でありつづけている（cf. N. Fligstein, *The Transformation of Corporate Control*, Cambridge, Harvard University Press, 1990）。中央での調整が決定的に重要だということのその他の証拠としては、ブリュッセル〔EU本部〕の各種決定機関の周辺で行われる欧州諸企業の組織的ロビー活動がある。

（24）住宅経済のケースでは国家の役割は明白であるが、その国家は、需要供給の唯一の調整メカニズムでは全然ない。名馬を売るための相互面識のネットワーク（P. Bourgeois, *Searching for respect : Selling crack in El Barrio*, Cambridge University Press, 1996）、競売の常連たちがつくる「共同体」（C. Smith, *Auctions*, Berkely, University of California Press, 1990）、ボクシング経済における対戦斡旋業者《マッチメーカー》のように需給関係の設定をはっきりと課題にした行為者たち（L. Wacquant, « A Flesh Peddler at Work : Power, Pain, and Profit in the Prizefighting Economy », *Theory and Society*, 27 (1), February 1998, p. 1-42）といったように、その他の諸制度もまた市場の創造的調整のうちに介入してくる。

（25）フランスの大経営者の場合、企業空間と企業幹部空間——これはかれらの資本の分量と構造によって特徴づけられる——の間の狭い相同関係が立証された（P. Bourdieu, *La Noblesse d'Etat. Grandes écoles et esprit de corps*, *op. cit.*, p. 428-481）。

（26）Cf. N. Fligstein, *The Transformation of Corporate Control, op. cit.* 本書は、生産、マーケティング、そして財務といった諸部門の幹部たちの支配下で、いかにして企業統治が成功裏になされるかを描いている。以下も参照。N. Fligstein and L. Markowitz, « The finance conception of the corporation and the causes of the reorganization of large American corporations, 1979-1988 », in W. J. Wilson (ed.), *Sociology and Social Policy* (Beverly Hills, Sage, 1993) ; N. Fligstein and K. Dauber, « Structural change in corporate organization », *Annual Review of Sociology*, 15, (1989, p. 73-96) ; « The intraorganizational power struggle : The rise of finance presidents in large corporations », *American Sociological Review*, 52, (1987, p. 44-58).

（27）H. White, « Where do markets come from ? », *American Journal of Sociology*, 87 (3), 1981, p. 517-547, とくに p. 518.
（28）M. Weber, *op. cit.*, p. 636.
（29）H. White, *op. cit.* とくに p. 518.
（30）*Ibid.*, とくに p. 543.
（31）P. Bourdieu, *Méditations pascaliennes, op. cit.*
（32）G. S. Becker, *A Treatise on the Family*, Cambridge, Harvard University Press, 1981, p. ix ; *The Economic Approach to Human Behavior*, Chicago, The University of Chicago Press, 1976.
（33）V. Pareto, *Manuel d'économie politique*, Genève, Droz, 1964, p. 41.
（34）Cf. J.-C. Passeron, « Pareto : l'économie dans la sociologie », in *Le Centenaire du Cours d'économie politique*, Turin, Fondazione Luigi Einaudi, Atti Paretiani, Olschki (ed.), 1999.
（35）T. Veblen, « Why is economics not an evolutionary science ? », *The Quarterly Journal of Economics*, July 1898, p. 390.
（36）J. S. Duesenberry, *Income, Saving and the Theory of Consumer Behavior*, Cambridge, Harvard University Press, 1949.〔『所得・貯蓄・消費者行為の理論』大熊一郎訳、巌松堂出版、一九六四年〕
（37）S. Mintz, *Sweetness and Power. The Sugar in Modern History*, New York, Viking Penguin, 1985.〔『甘さと権力』川北稔／和田光弘訳、平凡社、一九八八年〕
（38）P. Bourdieu, *La Distinction. Critique sociale du jugement, op. cit.*〔前掲『ディスタンクシオン』〕および L. Levine, *High Brow / Low Brow. The Emergence of Cultural Hierarchy in America*, Cambridge, Harvard University Press, 1988. 住宅の購買・賃借にあたっての選好を経済的社会的に決定する諸要因を分析する場合に見られるように、選好の脱歴史的定義を拒絶したからといって、好み《グー》を純然たる社会的恣意に委ねてしまうといった相対論——これはおよそ合理的認識を妨げる——に陥るとはかぎらない（ゲーリー・ベッカーが引き合いに出した古い寸言——de gustibus non est disputandum〔好みについては議論すべきでない、蓼食う虫も好き好き〕——から、これを信じることができる）。むしろ逆に、さまざまな領域における慣習行動の好みと、教育の経済的社会的諸条件——経済資本や文化資本の分配構造における行為者の現在および過去の位置（軌跡）（あるいは、そう言った方がよければ、行為者の資本の分量と構造に関しての、当該時点での状態や時系列的な推移）——との間に、ある必然的な統計的関係が経験的に樹立されると考えた方がよい。
（39）Cf. A. Tversky, D. Kahneman, *loc. cit.*
（40）とりわけハーバート・サイモンを代表者とする行動主義の伝統があり、その成果に依拠することができるが、その行動哲学は受容できない。彼が強調したのは、不確実性や無能力が意思決定過程に大きな影響を及ぼしているということ、また人間の頭脳の能力は限定されているということであった。サイモンは最大化という包括的仮説を拒否するが、限定合理性bounded rationalityという概念は残す。つまり行為者は、最大化という包括的意思決定に到達するために必要な全情報を収集することも処理することもできない可能性があるが、しかし限定された可能性の総体という限界のなかでは合理的選択を行うことができるというわけだ。企業や消費者は最大化などしていない。しかしかれらは、最大限を達成するために必要な全情報の収集・処理が不可能であるので、受容可能な（言うところの満足できる satisficing）最低限を達成しようとしている、と（H. Simon, *Reason in Human Affairs*, Stanford, Stanford University Press, 1984.）。

（41）Cf. P. Bourdieu, *Algérie 60, op. cit.*〔前掲『資本主義のハビトゥス』〕

（42）Cf. A. P. Kirman, « L'hypothèse de l'individu “ représentatif ” : une analyse critique », *Problèmes économiques*, 2325, 13 mai 1993, p. 5-14.

（43）このアンケート調査は Pierre Delsaut に手伝ってもらった。

後　記——国民的な界から国際的な界へ

経済の界はまずは国民国家の枠組みのなかで形成され、いわば国民国家と固く結びついている。実際、国家はさまざまなやり方で経済空間（それに加えてもちろん文化・象徴空間）の統一に寄与し、こうした統一が、ひるがえって今度は国家の出現に寄与する。カール・ポランニーが『大転換』〔邦訳、東洋経済新報社〕で論じたように、国民的諸市場が出現するのは交換の漸次的拡大の機械的帰結などではなく、内外商業の振興を狙った意識的に重商主義的な国家政策の結果なのである。すなわち、経済発展は国家権力の最良の支柱になるということを知って、国家は土地、貨幣、労働の商品化を促進したのである。だが、統一や統合は集中や独占の過程をともなうと同時にまた所有剥奪の過程をともない、事実、国家やそれが支配する領土への統合はそうした支配の条件をなした。

統一の過程が曖昧なものだということは、文化・言語秩序のうちにはっきりと見られる。文化的・言語的な統一は一つの言語、一つの文化の形成をともなうのであり、そこでは特定の言語・文化が正統性をもち、中心的な規準《ノルム》として打ちたてられ、そのことによって「脱ローカル化」「脱地方色化」「普遍化」されると同時に、差異化《ディスタンクシオン》〔卓越化〕の利益を獲得しうる言語的・文化的資本になっていく。ウェーバーのいう「合理化」過程が裏側ではマルクスのいう「集中化」「独占化」をともなっているのと同じように、ノルベルト・エリアス〔邦訳『文明化の過程』『ドイツ人論——文明化と暴力』など、いずれも法政大学出版局〕が明らかにした「文明化過程」は、正統とされる生活スタイルの集中化や独占化と並行して進む。その対極では、さまざまな生の技法が価値を失い、野蛮ないし下品なものとされ、それと同じく各種の被支配的な言語も、隠語や方言といった貶められた地位に追いやられる。[1]

通貨が統一され、貨幣的交換が一般化し、こうして農村の小生産者はますます完全に自給自足経済から引き離されていく。とりわけこうしたことを通して経済の界の統一がなされていくが、これによってすべての社会的行為者は、経済ゲームのうちに客観的に投げ出される。ところが、行為者たちはこうした経済ゲームに対してつねに備えがあるとはかぎらず、より効率的な生産力や生産方式からの競争によって押しつけられた客観的規準に服させられる。統一によって、封建領地は少しずつ州《プロヴァンス》へと転換し、人格を基礎とした直接的権力は管轄区域《テリトリー》を基礎とした間接的権力へと転換していくが、それにともなって画一化と規格化——これは度量衡の標準化や貨幣標章発行の独占に典型的に示される——が進み、これと関連してまた、地理的空間におけるローカル化と結びついた地方色が消滅していく。「脱地方色化」や「脱ローカル化〔海外移転〕」は、当該の社会諸過程の総体を高度に普遍化していくのに役立つメカニズムの一つであるが、それは各地の独自性と結びついた（言語的・文化的であり、また経済的でもあるような）地方色から、この諸過程を引き離すことによってである。他方、統一は支配者に利益をもたらし、関係づけるという事実のみによって、そうした差異は資本となる。というわけで比較的最近の歴史に例をとれば、一九三〇年代、ルーズベルト大統領は、国民的統合の破壊的影響を中和するため、また賃金の螺旋的低下や労働条件の悪化——これらは不均等に発展した諸地域を一個同一の国民的市場に統合した結果として生じた——を防止するため、（最低賃金制や労働時間制限などの措置をともなった）労働に関する共通の社会的ルールを確立せねばならなかった。

　こうして統一と集中の過程は、国境や各種障壁のうちに、とりわけ法的障壁のうちに、財や人間の自由な流通に対する限界を見いだした（関税、為替管理、等々）。また、財（経済的財や文化的財さえも）の生産や、とくにその流通が、相変わらず地理的な場所に強く結びついているという事実のうちにも限界を見いだしたが、それというのも、この場所の効果は（財および労働力の）輸送費用のうちにあらためて表現されるからである。こうして自由化、規制緩和、そして新しい通信技術の発展といった諸要因が全体的に結びついて、とりわけ金融の領域においては、世界経済の界の形成が促進されたであろうということが分かる。資本を投下し、またとりわけ――ありうることだが――資本を引き揚げる能力が大きくなると、つまり投資したり投資撤退したりする能力が大きくなると、資本移動が促進され、（製造業であれ銀行業であれ）経済的な企業の海外移転〔脱ローカル化〕が広がる。そうした企業は海外直接投資のうちに、国民間や地域間の資本報酬の差を利用する方策を見いだす（税金天国は国民や地域がもつ限界を表わしている）。いちばん安い労働力が求められ、またいちばん有利な市場が狙われるのであるが（このことは時には、ライバルの陣地そのもので競争しようとし、侵入企業の発祥地に侵入しようとする意思と結びついていることがある）、それによって海外に移転しようという決意が強くなる（この決意はまた、決められた部門や地域への投資にこだわるのをやめようとする新しい性向が、経営幹部たちのうちに出現することによって助長される）。こうして国際投資は、結果的に、産業的障壁やそれによって守られていた各国の寡占を打ち壊す。形成期の諸国民にあって独立した封建諸領地が中央権力に従属する諸州に転換されたように、「ネットワーク企業」が国内市場においても国際市場においても見いだしたものは、オリヴァー・ウィリアムソン〔邦訳『市場と企業組織』日本評論社、など〕が言うように、取引を「内部化」する手段であり、つまりは、吸収された――それゆえ「親会社」のもとの「子会社」といった地位に追いやられた――諸企業を統合する生産単位の内部で取引を組織する手段である。その一方、下請制度は相対的独立のなかに従属関係をつくりだすもう一つのやり方だと言う者もいる。こういうわけで、資本はつねによりいっそう自らを海外移転〔脱ローカル化〕しようとするが、しかし他方、労働は狭くローカルなものにとどまるのである（しかも移民労働のように、労働が故郷を失う形の脱ローカル化に由来する場合は、ほとんど二重の意味でそうである）。

こうして世界経済の界は、各種の世界的な下位《スー・シャン》の界の総体として示される。各々の下位の界は一個の「産業」に照応し、これは同一種類の製品を生産し販売するために競争しあっている諸企業の総体として理解される。各々の下位の界でさまざまな企業は敵対しあい、価格に示される非人格的諸力に反応するのでなく、直接にライバル企業に対して反応し、このライバル企業とは競争と協調の関係によって団結したり対立したりしているのである。こうした界の構造はほとんどつねに寡占的なものだが、それは世界レベルで実効ある競争者の地位を獲得し維持しうるさまざまな企業の間での、資本(さまざまな種類の資本)の分配構造に対応している。一国でのある企業の位置は他の諸国でのその位置に依存し、逆もまた然りである。世界という界は強力に分極化している。すなわち、支配的な国民諸経済は、もっぱら構造内におけるその重み(これは参入障壁として機能する)によって、さまざまな企業の資産を集中し、それら諸企業が生みだす利潤を専有し、さらにまた界が機能する方向を決めるようになる。国民的および国際的な界の構造における各企業の位置は、その企業固有の利点と、その企業の出身国にかかわる経済的・政治的・文化的・言語的な利点とが組み合わさったものに依存している。この種の「国民資本」capital national が、各種企業の構造的競争力のうえに、プラスであれマイナスであれ、乗数効果を及ぼすのである。

だが、これまで言及してきた過程はどれも、世界金融という界のなかでしか十分に発展しなかった。世界金融の界は、この二世紀近くにわたって形成され、一九三〇年代における銀行破産の大連鎖の後に一段と強化されたすべての規制から突然に解放されて、ほぼ完全な自律と統合へと到達した。金融の界は他の場と同様、資本の価値増殖の場となったので、巨大な機関投資家——年金基金、保険会社、ミューチャル・ファンドと呼ばれる投資基金——に集中した貨幣は自律した力を獲得し、銀行家のみがこれをコントロールしえたのだが、その銀行家は生産的投資を犠牲にして、ますます投機、貨幣を産む貨幣、金融目的以外の目的をもたない金融操作を特権化するようになる。このようにして国際的投機経済は国民的諸制度から自由なものとなるが、かつて国民的諸制度は、中央銀行のようにとりわけ利子率にかかわって金融操作を規制していた。だがこれ以降、長期利子率はもっぱら少数の国際相場師によって決められるようになり、かれらが金融市場の動きを支配するようになる。

集合的貯蓄を制度的に運営することは、国家の慎重な介入によって可能となっていたが（フランスの場合、一九八五―八六年の金融規制緩和法）、奇妙なことにそれは国家の手を逃れるようになった。国家の経済政策は再度、そしておそらく最後であろうが、国家からその経済政策面での権力を奪うような市場を生みだしたのである。年金基金やミューチャル・ファンドは集合的貯蓄を集め運用するわけだが、ここに金融資本が集中することによって、この貯蓄の超国家的な管理者たちは、株主の利益の名のもとに、金融収益性の要求を企業に押しつけうるようになる。この要求のせいで、とくに企業の多様化の可能性が制限されたり、ダウンサイジング、経費削減、吸収合併を行うよう強制されたりしながら、企業戦略は少しずつ方向を決められていく。こうしたことがなされると、賃金労働者のうえに全リスクの重圧がかかってくる（賃金労働者は表面的には――少なくとも最上層の賃金労働者にとってはしばしば――株式での報酬を通して、これと無関係だとはいえない）。こうした状態のもとで、国家や政治的責任者は往時の（とりわけインフレと失業の間の）調整や裁定の可能性を剥奪されているのだが、そのかれらに残されたのは、ひとえに株式市場の変動を監視することのみとなる。

「グローバリゼーション」mondialisation というのは記述的にして命令的な偽概念であるが、そのグローバリゼーションの名のもと今日熱狂的に進められている政策なるものは、世界的な経済および金融の界の統一過程を表わしており、これまで分裂していた各国ごとの経済的宇宙の完全なる統合を表わしている。それは不可避の運命であり、誰もが服すべき自然の移り行きのようなものであると同時に、民主主義と市場の結びつきの名のもと、あらゆる国の人民に経済的かつ政治的な解放を約束するといった、普遍的解放の政治的プロジェクトのようなものとして提示されている。株主民主主義、すなわち、株式で報酬を受けることによって「自分の企業の所有者」になった賃金労働者による民主主義は、新自由主義的《ネオ・リベラル》ユートピアによれば、完全無欠に成功した資本と労働の連合ではないのか。こうして、新しい経済的宗教の熱烈な預言者たちが、アメリカを「実現された社会主義」の新しい祖国だとのたまうことになる。（国内市場のための国内生産を発展させようとする、もっと国民的かつ国民主義的な方向とはちがって）自由貿易、資本の自由移動、輸出指向型成長によって世界経済の界を統合していくことが、被支配諸国にとっては運命であり理想であるのだと提案されている。こうした統合には実際、かつての国民経済の界への統合と同じような曖昧さがある。無限の普遍主義といった外観を示しながら、この統合は、支配者すなわち大投資家に奉仕する。かれらは諸国家の上に位置しつつ、自らの経済活動の遂行に有利な諸条件を確保するため、巨大諸国家――なかでもとりわけ政治的・軍事的に最強のアメリカ国家――を当てにすることができる。[2]

実際、世界経済の界の統合によって、地域的および国民的なあらゆる権力が弱体化していく。また、この統合に備わる形式的なコスモポリタニズムによって、他のあらゆる発展モデル――なかでも各国ごとの発展モデル――が国民主義的だとしてあっさり拒絶されて価値を失い、経済および金融の超国籍的な諸力を前にして、市民たちは無防備のうちにとり残される。ＩＭＦ〔国際通貨基金〕のような国際機関が南の債務諸国経済に課すいわゆる「構造調整」政策が意図しているのは、被支配経済を従属的に統合することの保証である。これは経済の政策的調整といった、社会国家と結びついたおよそ「人為的」かつ「裁量的」なメカニズムがもつ役割を削減し破壊することによってなされる。こうしたメカニズムは、超国籍企業や国際金融機関に対立しうる唯一の組織なのである。とにかく、そうしたメカニズムの役割を解体することはいわゆる自由市場の利益となるが、それは、（競争に曝されると企業はいっそう効率的になるといったダーウィン的公準の名のもとに）国内市場のあらゆる保護を廃止し外国投資に課された制限をゆるめるといったように、規制緩和や民営化といった一連の集中的な措置によってなされていく。そうなるとこの統合によって、集中した資本はほとんど全面的な自由が保証され、多かれ少なかれ直接にこうした政策を吹聴する多国籍大企業には活躍の一大舞台が開かれる（逆にこの統合は、いわゆる「新興」の――つまり有効な競争を対置しうる——諸国民の以下のような企てを帳消しにしてしまう。その企てとは、経済的インフラを建設し国内市場を創設するため、国民国家を当てにしようというものであり、その際、自国製品を保護し、労働者や農民が購買力の上昇によって消費にアクセスしうるような実質的需要の出現を奨励しようとするものである。こうした購買力の上昇そのものは、たとえば、農業改革や累進課税制度といった国家の意思決定によって、促進される)。

こうした「構造調整」政策はある力関係を露骨に表現しており、この力関係によって、いちばん貧しい諸国民はますます、ほとんどもっぱら自然資源の粗放的・集約的採掘に立脚する経済へと追いやられる。そしてこの力関係はまた、資本の分配構造のうちで各国が占める位置に応じて、世界機関がさまざまな国民に授ける非対称な扱いのうちにも示されている。そのいちばんの典型例は、おそらく、持続的な赤字を削減せよというIMFのアメリカへの要求が長らく効果がないまま放置されたのに対して、この同じ機関が、すでに大危機に瀕している多数のアフリカ経済に対して赤字の削減を強制した結果、ただただ失業と貧困が増大するばかりであったことである。加えて周知のとおり、全世界に国境の開放や国家の撤退を説教する同じ国家が、大なり小なり巧妙なやり方で保護主義を実行することもある。そうした保護主義は、たとえば輸入割当制限、輸出自主規制、平価切上げの強制などを通して行われ、その際、社会的権利を広く尊重するためのいくつかの高邁な奨励策などについては語られることがない。さらにまた、たとえば「混合的寡占」と呼ばれたものを通して、そうした保護主義のためにさまざまな形態の国家援助がなされることもある。混合的寡占は、輸出自主規制の協定や外国子会社への生産割当てによって、市場の分割を保証しようとする国家の介入に立脚している。

以上みたような統一は、その昔ヨーロッパで国民国家規模においてなされた統一とはちがって、国家なしになされている。この点で、すべての諸国間における平等な交換が保証されるような、中立的な準備通貨を発行する世界中央銀行を実現しようとしたケインズの願いに反している。また、この統一は支配者の利益にのみ役立っており、この支配者は、欧州国家出身の法律家とちがって、自分たちの利益に合致した政策に普遍性の外観という覆いをかぶせる必要を何ら感じていない。支配者の利益に有利な力関係を強制するのは、まさに界のロジックであり、集中した資本の固有の力である。支配者は、この力関係を普遍的な外観をもつゲームのルールに転換する諸手段を手にしている。この転換は、自分たちの支配下にある国際的な大組織（IMF、WTO〔世界貿易機関〕）による偽りの中立的介入を通してなされたり、あるいはまた、かれらが奨励したり強制したりしうる経済や政策の表象――その最も完成された定式化は〔失敗に終わった〕MAI（多国間投資協定）プロジェクトのうちにあった――の見せかけのもとでなされたりする。あらゆる国家的制約を取り払われ、ひとえに投資家の自由裁量にゆだねられた世界という、この種のユートピアによって、真に「グローバル化」された世界という理念が生まれる。この理念は、帝国国家――それは内外秩序を維持する仕事に限定されている――の政治的・外交的・軍事的な権力に支えられながら、各国の産業的・金融的多国籍企業の経営幹部や管理職たちによる保守派インターナショナルによって押しつけられる[3]。それゆえ、統一は自らのロジックのみによって、真正の普遍化――普遍国家がこれを引き受ける――に至りつくだろうと考えても無駄である。だがしかし、次のように期待しても、おそらくそれほど道理をはずれたことではなかろう。自分たちの短期の経済的利益しか眼中にない小寡頭制による政治の結果、支配的な経済諸力をコントロールし、これら諸力を真に普遍的な目的に従属させる役目を負った超国籍的な諸組織を少しずつ創設していけるような――それ自身がまた世界的であるような――政治的諸力が、次第に登場しやすくなるであろう、と。

注

（1）こうした分析からその抽象性の外観を取り除くためには、財市場および象徴的交換の統一――これは集中的かつ長期的な国家的行動の総体によって促進された――が、ベアルンやブルターニュのような辺鄙な諸州の結婚市場に及ぼした効果（たとえば独身男性）に関する記述を、とりわけ学校制度が直接間接に及ぼした効果に関する記述を、ここで想起すれば十分であろう（cf. P. Bourdieu, « Reproduction interdite. La dimension symbolique de la domination économique », *Etudes rurales*, 113-114, janvier-juin 1989, p. 15-36).

（2）もちろんアメリカは、政治的経済的理想の実現された姿であり、それは本質的に、それ固有の経済的社会的モデル——その特徴はとくに国家の弱さにある——の普遍化の産物である。形成途上にある世界という界でアメリカがもつ決定的な重みは、アメリカには比類なき競争優位の一全体が蓄積されているという事実に由来する。最初にまず金融的優位がある。これはドルの例外的な位置とともにあり、それによってアメリカの貿易赤字を賄い、超低率の貯蓄率や投資率を埋め合わせるに必要な資本を吸い寄せることができるのであり、自分たちの好きなように通貨政策を実施することができるのであり、その際、アメリカの経済的意思決定に客観的につながれた他国——とりわけ最貧国——への影響など眼中にないのである。経済的優位についていえば、資本財・投資財部門——なかでも産業用のマイクロ・エレクトロニクス——が競争力をもっており、また、イノベーションへの民間融資において銀行が役割を果たしている。政治的・軍事的には、経済および貿易の規準を強制することができるという外交上の影響力がある。文化的・言語的には、公的・私的な科学研究システムが例外的に高い質を保っており（これはノーベル賞の数で測りうる）、弁護士や大法律会社が力をもち、最後に、英語が実際に普遍化し、遠距離通信やあらゆる商業文化作品を支配している。象徴的には、世界についての表象を生産し普及させており、そこには近代性のイメージがつきまとっている。

（3）Cf. F. Chesnais, *La Mondialisation du capital*, Paris, Syros, 1994 ; M. Freitag et E. Pineault (sous la dir. de), *Le Monde enchaîné*, Montréal, Editions Nota Bene, 1999.

資料・図表目次

表1　家長の職業別カテゴリーからみた一戸建て住宅
またはアパルトマンの所有率・賃借率（1984年）……………… 46

表2　一戸建て住宅の建て方（新規の住宅取得者）……………………… 51

表3　住宅の「初代所有者」（1984年）…………………………………… 56

表4　一戸建て住宅またはアパルトマンの取得方法　…………………… 58

表5〜7　一戸建て住宅とアパルトマンの所有者・賃借人

職業カテゴリー別分布　……………………………………… 114

教育免状別分布　…………………………………………… 115

所得別分布　……………………………………………… 115

図1　一戸建て住宅メーカーの界　………………………………………… 69

図2　メゾン・デギュ、広告リーフレット　……………………………… 85

図3　メゾン・ウーオ、広告リーフレット　……………………………… 86

図4　メゾン・ド・ラヴニール、広告パンフレット　…………………… 88

図5　一戸建て住宅見本市　………………………………………………… 116

図6〜9　1975年の住宅融資分野における有効行為者の界　……… 145-148

写真1〜5　確立するブランド（メゾン・ブイグ）…………………… 74-75

写真6　セルジェコ、折りたたみ広告　…………………………………… 90

写真7　メゾン・スプリント、折りたたみ広告　………………………… 90

写真8　セルジェコ、カタログ　…………………………………………… 90

訳者あとがき

本書は Pierre Bourdieu, *Les structures sociales de l'économie*, Éditions du Seuil, 2000 の全訳である。

ブルデュー（一九三〇―二〇〇二年）については、すでに『ディスタンクシオン』（石井洋二郎訳、藤原書店）や『実践感覚』（今村仁司他訳、みすず書房）をはじめ、多数の著作が邦訳刊行されているだけでなく、石井洋二郎『差異と欲望』や加藤晴久編『ピエール・ブルデュー 1930-2002』（ともに藤原書店）など、適切な紹介書も相ついでいる。それゆえここでは、ブルデューの経歴や仕事の全体像について詳細に立ち入る必要はなかろう。要するに、農民・労働者から政治的・経済的エリートまで、趣味・婚姻から教育・芸術などに至るまで、まことに多彩な領域にわたって、「ハビトゥス」「界」「象徴資本」といった独自の概念を駆使しつつ批判的分析を展開してきたブルデュー社会学は、二〇世紀社会科学の金字塔をなし、今日の世界に燦然と輝いている。

本書はそのブルデューの晩年を代表する作品である。晩年のブルデューは、グローバリゼーションの進行する世界にあって、ことのほか政治的コミットメントを強め、新自由主義《ネオリベラリズム》による世界再編に警鐘を鳴らしてきた。本書はその新自由主義の「科学的」根拠をなし、また広く今日の経済学的イデオロギーの中心に位置する新古典派経済学を、その背後仮説に遡って批判しようとするものである。しかもその批判をたんに抽象的批判に終わらせずに、「住宅市場」の構造分析を通じて果たそうとする。

言うまでもなく「住宅」は、われわれにとってごく身近な、そしていろいろな意味で重きをなす消費財（にして投資財）である。他の商品とちがってきわめて高価であり、その購入は個人ないし家族の「夢」の実現であると同時に、人びとの将来を「質」に入れる行為をともなう。住宅はたんに居住性や立地的利便性を満足させるだけでなく、所有者の趣味嗜好や社会的承認欲望を満たす象徴財としてあり、さらには譲渡可能な資産としての意味をもつべき財である。そうであればこそ、欠陥商品やローン負担の現実を前にして悲劇や犯罪も後を絶たない。各国経済全体のなかでみても、住宅産業ならびに関連産業は大きな比重を占めており、住宅はマクロ経済上でも重要な商品である。したがって、経済学が取り組むべき主要な課題の一つが「市場」であるとするならば、経済学は「住宅市場」の分析を欠かすことはできない。

そこから本書の意図について、ブルデューは言う。私は、「経済学に与えられた典型的対象ともいえる一戸建住宅の生産と商品化の問題についてあえて取り組むことにした。これにより、多くの経済学者たちが実質的に足を踏み入れている人類学的解釈に関する諸問題もまた浮かび上がらせることができよう」（本書I部冒頭）。つまり、住宅（一戸建て住宅）という枢要な商品を題材とし、住宅市場の分析を行うことを通して、「経済学者たち」の議論の背後にある特定の「人類学的解釈」について、その問題点を明らかにしようというのが、本書の趣旨である。いわば住宅市場の経済人類学的分析を果たすことによって、逆に「経済学者たち」が前提としている「人類学的解釈」――要するに人間観・社会観・市場観・経済観――の狭量性と誤謬を「浮かび上がらせ」ようとする。それゆえ本書は、冒頭の「序説」と巻末の「後記」に挟まれて、本論として「I部　住宅市場」と「II部　経済人類学の諸原理」が配置されることになる。

そもそも「住宅市場」はいかにして形成されたか。住宅売買の市場が形成される大前提として、賃借から持ち家へと人びとの住宅志向を転換させる作業が不可欠である。その政策面での例として、日本では財形など税制上の優遇措置や持ち家融資制度が想起されようが、これらは主として戦後高度成長期以降に採られた施策である。フランスの場合はどうであったか。一戸建て住宅という商品について、需要と供給をともども創出するという作業はいつ、いかに行われたのか。これを含む住宅市場の形成と構造と行動原理についてブルデューは、「I部　住宅市場」で住宅メーカー、国家（官僚）、地方自治体、銀行、販売員、顧客など、住宅市場を担う各種の行為者とその「界」の分析を通して、具体的・実証的に語りだす。各種住宅メーカーの戦略、国家官僚の間での主導権争い、公務員による裁量とそれによる取引、売り手と買い手のやり取りと攻防、小市民階級の夢と困窮……。

そこに見られるものは、「束縛なき競争にゆだねられた市場」における自由な計算主体による「合理的選択」などではない。住宅供給の構築においては国家や金融機関が、住宅需要の構築においてはこれまた国家や企業広告などが、それぞれ決定的な役割を果たしているのであり、こうして住宅市場なるものがあくまでも「社会的構築の産物」であることが語りだされる。敷衍すれば、一般に「市場」とか「経済」とか呼ばれているものは、決して「自然」の産物でもなければ「自由平等」の場でもなく、「社会」的に構成され構造化されているのであり、また「闘争」と「権力」の空間でもあるということである。

こうして「II部　経済人類学の諸原理」に至ると、実証から理論へと重心が移されて、ブルデューによる経済の人類学的分析が展開される。「構造」「界」「ハビトゥス」といった概念を駆使し、また再展開しつつ、経済の世界がその構造と行動原理の双方において明らかにされる。それは同時に、社会や構造を忘れた新古典派経済学への根底的批判をなし、つまりはブルデューによる現代版「経済学批判」をなす。

本書の原題は「経済の社会的構造」と訳せようが、これに絡めてブルデューの眼目を要約すれば、「経済の『経済』的構造」ないし「経済の『市場』的構造」などではなく、まさに「経済の『社会』的構造」こそが問われねばならない、ということであろう。経済は「市場」に還元されないし、ましてその市場や経済の領域は排他的に自立しているのでなく、すぐれて「社会」的に構築され構造化されているのだというメッセージである。

翻訳は、前半の「序説」から「I部1章」までを渡辺が、後半の「I部2章」以下を山田が担当した。訳者たちは、ブルデュー独特の晦渋かつ長文のセンテンスに随分と悩まされ、訳業に予想外の時間を要してしまった。この間、井川浩・マジョリゼ夫妻（翻訳家）、セバスチャン・ルシュバリエ（パリ社会科学高等研究院）、ジャン＝クロード・マスワナ（京都大学）のみなさんには、多大なるご協力とご教示を仰いだ。記して感謝したい。

藤原書店編集部の郷間雅俊氏には、原稿を大変丁寧にチェックしていただき、訳文についてもきわめて適切な助言をいただき、さらには索引作成にご協力いただいた。藤原良雄社長から本書邦訳のお話をいただいて以来ずいぶんと年月が経ってしまったが、ようやくここに出版の運びとなった。ともに心からお礼申しあげたい。

二〇〇六年一月二〇日

山田鋭夫
渡辺純子

用語解説

《ブルデュー特有の用語・概念》

これに関しては、『ディスタンクシオン』(石井洋二郎訳、藤原書店) における解説を適宜利用させていただいた。

実践 pratique

人が日常生活のあらゆる領域において普段行っているさまざまな行動。政治・宗教活動のような意識的実践から食事、会話、趣味、スポーツ、さらにはちょっとした立居振舞いまで、およそ日頃習慣的に行われていることのほとんどすべてを包括する広範な概念。本書は「実践」という訳語を多用したが、場合によっては「慣習行動」とも訳した。

行為者 agent

実践・慣習行動の主体として社会的にとらえられた個人。本書で多用される「経済的行為者」は、経済的行為を行う場面でのそうした個人を指す。その他、本書では「有効行為者」「代表的行為者」という用例もある。

性向 disposition

各行為者の行動や知覚を規定する潜在的方向づけ。ただし全面的に個人の生得的資質に帰せられるものではなく、多くの場合むしろ社会的につちかわれ獲得された傾向を指す。

ハビトゥス habitus

もろもろの性向の体系として、ある階級や集団に特有な知覚様式や行動様式を生み出す規範システム。本書によればハビトゥスとは、「社会化された主観性であり、歴史的に先験的なものであり、これを知覚し評価するシェーマ(選好体系、趣味)は集団的かつ個人的な歴史の産物」(二九一ページ)である。

界 champ

ある共通項をもった行為者の集合、およびこれに付随する諸要素(組織、価値体系、規則など)によって構成される社会的圏域(領域)。本書では「経済の界」「生産の界」「住宅メーカーの界」「界としての企業」「官僚界」「地方権力の界」といった形で多用されている。本書以外のブルデュー訳書では「場」とも「野」とも訳されることがあり、英訳書では field と訳されることが多い。

象徴資本 capital symbolique
ある種の信用として機能する力。例えばブランドのように、たんに物的貨幣的な力を超えて、社会的な認知と承認を基礎として特定の意味が付与され正統化された力。

文化資本 capital culturel
広い意味での文化に関わる有形・無形の所有物の総体。書物・絵画などのような文化的財物のほか、学校制度やさまざまな試験によって賦与された学歴や資格、さらには家庭環境や学校教育などを通して各個人のうちに蓄積され身体化された知識・教養・技能・趣味・感性などを指す。

学歴資本 capital scolaire
学校制度によって賦与されたいわゆる学歴、およびそれに付随するさまざまな個人的能力や社会的価値の総体。文化資本の一部と重なる。

経済資本 capital économique
ブルデューの「資本」概念は、一般に、行為者の力を規定する有形・無形の資産という意味で用いられており、経済学で通常使われる「資本」よりかなり広い内包がある。そのなかで「経済資本」は通例の「資本」概念に近く、主として物的・貨幣的・金融的な資産を指す。

社会関係資本 capital social
各種の集団に所属することによって獲得される人脈上の利益。家族、親族、友人、同僚、同窓生、取引相手など、面識や縁故や同類意識によって支えられた人間関係がもたらす利益。

《その他の学術用語・概念》

コレスポンデンス分析 analyse des correspondances
対応分析ともいう。行と列からなる二組のデータ集合（クロス集計など）から得た二次元分割表（行列）を散布図として点グラフ化し、各カテゴリー（要素）間の相関関係を視覚的にわかりやすく図示した統計的手法の一つ。関連の強いカテゴリーは近くに、弱いカテゴリー間は遠くにプロットされるため、各カテゴリー間の類似・近接関係や対応関係、グループ別特性などが把握できる。

ブルデューはこの手法を用いて、各行為者（個人・企業・機関など）の位置やスタンスを分析しようとした。本書では、六九ページの**図1**、一四五―一四八ページの**図6〜9**がこれにあたる。

データをよりよく説明するために、順次、第一因子、第二因子、第三因子……が抽出されるが、グラフ上で一度に取り上げられるのは二つの因子（要因）である。**図1**と**図6**、**図7**では、第一因子と第二因子がそれぞれ水平軸（軸1）と垂直軸（軸2）に、**図8**では第一因子と第三因子が、**図9**では第二因子と第三因子がそれぞれ水平軸、垂直軸に示されている。軸上に記した％は各軸が全体のうちどの程度を説明しうるか（寄与率）を示し、各要因によって説明されうる情報の度合いを知る手がかりとなる。

各軸の方向（左右、上下）に着目してみると、**図1**では住宅メーカーの雇用構造や企業形態といった要因に即して、住宅メーカーの界の構造（グループ別特性など）を知ることができる。**図6**においては、水平軸（第一因子）で左側の高級官吏から中間の銀行関係者などをへて、右側に民間諸勢力／圧力団体が置かれ、垂直軸（第二因子）で主に官僚について、上側の国立行政学院出身者（財務省関係）から下側の国立土木学校出身者（設備省関係）までが配置されている。こうして出身校と官民利害の対応関係がわかり、そこから近接した諸行為者につき、それぞれのグループ別特性が浮かび上がる。さらにこれら各軸（位置）と、住宅市場に関する「革新派」か否か（スタンス）を対応させたものが、**図8**および**図9**である。

新古典派理論 théorie néo-classique
現代の経済学において主流をなす理論体系であり、本書で「正統派経済学」とも呼ばれている。諸個人は自らの利益や効用を最大化するという「合理的」行為を営もうとするし、それが可能だという前提に立って、市場的世界を分析する理論。ブルデューは本書で、こうした考え方を批判することに最大の主眼を置き、かれらが想定する「ホモ・エコノミクス」は「一種の人類学的怪物」だとしている。ブルデューの「行為者」「性向」「ハビトゥス」「界」「構造」「権力」といった概念は、総じてこの新古典派的な「人類学的怪物」への批判をなしている。

方法論的個人主義 individualisme méthodologique
個人の行為が経済社会を構成するのであり、社会全体は個人という基本単位の総和であるという社会科学上の方法的立場。要素還元論や原子論的社会観とも言われる。現代の経済学では新古典派やオーストリア学派がこれにあたる。その反対の立場は方法論的全体論（ホーリズム）と呼ばれ、全体が個別に優先し、個別は全体に規定されて存在すると考える。これにはマルクス派や構造主義などが属する。

統合　312-7
投資　21, 23, 26, 33-4, 37, 40, 57, 62, 66, 72, 76, 89, 111-2, 118, 254, 258-9, 271, 274, 276-7, 279, 294, 302, 305, 314-5, 317, 319-20
投資の撤退(vs 投資)　217, 220
独占(国家)　129, 143, 171-2, 178, 187, 279, 312
特典　176-7, 187

な　行

二重拘束　217
ニッチ　281, 284, 288

ノモス(ないし法則, 規準)　17, 19, 22, 24, 61, 144, 155, 163, 186-7, 189, 306, 313, 320

は　行

ハビトゥス　12, 23, 41, 102, 128, 133, 159, 172, 174-5, 177, 205, 212, 216, 289, 292-9, 302, 306
　――の交響組織化／調和　102, 298
販売員／売り手　79-80, 102, 199-216, 222, 248, 277

ブイグ　65, 68, 72-3, 76-7, 81-4, 92, 96, 99-100, 118, 123, 201-2, 211, 256, 263 (→「家／住宅(一戸建て)」を見よ)
服喪(作業)　217, 220
普遍化　16, 24, 28, 160, 203, 312-3, 319-20
普遍的　15-8, 21, 24, 26, 169, 171-2, 211, 290, 293, 316, 319
部門／セクター(分野, 産業)　276-7, 279
ブルジョワ的給与生活者層　204, 254
フロンティア(界の間の)　282-3
分配／配分／分布　27, 68, 84, 129, 137, 148, 150, 153, 279, 286, 288, 308, 315, 318
　――〔の〕構造　35, 61, 137, 141, 271, 277, 281, 308, 315, 318

法規(ないし規制)　33, 128-9, 137, 158, 169, 171-81, 211
　――の曖昧性　283
法的(――規則), 法律万能主義　180, 210, 255 (→「契約」を見よ)
「方法論的個人主義」　275, 290, 292, 299
暴力(象徴的)　129, 212, 253
ホモ・エコノミクス(――の神話)　20, 289 (→「経済／経済学」を見よ)

ま　行

マネジメント　97, 278, 286

未来　16, 38-40, 72, 155, 217, 272, 293, 303-4
　来るべきこと(来るべきことへの期待)　297
民衆(主義)　254

名士　176-8, 186-7

モデル　17-20, 27, 66, 141, 181
　官僚的変革の――　159
　形式的(ないし経済学的, 数学的)――　14, 20, 132, 136, 157-8, 222
　歴史――　14

ら　行

ライフサイクル　45, 119, 286
　家計の――　37, 53-4

利益／利害／関心　18, 21-2, 98-9, 102, 143-4, 154, 156, 170, 172, 209, 287
　一般〔的〕――　25, 143-4, 170-2
理性的な／道理にかなった　13, 21-2, 29, 218, 297-8
履歴　297

ローカル／地方的(ないし地域的)　62, 64, 181, 214, 313-4
労働　14-15, 23, 38, 312-4

資本
学歴——　49, 98, 99, 104, 107, 285, 302, 305
官僚——　157, 302
技術——　45, 49, 95, 101, 110-1, 158, 270, 282, 286, 305
経済——　26, 45, 47-8, 50, 55, 98, 104, 107, 111, 120, 204, 216, 219, 308
社会関係——　12, 99, 154, 176-8, 271, 276, 283, 302, 304
象徴——　13, 26, 28, 101, 176-9, 270-1, 281
〔の〕構造　45, 47, 55, 68, 286, 288
——の蓄積／集中　26, 40, 110, 176, 270, 316
〔の〕量　45, 47, 52, 54, 77, 98
文化——　12, 26, 28, 45, 47-9, 55, 104, 107, 120, 179, 200, 219, 270, 286, 305, 308
社会空間　37, 44, 50, 55, 57, 102, 107, 143-4, 172, 288, 293
社会主義　34, 162, 254, 292, 317
自由主義(ないし新自由主義)　24-6, 55, 102, 126, 133, 135, 137, 144, 150-2, 160-5, 254, 262, 292, 307
住宅市場　34, 41, 60, 62-3, 70, 72-3, 76, 91-2, 99, 125, 128, 133
住宅政策　29, 33, 60, 126, 128, 130-31, 134, 137-40, 143, 160-4, 169, 185
住宅メーカー　61, 63-6, 68, 70, 72-3, 78-82, 84, 91-6, 102, 122-3, 135, 152, 154, 188, 197
主知主義　275, 289, 298, 300, 305
需要／要求　34, 41, 64, 77-8, 83, 91, 95-6, 101, 125, 273, 280, 284, 293, 299, 307, 318
小市民階級　86, 118, 253, 262
消費者　40-2, 76, 93, 129, 256, 269-70, 284, 288, 299, 309
情報　157-8, 219, 287, 301-4
職団／集団　99, 133, 145, 150, 153-7, 160, 177, 181-2
所有者(ないし所有)　34, 37-8, 40, 44-5, 47-9, 52-5, 57, 59-60, 109, 119-21, 126, 128, 140, 163-4, 203, 214, 221, 223, 231, 262, 269-70, 283, 286, 312, 316
「人的資本」(——理論)　12, 28, 270
信認／信仰　18, 21-2, 42, 169, 271
信用／融資／貸付　11, 14, 26, 33-4, 45, 48, 54-5, 57, 59, 83, 95, 126-8, 131, 153, 165, 177-8, 182, 204, 210, 216, 218-20, 271, 273, 283
不動産——　200

スコラ的(幻想)　20, 23, 289, 295 (→「経済／経済学」を見よ)
スタンス　129, 134, 137, 150, 152-3, 163, 173, 280

性向　12, 15-8, 20-1, 23, 33-5, 40-2, 49, 60, 62, 81, 98-100, 111, 125, 130, 157, 164, 172-5, 177, 179, 181, 197, 204-6, 215, 218, 250, 269, 273, 277-8, 285, 291-2, 294, 296-9, 304-5, 314
選好　21, 40, 42, 44
全体論　133, 276, 292, 306
選択　20, 25, 33, 34, 40, 47, 53, 57, 60, 72, 79, 81, 95, 97, 100, 102, 104, 126, 129, 172, 174, 176-7, 180, 215-6, 221, 249, 253, 255-6, 258, 260, 273-4, 285, 287, 290, 293, 300, 302, 309 (→「意思決定」「選好」を見よ)
戦略　20, 22, 35, 38, 54-5, 62, 64, 80, 91-4, 97-103, 137-8, 141, 153, 160-1, 169, 173-4, 181, 185, 202-7, 270, 272-4, 277-81, 288-9, 301-2 (→「再生産」を見よ)
広告——　78, 82-3

相互作用(vs 構造)　98, 169, 181-2, 186, 199-200, 210, 222, 269, 271, 274-5, 277, 283-4, 287-8, 293, 299, 304
早熟〔性〕　155, 157
相同性／対応(供給と需要の間の)　101-2, 214, 288, 307

た　行

脱歴史(主義)化　16-7, 308
脱ローカル化／海外移転　301, 311-3 (→「ローカル／地方的(ないし地域的)」を見よ)

秩序　126, 131, 284, 319
社会〔的〕——　11, 24-5, 163, 186, 262, 274, 291
挑戦者　280, 282, 284
賃借人／借家人　34, 47-8, 53-4, 140

統一　26
——の曖昧さ　312, 317
動員されたオピニオン　130

317-8, 320
銀行　11, 34, 54, 63-4, 66, 68, 70, 89, 95, 106, 121, 125-8, 132, 136, 138-40, 142, 145, 147, 152-4, 162-3, 165, 200, 204-8, 212, 216-20, 224, 231, 250, 254, 259, 270, 273, 315, 320

グランド・ゼコール　154, 286（→「職団／集団」を見よ）

経済／経済学　11, 13-6, 17-21, 23-4, 27, 33, 135, 137, 144, 158, 276, 287, 289-91, 293, 298, 300, 304, 306
　家内――　18
　産業――　276
　名誉と「善意」の――　11, 13, 16
経済的宇宙　12, 16, 19, 21-2, 315
　前資本主義的――　12, 16, 296
計算　14, 16-9, 21-3, 158, 272-5
　合理的――　29, 101-2, 178, 221, 287, 298
　――の精神　18
　――の否定／否認　18, 278
契約　16, 27, 128, 139, 175, 199, 205-6, 208, 211, 213, 215, 218-20, 222, 254-5, 272, 274-5, 290
　――理論　219, 250
ゲーム理論　20, 277, 298
ゲネシス／生成／発生　293
　――の忘却　17
　反――論的な先入見　16（→「脱歴史(主義)化」を見よ）
言語(技術的)　208, 210, 250
幻想　22, 254（→「スコラ的(幻想)」を見よ）
建築家　63, 92, 95, 122, 139, 163, 172, 177, 181-3, 185
権力　127, 137-8, 154-5, 169, 176-8, 180-2, 187, 271, 273, 291, 312-4, 319
　―の界　285-6, 302

行為者　15-17, 20-2, 24-5, 27, 33, 35, 40, 60-1, 98, 102, 121, 125, 128, 130, 133, 137-8, 141-2, 153-4, 157, 160, 162-3, 165, 169, 170, 174, 176-7, 180-2, 184, 187, 199-200, 204-5, 208, 212, 219-20, 222-3, 269-78, 281, 283-4, 286-95, 298-300, 304-9, 313
　代表的――　299
　有効――　137, 145-8
交換　13, 15-9, 22, 24, 26, 28, 176-8, 182, 187, 202, 223, 260, 277, 283, 287-8, 290, 305, 312-3, 318-9
　商業的――　17
　伝統的――　15
広告　34, 39, 42-3, 73, 76-7, 79-83, 85-7, 89, 94, 102, 118, 125, 129, 197, 215, 256, 260, 262, 276（→「戦略」を見よ）
構造　24, 34-5, 41-2, 70, 96-9, 101, 130, 143, 164, 169-70, 185-6, 199, 209, 221-3, 269-79, 281, 283, 285-8, 290-93, 295-6, 299, 315, 317-8
　――主義　273
購入　26, 33-4, 38, 40, 44-5, 47, 53, 55, 62, 78, 81, 83, 104, 106-7, 109, 118, 131, 163, 215, 217-8, 220, 222, 230, 254-5, 257（→「賃借人／借家人」を見よ）
合理的行為(理論)　16, 20, 293, 295, 299, 304
顧客 11, 25, 54, 70, 76, 78-82, 84, 91, 93, 95-7, 102, 121, 125, 127-8, 140, 163, 183, 200-20, 232, 238, 240, 243-4, 287-8
個人化／カスタマイズ　71, 83, 94-5, 219
互選　155
国家　11, 23-6, 33-5, 41, 125-30, 133, 140, 142-3, 150, 152, 154-5, 162, 171, 180, 182, 186, 192, 196, 210-11, 278, 283-4, 290, 307, 312, 316-20
　―と資本の集中／蓄積　26, 158, 178, 270
　―の曖昧さ　154, 207, 319
　―の科学　23（→「経済／経済学」を見よ）
コナトゥス〔存在に固執する〕　152, 302-3

さ　行

再生産　17, 23, 27, 40, 47-8, 50, 170, 272, 288, 290, 292
　――戦略　35, 38, 55
参入障壁　272, 280, 315

時間　15, 18, 38-9, 42, 59, 111-3, 119, 164, 187, 202-3, 220-1, 228, 247, 257, 270, 281, 294-5, 300
　交通／通勤――　59, 220-1, 257
嗜好／趣味／好み　17, 33-5, 37, 40-1, 50, 62, 79, 91, 93, 102, 110, 206, 222, 292-4, 308
失業　15, 25, 162, 240, 316, 318
支配／管理／監督／コントロール　66, 99, 153, 175, 181, 273, 298-9
支配者　272, 280-81, 313, 317-9

事項索引

あ 行

ＨＬＭ（アッシュ・エル・エム〔低家賃集合住宅〕） 111, 121, 131-2, 138, 142, 148, 153, 156, 163, 184, 257-8, 260
——運動 134-6, 139-40, 151-2, 160-1

委員会 68, 127, 130-1, 133-6, 139-45, 148-50, 152, 155-6, 159-61, 164-5, 171, 187, 193, 211, 304
家／住宅（一戸建て） 11, 26, 33-4, 41, 47-8, 52, 55, 57, 59-60, 63-5, 68, 71-3, 76-7, 83, 86, 89, 92, 94, 96, 99, 104, 120, 122-3, 126-8, 133, 140-1, 152, 160, 163, 185, 197, 200, 204, 218, 223, 225, 249, 254, 258-60, 262, 284
工業生産された（ないしプレハブの）—— 33, 40, 50, 52, 68, 70-1, 82, 84, 106-7, 118, 258
——の神話 38-9, 43, 73, 118, 126, 254
遺産 37, 40, 48, 55
意思決定 98-99, 125, 132, 143, 157, 274-5, 278-9, 284, 286, 290, 295, 300, 308-9, 318, 320（→「選択」「選好」を見よ）
位置 17, 21, 34, 44, 48, 50, 61, 68, 82, 96-8, 101-2, 128, 137-8, 141-4, 149-50, 153-7, 159, 169, 173-4, 177, 180-2, 184, 203-4, 206, 214-5, 271-4, 277-8, 280-82, 285-6, 288-9, 293-4, 297-8, 301-2, 308, 315, 318

埋め込み 11, 24, 275

か 行

界
官僚——（高級官吏／高級官僚の——） 134, 143-4, 154, 159, 174（→「官僚制」を見よ）
経済（金融）の—— 17, 20-2, 26-7, 269, 273, 275-7, 279, 283, 289, 299, 304, 312-7
革新派 133, 148-9, 154, 156-9, 165
学問 291-2
家族 11, 13, 17-9, 26, 35, 38-40, 43-5, 49, 54, 81, 86-7, 89, 113, 119, 130-2, 158, 161, 175, 204, 211, 217, 231, 238, 245, 247, 249, 257, 259, 262-3, 290, 299
学校 11, 23, 49, 55, 60, 80, 99, 100, 104, 110, 142, 233, 254, 261, 278, 320
可能性（の空間） 272, 277
カリスマ 176, 197
慣性／惰性 96, 141, 144, 270, 293, 295
官吏／官僚, 高級官吏 128-31, 134, 138, 141-2, 145, 147, 151, 155, 160, 162, 179（→「界」「国家」を見よ）
官僚制 22, 79, 98, 157-9, 160, 165, 170, 173, 175, 178-9（→「界」を見よ）

規則性 21, 175, 272, 297, 299
規制緩和 314, 316-7
期待／予測 16-7, 37, 42, 44, 78-9, 84, 93, 125, 183, 187, 205, 212-4, 222, 253, 272, 275, 296-8, 305-6
—と機会 17
理性的／道理にかなったvs合理的— 21, 218, 297-8
キャリア／経歴 23, 45, 109, 119, 121, 142, 152, 155, 181, 204, 214, 254, 302
教育 13, 24, 50, 57, 99, 104, 107, 110, 141-2, 157, 201, 205, 214, 254, 262, 278, 308
供給 33-4, 41, 60, 63-4, 70-1, 81, 84, 101-2, 120, 139, 282, 284, 287, 307
競争 19, 41, 55, 61, 64, 70, 72, 83, 93, 95-6, 98, 100, 130, 156, 161, 180-4, 186, 200-1, 214-5, 240, 270-1, 273, 277-83, 285, 287-9, 302, 306-7, 313-5,

ハ　行

ハート　Hart, O.　250
パスロン　Passeron, J.-C.　28, 308
パノフスキー　Panofsky, E.　87, 123
ハミルトン　Hamilton, W.H.　270, 304
バラン　Balland, G.　120
パレート　Pareto, V.　290-1, 308
バレステル　Ballester, G.　120
フッサール　Husserl, E.　171
ブヘジャ　Bouhedja, S.　118, 250
ブランゲ　Bringué, A.　120
フリグステイン　Fligstein, N.　307
ブルジョワ　Bourgeois, P.　307
プレージュ　Pelège, M.　122
ベイン　Bain, J.　276
ヘーゲル　Hegel, G.W.F.　20, 25
ベッカー　Becker, G.　12, 19, 28, 274, 289-90, 299, 308
ベルグソン　Bergson, H.　10
ベルニアール　Berniard, S.　119-20
ポランニー　Polanyi, K.　11, 312
ボルタンスキ　Boltanski, L.　11, 165
ホルムシュトレーム　Holmström, B.　251
ホワイト　White, H.　287, 289, 308
ボンヴァレ　Bonvalet, C.　119, 120-1

マ　行

マーシャル　Marshall, A.　293
メイソン　Mason, E.　276-7, 306
マドラン　Madelin, P.　122-3
マルクス　Marx, K.　20, 196, 312
マルコヴィッツ　Markowitz　307
マルチネ　Martinet, A.　119
ミンス　Minth, B.　305
ミンツ　Mintz, S.　308
ムーナン　Mounin, G.　119
モース　Mauss, M.　11, 291
モリノー　Morineau, A.　166

ラ　行

ラッセル　Russell, B.　8
ラメゾン　Lamaison, O.　118
ラルディ　L' Hardy, P.　118-9
リアンデイ　Riandey, B.　120
ルアネ　Rouanet, H.　165
ルディ　Reddy, W.　28
ルバール　Lebart, L.　166
ルルー　Le Roux, B.　165
レイノー　Reynaud, B.　196
レヴィ=ストロース　Lévi-Strauss, C.　118
レヴィーン　Levine, L.　308
レヴィン　Lewin, M.　196
ロス　Ross, D.　29
ロング　Wrong, D.　306

ワ　行

ワッカント　Wacquant, L.　29, 307

人名索引

ア 行

アルヴァックス　Halbwachs, M.　291
アレ　Allais, M.　20, 28
ヴィラック　Villac, M.　120
ウィリアムソン　Williamson, O.　314
ウェーバー　Weber, M.　25-6, 29, 129, 172, 178, 287, 291, 306, 312
ヴェブレン　Veblen, T.　293, 305, 308
エリアス　Elias, N.　312
エルスター　Elster, J.　300
エンシューテン　Eenschooten, M.　121
オジェ　Augé, M.　42, 119

カ 行

カーネマン　Kahneman, D.　305, 308
カーマン　Kirman, A.　299, 309
ガーダマー　Gadamer, H.-G.　175
カッシーラー　Cassirer, E.　29, 43
ギベール　Guibert, B.　165
キュルチュレロ　Culturello, P.　121
クラヴリ　Claverie, A.　118
グラネル　Granelle, J.-J.　122
グラノヴェッター　Granovetter, M.　28, 275, 305-6
クレーゲル　Kregel, J.　271, 305
クリスタン　Christin, R.　11, 118, 164
クレタン　Crétin, L.　118-9
グレミオン　Grémion, P.　197
クレルグ　Clergue, L.　119
ケインズ　Keynes, J. M.　271, 296, 318
コース　Coase, R.H.　305
コールマン　Coleman, J.　12, 300
コトラー　Kotler, P.　306

サ 行

サイモン　Simon, H.　28, 292, 308-9
サヤード　Sayad, A.　28
サン=マルタン　Saint-Martin, M. de,　11
ジヴリィ　Givry, C.　11, 118, 250
ジェヴォンズ　Jevons, S　293
シェスネ　Chesnais, F.　320
シャンベル　Campbell, J.-E.　307
シャンボルドン　Chamboredon, J.-C.　11
シュヴァルツ　Schwartz, M.　305
シュンペーター　Schumpeter, J.　291
ジンメル　Simmel, G.　283, 288
ストラウス　Strauss, A.　275, 306
スミス　Smith, A.　288
スミス　Smith, C.　307

タ 行

ダーベル　Darbel, A.　28, 121
タバール　Tabard, N.　52, 120-1, 166
タファン　Taffin, C.　119
チャンドラー　Chandler, A. D.　279
チロル　Tirole, J.　276, 305-6
デューゼンベリー　Duesenberry, J. S.　293, 308
デュリフ　Durif, P.　119-120, 133, 136, 144, 148, 156, 161
デュルケーム　Durkheim, É.　25, 255, 291
トゥヴェルスキ　Tversky, A.　305, 308
トゥーシャール　Touchard, L.　120
トゥール　Tool, M. R.　304
ドーバー　Dauber, K.　307
トパロフ　Topalov, C.　121-2

著者紹介

ピエール・ブルデュー　Pierre Bourdieu

1930年生まれ。社会学者。高等師範学校卒業後，哲学の教授資格を取得，リセの教員となるが，1955年アルジェリア戦争に徴兵。アルジェ大学助手，パリ大学助手，リール大学助教授を経て，1964年，社会科学高等研究院教授。教育・文化社会学センター（現在のヨーロッパ社会学センター）を主宰し学際的共同研究を展開。1981年コレージュ・ド・フランス教授就任（2001年3月退任）。2002年1月23日死去。主著『ディスタンクシオンⅠ・Ⅱ』『再生産』『芸術の規則Ⅰ・Ⅱ』『ホモ・アカデミクス』『市場独裁主義批判』『メディア批判』（邦訳，藤原書店）ほか多数。

訳者紹介

山田鋭夫（やまだ・としお）

1942年生まれ。名古屋大学大学院経済学研究科博士課程満期退学。現在九州産業大学経済学部教授。理論経済学。著書に『レギュラシオン・アプローチ〔増補新版〕』（藤原書店）『レギュラシオン理論』（講談社現代新書）『20世紀資本主義』（有斐閣），訳書に『現代の資本主義制度』（ＮＴＴ出版）『資本主義 vs 資本主義』（藤原書店）『五つの資本主義』（共訳，藤原書店）など多数。

渡辺純子（わたなべ・じゅんこ）

1965年生まれ。北海道大学大学院経済学研究科博士課程満期退学。現在京都大学経済学部助教授。日本経済史。論文に「戦時期日本の産業統制の特質」（『土地制度史学』），共著に『復興期の日本経済』（原朗編，東京大学出版会），訳書に『脱グローバリズム宣言』（共訳，藤原書店）など。

住宅《じゅうたく》市場《しじょう》の社会経済学《しゃかいけいざいがく》

2006年2月28日　初版第1刷発行©

訳者　山田鋭夫
　　　渡辺純子
発行者　藤原良雄
発行所　株式会社 藤原書店

〒162-0041　東京都新宿区早稲田鶴巻町523
TEL　03（5272）0301
FAX　03（5272）0450
振替　00160-4-17013

印刷・製本　中央精版印刷

落丁本・乱丁本はお取り替えします
定価はカバーに表示してあります

Printed in Japan
ISBN4-89434-503-X